交通运输企业管理

主　　编　方晓平　毛成辉
副 主 编　李一龙　史　歌
参编人员　陈春晓　黄　音　王　焱
　　　　　余　滢　赵立娥

中南大学出版社
www.csupress.com.cn

图书在版编目（CIP）数据

交通运输企业管理／方晓平，毛成辉主编. —长沙：
中南大学出版社，2012.5（2020.1 重印）
ISBN 978 - 7 - 5487 - 0517 - 8

Ⅰ. 交… Ⅱ. ①方…②毛… Ⅲ. ①交通运输企业管理—
高等学校—教材 Ⅳ. ①F506

中国版本图书馆 CIP 数据核字（2012）第 081799 号

交通运输企业管理

方晓平 毛成辉 主编

□责任编辑	刘 辉		
□责任印制	易建国		
□出版发行	中南大学出版社		
	社址：长沙市麓山南路	邮编：410083	
	发行科电话：0731 - 88876770	传真：0731 - 88710482	
□印 装	长沙印通印刷有限公司		

□开 本	787 mm×1092 mm 1/16	□印张 19.5	□字数 374 千字	□插页
□版 次	2012 年 5 月第 1 版	□2020 年 1 月第 3 次印刷		
□书 号	ISBN 978 - 7 - 5487 - 0517 - 8			
□定 价	52.00 元			

高等院校交通运输类"十二五"规划教材

编 审 委 员 会

内 容 简 介

　　本书共分为 15 章，主要内容包括绪论、交通运输企业战略管理、运输市场调查、运输企业客户关系管理、运输市场营销管理与品牌管理、运输企业生产运作管理、运输企业流程再造、运输企业人力资源管理与企业文化、运输企业质量管理、运输企业班组管理、运输企业物料管理、运输企业设备管理、运输企业信息管理、运输企业财务管理和运输企业管理创新。每章后面配有适量复习思考题。

　　本书主要是为高等院校交通运输、物流工程和物流管理及相近专业编写的教材，也可以作为同类专业管理干部、工程技术人员在职培训和自学用书。

编写说明

　　本书较为系统地阐述了市场经济环境下，交通运输企业生产经营管理的基本原理、基本规律、管理职能及管理方法、手段，强调现代企业管理理论与方法与交通运输行业特点结合，突出行业特点。本书可以作为高等院校交通运输、物流工程和物流管理及相近专业教材或教学参考书。

　　本书由中南大学方晓平、毛成辉统稿定编，其中第 1、2、4、7 章由方晓平执笔；湖南铁路科技职业技术学院陈春晓完成第 3 章、余滢完成第 6 章、李一龙完成第 9 章、赵立娥完成第 14 章；西安铁路职业技术学院史歌完成第 5、8 章；太原铁路局职培中心王焱编写第 12 章；中南大学黄音撰写第 11、13 章，毛成辉执笔 10、15 章。

总序

　　交通运输业是国民经济体系的重要组成部分，也是促进国民经济发展的重要基础产业和推动社会发展的先决条件。在最近的30年里，我国交通运输业整体上取得飞速发展，交通基础设施、现代化运输装备、客货运量总量和规模等都迅猛扩展，大量的新技术、新设备在铁路等交通运输方式中被投入应用。同时，通过大量的交通基础设施建设，特别是近年来我国高速铁路的不断投入使用，使我国的交通供需矛盾得到一定的缓解，我国交通运输网络的结构也得到了明显改善，颇具规模的现代化综合型交通运输网络已经初步形成。

　　我国交通运输业日新月异的发展，不仅对专业人才提出了迫切的需求，更使其教材建设成为专业建设的重点和难点之一。为解决当前国内高校交通运输类专业教材内容落后于专业与学科科技发展实际的难题，由中南大学出版社组织国内交通运输领域内的一批专家学者，协同编写了这套交通运输类"十二五"规划教材。参与规划和编写这套教材的人员都是长期从事交通运输专业的科研、教学和管理实践的一线专家学者，他们不仅拥有丰富的教学和科研经验，同时还对我国交通运输相关科学技术的发展和变革也有深入的了解和掌握。这套教材比较全面、系统地介绍了目前国内交通运输领域尤其是高速铁路的客货运输管理、运营技术、车站设计、载运工具、交通信息与控制、道路与铁道工程等方面的内容，在编写时也注意吸收了国内外业界最新的实践和理论成果，突出了实用性和操作性，适合大中专院校交通运输类以及相关专业的培养目标和教学需求，是较为系统和完整的交通运输类系列教材。该套教材不仅可以作为普通高校交通运输专业课程的教材，同时还可以作为各类、各层次学历教育和短期培训的首选教材，也比较适合作为广大交通运输从业人员的学习参考用书。

由于我们的水平和经验所限，这套教材的编写也有不尽如人意的地方，敬请读者朋友不吝赐教。编者在一定时期之后会根据读者意见以及学科发展和教学等的实际需要，再对教材进行认真的修订，以期保持这套教材的时代性和实用性。

最后衷心感谢参加这套教材编写的全体同仁，正是由于他们的辛勤劳动，编写工作才得以顺利完成。我们还应该真诚感谢中南大学出版社的领导和同志们，正是由于他们的大力支持和认真督促，这套教材才能够如期与读者见面。

中南大学副校长、教授

目　录

第1章 绪 论

1.1 交通运输业

交通运输业，是完成人、动物和货物从一个地方到另一个地方位移的行业。目前其运输方式有航空、铁路、公路、水路和管道。交通运输系统可以分为基础设施、载运工具与运作管理。通常，交通运输基础设施由政府投资、管理，企业通过购置载运工具，按需购买基础设施通行权来完成运输服务。因此，交通运输业一方面投资额巨大、回收期长；另一方面交通运输基础设施具有公共品或准公共品性质，政府投资，免费或较低通行价格向公众提供运输服务，并能使运输总投资产生最大社会福利。

运输企业通过购置必要的设备、人力资源并加以运用，向客户提供位移并获得利润的营利性组织。尽管世界各国都程度不同地对交通运输业进行管制，但是未来放松管制、私有化、企业化管理仍是趋势。基础设施以外的部分都引入竞争，实现企业化运作。因此交通运输企业管理和其他行业的企业管理一样，企业通过分析自身的资源优势与劣势，对比发展机会与面临的挑战，找准自己的战略定位，通过服务目标顾客获得利润，并不断发展。

交通运输行业特点是交通运输企业管理的基础。

交通运输产品是是一种准公共品。公共产品是私人产品的对称，指具有消费或使用上的非竞争性、受益上的非排他性和非分割性的产品。公共品分为纯公共产品和混合了公共产品与私人产品特点的准公共产品。公路道路属于准公共产品。交通运输基础设施在一定范围内，比如公路上的交通流量达到拥挤水平之前，车辆使用者对公路的使用具有非竞争性。虽然公路道路属于准公共产品，但是公路运输服务属于竞争性产品。所以政府提供基础设施，而企业则根据市场需求提供载运服务。而铁路也和公路一样，在有利可图的地区，私人资本会投入。但是因为铁路投资回收期长，不同地区回报率差异大，私人资本很难建设覆盖面很广的路网。这时政府在运输需求量较小的地区建设铁路，以诱导交通需求、促进贸易和推动地区经济发展。有些国家，如英国实施铁路网运分离，路网公司虽是私有化，但是铁路建设还是需要国家推动。铁路运输公司，无论客运还是货运公司，都是竞争性的企业。我国铁路实施网运一体化管理，国家对价格实施管制。但是市场是开放的，铁路客货运输在市场上和其他运输方式之间展开直接竞争。

交通运输产品具有聚合性特点。全面描述一个运输产品需要起迄点、输送方向、时间和运输量这4个方面的信息，因此如何统计运输产品就遇到了难题。当我们统计旅客和货物发送量时，是将不同方向、距离的交通流聚合，这样并不能得到客货运输产品的全部信息。于是我们转而聚合空间信息，通过距离加权聚合，即将发送量与运输距离相乘获得旅客(人公里)和货物周转量(吨公里)。但是这种聚合也将导致部分信息损失。聚合方法来描述交通运输产品打乱了规模分析、减少或是毁掉了范围分析的可能性。空间聚合破坏了交通运输系统运作的O－D系统在地理方面的信息。输出在时间方面的聚合使得当不同的流进行平均时可能引起混乱。最后，货物品种的聚合影响成本估计，因为运送相同重量或体积货物的成本(最小成本)会因为输出的组成不同而不同。

概括起来，由于任何一个方面聚合而带来的信息损失均可在估计成本函数时引致系数解释方面严重的问题，而成本分析是一切企业决策分析的基础，是企业管理的依据，因此行业内许多研究者大量的经验工作也没有对这些问题有完全的认识。

大多数关于交通分析的报告至少使用了一个基本的输出聚合，有的还有其他产品变量，或称为"输出特性"的。换言之，还没有发现在非聚合输出基础上建立的模型。通常的程序是增加另外的聚合性，它将以某种方式控制单个输出指数的模糊性。

除了交通流的完全聚合或距离加权聚合外，可以充当聚合变量的还有：平均载重量、平均运距、零担服务比例、载运次数、平均装运规模等。这些变量有时也被称为产品，有时又被称为产品特征，而另一些时候又被称为特征的维。最复杂的变量是与网络形状、规模相关的。这又出现了一个新的产生混乱的源头：运输的网络特性。

交通运输的网络有两重含义：实体基础设施网络和运输产品运营网络。实体网络是指公路、铁路、管道、河流、海岸线的物理布局，是交通通道网络。而运输产品则可以在这个实体网络上，根据需求流量、流向，选择在经济性、便捷性方面综合最佳的运营网络。在同样的实体网络上，既可以组织点到点的直达运输，也可以组织有中转的轴辐式运营网络。这样一来，网络作为一种基础结构(即与通行权相关的固定因素)与作为径路结构的网络对许多交通方式或运输系统来说是一个基于内在原因的混乱，给交通运输企业管理带来困惑。

1.2　交通运输企业管理

市场经济环境下的运输企业也是一类典型的工商企业，它可能拥有不同显性表达式的生产函数，其性质是一样的，也要遵循供给定理，即一般情况下，供给曲线是向右上方倾斜的。随着价格的上升，厂商愿意提供的物品或劳务数量是增长的。行业总供给量成为决定市场价格的主要因素之一。运输企业的生产行为受市场价格、生产成本的影响。经济学中一般供给方面的原理与方法对运输企业同样适应，只是运输企业由于其网络特性，无论其成本函数还是生产函数，战略选择还是供给决策，都显得更复杂些。

不同行业企业管理都要充分考虑行业市场需求特点，才能生产适销对路的产品，获得有利的市场竞争地位。由于交通运输需求的特殊性质，运输企业管理应当重点考虑如何将企业管理的一般理论与方法与运输需求特性相结合。

交通运输是一种服务产品，它具有服务的一切属性，即不可分性、不可储存性和异质性。这些特点要求运输企业要在交通运输服务流程管理、需求管理和预订管理方面积累特别的经验，才能成功。

服务流程设计与管理是服务系统设计的核心工作之一。与有形产品相比，服务质量保障系统由于人员参与程度深、顾客参与生产过程或服务地点分散而有很多不确定性。如果设计一个顾客导向的人性化服务流程，不仅便于顾客接受服务，还有利于质量控制和设计标准化操作程序。这是提高效率和服务质量、降低成本的主要途径。企业可以根据流程预测与顾客接触的点，将由于顾客的参与所引起的不确定性进一步降低。流程设计还是评估服务效率和进行激励的有效工具。也由于运输服务产品生产过程与销售过程同时进行，一旦出现差错，没有返工机会，因此运输企业要特别重视流程服务质量控制，同时也要重视补救管理。虽然差错出现后无法返工，但是采取适当的补救措施，以安慰顾客和弥补顾客损失，可减少由此产生的顾客抱怨。

预订管理、定价与收入管理是服务管理的关键环节。预定管理，也称资源客户关系管理，强调客户与服务商之间相互作用的重要性。在一条服务链上，需要众多伙伴共同合作向一个客户提供服务时，预定管理就就成为服务系统必不可少的部分。预定管理系统分战略层与战术层。

定价与收入管理是通过控制与利用服务能力和定价策略使期望收入最大化。这方面航空旅客运输企业具有丰富的运作经验。通过利用估计、预测和基于不完全数据的预测对未来的需求进行估计和预测，以此作为动态定价的依据。由于交通运输路网无法快速增加，只有载运工具可实现临时调运。生产能力在短时间内只能小幅度增加，因此对资源控制、容量管理显得尤为重要。

不论是旅客运输需求还是货物运输需求，都有时间上较大的波动性和空间上的不均衡性，而运输生产又无法实现时间上的调剂，空间上也只有载运工具可以适当调配以应对空间上的季节性不均衡，但是基础设施无法调配。因此运输企业常常通过需求管理，利用价格策略刺激淡季需求，鼓励顾客错峰出行。货运运输企业提供全流程物流服务、供应链外包服务是未来发展趋势。

复习思考题

1.与制造企业管理相比，运输企业管理工作的难点和重点有何不同？为什么？

2.运输业存在规模经济性吗？这里"规模"又是什么含义呢？试解释运输业中规模巨大的公司和很多中小型、甚至微型企业并存的现象。

第2章 交通运输企业战略管理

2.1 战略管理概述

战略管理的目标是研究如何使企业长寿并获得更好的发展。公司战略就是公司管理层所定的长期性规划，其目的在于建立公司在市场中的有利位置、成功地同竞争者进行竞争、满足顾客需求并获得卓越的公司业绩。正如 A·魏斯曼说："成功的企业总能解决市场中至少一个核心问题，并且明显优于其竞争对手。"

2.1.1 企业战略计划的功能

企业战略计划的主要功能是规划蓝图和实现蓝图的途径。决定企业绩效的不仅有内部资源与胜任能力，也有外部环境。而企业只能对内部资源进行控制，对外部环境只能采取适应的策略。企业为了生存与发展，必须对已经发生或即将发生的环境变迁作出正确的反应，这就是两种不同类型的战略，即反应型战略和预谋型战略。

反应型战略是指针对环境因素的变动而制定的对策，是反馈控制。预谋型战略是根据可预计的环境的未来可能变化所做的计划，是一种前馈型控制。两种战略都为必需，然而如果多为反应型战略，可有战略沦为公司经营方法的副产品危险。

制定战略计划，无论是反应型还是预谋型，都需要一个更加具体、详尽的执行计划，推动公司这部机器按照战略设定的方向前进。否则，再好的战略也只是纸上谈兵。

2.1.2 提出战略展望

战略计划的制定始于战略展望，即描述公司的理想与发展方向，并不涉及利润水平。形象地说，可以用回答这样三个问题来帮助界定公司业务：①我们满足顾客什么需求？②我们真正的顾客是谁？③我们准备采取什么技术活动去满足顾客的需求？

以上三个问题的界定，其实就是企业的宗旨与使命。如"DHL 关注客户需求，为您管理和运输信件、物品和信息提供完全整合的个性化解决方案"。芜湖安得物流公司力争成为"企业物流集成服务商，供应链管理专家"，并努力"为员工创造机会，为客户创造优势，为股东创造回报"，而中原集团的使命定位为"逐步确立和发展在航运、物流以及修造船领域的领先地位，保持与客户、员工和合作伙伴诚实互信的关系，最大限度地回报股东、社会和环境"。

提出战略展望后，接下来的工作是制定目标体系和确立目标。目标体系包含战略目标体系和财务目标体系，属于目标管理的内容。

2.1.3 制定战略

战略要具体描述公司未来通过什么途径达到什么目标，因此一个多元化公司的每个业务单元业务战略内容和一家专业化公司的战略内容是相同的。公司战略首先要做的一个决定是：专业化还是多元化？

1. 专业化经营的公司战略：业务战略

专业化公司只经营单个业务，其战略的具体内容包括：

- 基本的竞争战略：广泛市场还是聚焦市场；
- 以什么差别化为基础的优势：价格、品质、功能、款式或其他；
- 竞争的地理范围：本地、本地区、全国、国际、世界；
- 介入价值链环节：全线一体化、部分一体化、专业化；
- 成长战略：以什么方式、什么速度成长，内部扩张还是兼并、控股、战略联盟；
- 如何保持竞争优势：新产品开发、卓越的制造技术和服务、市场开发营销创新；
- 产品线战略：宽产品线、窄产品线；
- 职能战略：支持业务战略的各类专业活动管理计划，包括市场营销、研究与开发、生产与运作、财务、人力资源等。

专业化公司战略的核心问题是如何建立更强大的长期竞争地位。多元化公司战略要考虑一些专业化公司不需考虑的问题，但是多元化公司的每一个业务的发展战略与专业化公司战略是一致的。

2. 多元化公司战略

多元化公司战略的主要问题是：

- 什么样的多元化：相关多元化、不相关多元化还是两者都有；有限多元化进入少数几个行业还是广泛多元化进入很多行业；
- 什么相关多元化：以哪项资源做相关多元化的战略匹配资源；
- 资源配置：对各业务发展的优先权排序，决定资源在各业务单元之间的分配；
- 多元化进入新行业方式：自我成长、购买一家（最大的、二流的、较差的）公司；

● 加强那些有前景的业务的竞争力，剥离衰弱无前景的业务。

多元化最重要的是资源匹配，相关多元化是战略匹配，不相关多元化只存在财务方面的匹配。

2.2 战略环境评估

影响企业战略的环境因素按照与企业的关系密切程度分为间接环境因素和直接环境因素。间接环境因素分析主要指政治、经济和社会方面的影响因素，通常使用 PEST 评估法，即政治（Political）、经济（Economical）、社会（Social）、技术（Technological）。直接环境因素是指对企业业绩直接产生影响的内外因素，外部直接因素主要来自客户、供应商、合作者、竞争者、潜在竞争者等，构成行业与竞争分析。内部直接因素主要是内部资源与胜任能力，构成内部资源与能力评估。以下重点阐述直接环境因素分析。

2.2.1 行业及竞争结构评估

竞争环境评估是最重要的环境因素分析。不同行业有不同的经济特点、竞争结构、发展前景等。其中经济结构决定竞争结构和发展前景。所谓行业经济特性是描述一个行业技术经济特征以及消费方面的属性值，他们和消费者对该行业产品的消费方式一起决定了卖方的竞争焦点：价格、质量、性能特色、广告和促销、服务等。两个方面结合起来考虑，行业及竞争分析主要考虑 6 个方面：

1. 关键的行业特性

一个行业的特性有很多，一般来说最重要的是行业总容量及增长速度、规模经济特性、技术变革速度、竞争范围、卖方规模与数量、分销渠道等。行业的这些经济特性决定了产品更新速度、产业结构与竞争特征。

行业市场总容量是全行业一定时期（通常指一年）的消耗总量，也称市场规模。有的行业市场规模基本稳定，如粮食、食盐，有的则与国家经济发展相关，如投资较快增长则所有建材、装饰材料、能源需求大幅度增长，也有的行业产品消费方式变化引起市场规模增加或减少。另外市场容量增长速度对竞争度有很大影响，市场增速慢则竞争更激烈，市场增速快可以缓解部分竞争压力。

2. 规模经济特性与市场结构

规模经济特性是其规模报酬特性。用规模经济性的度 S 来表示。当 $S>1$，$=1$，<1 时，分别表示规模经济报酬递增、不变和递减。企业处于规模报酬递增状态，厂商才有扩大经营规模的动力。规模经济特性能决定行业卖方结构与数量、竞争范围与经营方式。

3.技术变革速度

技术变革速度是影响行业竞争环境的重要因素。技术变革慢，产品更新速度慢，存在先发优势，消费方式也难以发生很大改变，市场容量增长速度受阻，因而竞争很残酷。而技术变革快的行业，新企业可以通过技术方案跨越一定发展时期，追上甚至超过老企业。无论新老企业都需要在研发方面投入很大资金与精力才有可能确保领先地位。

4.进入/退出壁垒

行业进入壁垒可概括为资金、技术和政府管制。本书不讨论管制的壁垒。在市场经济系统中，当很多经营成功的企业具有巨大剩余资金在寻找投资机会的时候，资金就不能成为关键的进入壁垒了。由于技术壁垒，也包含特殊行业经营诀窍构成行业的壁垒，也促使那些多元化的企业多采用兼并方式进入目标行业，地理上扩张的企业跨入目标市场的主要途径。退出壁垒主要由于沉没成本很大，设备专用性强而难以转让变现造成的。退出壁垒高的行业，由于停业损失大，企业可能采取以低于完全成本但高于变动成本的价格出售产品或服务，这极大地加剧了行业竞争度，导致一些企业倒闭，又会进入下一轮竞争。交通运输成为受政府管制最多的行业，也是因为这个原因。相反，进入壁垒高的行业，由于阻挡了更多企业进入，而保护了业内的既有企业，从而降低了竞争度。

5.行业驱动因素

行业驱动因素，是指影响一个行业的企业竞争成功与否的关键因素，可能是一个，也可能一组。这些因素往往也是行业竞争焦点。描述一个行业的特征指数很多，但不同行业厂商们竞争的焦点不同，这些焦点通常是下列因素中的一种或几种：价格、性能、质量、服务、广告和促销、产品更新速度。

6.竞争力量到底有多大

迈克尔·波特提出的竞争力模型备受推崇，他认为不同行业的竞争压力不同，但是竞争过程的作用方式是相似的：一个行业的竞争状态是由各种竞争力量共同作用的结果。一般这些竞争力量可分为五类：同业竞争者对市场地位及竞争优势的追逐；提供替代品行业中的公司为赢得客户所做的市场努力；关键投入品供应商的谈判能力；购买者的谈判能力；潜在新进入者所造成的威胁。厂商尽一切努力化解各方面的压力，使之朝有利于自己的方向转换。

2.2.2　公司资源与竞争力评估

成功的企业总能做某些事，是顾客更加看重的，并且明显优于竞争对手。外因是变化的条件，内因才是变化的根本。公司要定什么目标，最重要的还是自身的条件。公司资源与胜任能力主要可以概括为以下三个方面：

- 公司拥有哪些资源强势、弱势？他们与行业驱动因素匹配度如何？

- 公司是否有明晰、如一的战略,目前运行得如何?
- 公司目前的市场地位如何?

1. 公司的资源强势、弱势及其与行业驱动因素匹配度分析

资源强势是指那些已经或将可以为公司建立强有力市场地位的资源和能力。如已有的营业网店与有利的店铺位置、低成本生产能力、很强的研发能力等。

排查资源弱势,主要是看当前什么是我们的主要障碍,让我们不能比竞争对手更好地满足客户需求。公司资源可分为物理资源、人力资源、财务资源、无形资源等四种类型,其价值主要体现在其能否为公司建立长期竞争优势。因此一项有竞争价值的资源应该满足下列条件:

(1)与行业驱动因素相匹配:如果强势资源对于企业所在行业不是关键成功因素,那它也不具有多么重要的价值。物流公司把货物准时送达指定处的能力作为关键能力。

(2)与竞争者相比有明显优势:只有与竞争者的比较优势才能把资源优势转换成竞争优势。

(3)不容易被模仿、覆盖:如果很容易被模仿、覆盖,就不能为公司带来竞争优势。

(4)不会因员工的离开而流失:公司的胜任能力应该成为一种组织能力,而不是成为员工个人独占的谈判资本。

在所有资源或能力中,成本和价格是否具有竞争力对任何企业都具有战略意义。采用低成本战略的企业是直接靠价格来竞争市场,其重要性不言而喻。而采用其他战略的企业也应该让自己支出的每一分钱都创造应有的价值,让顾客支付的每一分钱都花得其所。

2. 公司是否有明晰、如一的战略,目前运行得如何

公司战略不能在矛盾的战略取向之间追求折中,如低成本与高品质、高差异度。无论追求低成本、低价格战略,还是高品质、高价格战略都能在市场中找到合适的目标群体而取得成功,相反,如果想同时吸引追求低价和追求高品质产品的人,只有经营两个不同的品牌,否则两者都不能得到很好的满足。

公司战略既不能朝立夕改,也不能抱残守缺。环境永远是在变的,虽然说战略既有预谋型也有反应型,但是战略目标一定要有前瞻性。遇到环境巨大改变调整战略以保生存或发展是正常的,但是如果经常遇到这种情况,只能说明公司战略过于追求短期利益,没有追求能建立长期竞争优势。

3. 公司目前的市场地位如何

衡量公司目前的市场地位最常用的指标是绝对市场份额和相对市场份额。

公司绝对市场份额 = 公司年销售额/全行业年销售总额

公司相对市场份额 = 公司销售量(额)/全行业最大企业的销售量(额)

当然，除了这两个指标以外，还要做一些定性分析。定性分析该行业的竞争结构，是否存在领导集团或占统治地位的领导者，本公司处于什么地位。定性分析公司的竞争能力，因为市场份额是一个静态指标，反映过去以来的成绩，未来趋势怎么样，是目前应该关心的。公司的竞争势力既要用其核心能力与同业竞争者相比较，也要考虑综合竞争能力。

2.3 公司战略

公司战略包含业务战略(单业务公司战略)和多元化公司战略。通过公司外部环境、内部资源与能力以及竞争地位评估，就可以决定采取什么战略了。决定业务战略最重要的因素还是公司的竞争优势与目前的竞争地位，但是战略的终极目标是吸引顾客，即使看上去是抗击关键竞争对手的防御性策略，也是以提供比对手更好的产品或以更优惠、更便利的条件提供产品。因此战略行动的每一个环节的不同都构成不同的战略，但是战略可以用两个最重要的参数来描述：目标市场的跨度和竞争优势类型。波特将这两个指标分成两极，获得四种典型状态，加上折中方案，成为五种基本战略。多元化公司战略则强调资源在不同业务之间的配置。

2.3.1 五种基本竞争战略与竞争优势

波特的一般性战略是指成本领先战略、广泛市场差别化战略、聚焦低成本战略和聚焦高成本战略(见图2－1)。

1. 成本领先战略

竭力开发低成本优势，以低价格吸引广大客户群的战略。价格或成本必须是行业驱动因素，即顾客对价格的敏感、对产品同质化的认可。关键内部环境因素是成本控制能力。

采用这种战略的公司通过2条路径建立优势：一是比竞争对手更有效地开展内部价值链活动；二是改造价值链结构，通过跨越高成本的价值链活动来节省成本。

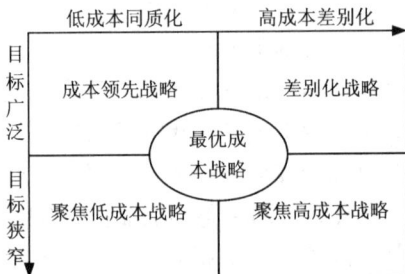

图2－1 波特的一般性战略

2. 差别化战略

公司通过开发能更好地满足顾客需求的某种特性取得竞争优势。这种战略的外部环境条件是顾客需求有明显的个性化倾向，内部条件是大规模提供差异化产品或服务的能力。差别化战略的获利途径有3条：为特色加价、获得购买者忠诚、以特色吸引更多顾客和增加消费频率。

差别化方向更多地从顾客消费、使用产品的过程与方式中寻找，因此顾客分析是关键。顾客在消费某种产品时的不便、困难以及顾客追求与众不同的特质都是差别化的目标，即在期望产品、附加产品层次展开，目标还是吸引所有潜在客户。

3.两种聚焦战略

当一个市场有明显分层，无法用低成本战略或差别化战略面向所有潜在顾客时，厂商就要在不同细分市场上作出选择，要决定聚焦在哪个细分市场上。聚焦战略有两类：一类是基于差别化的，以满足那些特别追求个性化，且愿意为此支付相应价格的顾客群提供定制化服务，它追求竞争优势的途径和差别化战略是一致的，在价值链的各个环节创造不同的差别化；另一类聚焦战略是基于低成本的，以满足那些追求特别低价格的目标群体，为他们提供价格更低的基本产品。

4.最优成本战略

这个战略综合了两种战略的思想：以低成本、低价格向广大客户提供质量特性与服务超越顾客期望的产品/服务，或者满足顾客对于质量特性与服务方面的需求，价格却低于他们的期望。只有卓越的厂商才可以做得到以上行为，成为行业成本最低、质量特性和服务最吸引人的供应商。

2.3.2 多元化公司公司战略与竞争优势

尽管专业化经营一致备受推崇，然而世界上绝大多数经营成功的企业都进行了程度不同的多元化。多元化战略的关键问题是：多元化的时机、多元化类型（指相关还是不相关多元化）、多元化途径。

1.多元化时机选择

处于成长阶段的公司主要目标是使业务不断增长。以差异化特性或低价格吸引部分客户，将他们培养成忠诚客户群，然后将利润再投资，并努力提高在当地的市场份额。当一家公司在全国市场占有重要地位时，对于未来它还是有两种选择：一种是国际化，继续在地理区域方面扩张，二是在国内多元化。

当一家公司不断取得成功，并拥有一定财务资源积累时，它有可能想为资本寻求新的投资目标，这时最容易想到多元化。多元化的根本目的是营建股东价值，因此有专家认为，如果多元化的资本回报率低于继续专注经营现在行业资本回报率时，企业仍然不应该多元化。

行业市场潜力有限或前景不佳是公司多元化的重要理由之一。那些处于产业生命周期的衰退阶段的行业，很多企业纷纷选择一个更有吸引力的产业投资。

新业务很有吸引力，及早进入能获得先发优势。我国高速公路、高等级公路网迅速形成，小轿车开始逐步进入中国家庭，公路客货运输也快速发展，因此这十多年来我国小汽车、客车、货车制造业必然成为新的经济增长点，因此也纷纷成为那些想多元化经营的企业的目标。

但是，战略管理学家的忠告是，要进入新的行业，无论如何在原来的主营业务上要保证稳定的市场地位。否则，很容易由于资源分散，新业务还未培养起来，原来的业务变虚空了。

2. 相关还是不相关的多元化

相关多元化，是指新业务与原来业务的价值链活动中某个或几个环节存在兼容关系，见图2－2，比如共同的技术、共用某些设备、相同或相近的管理经验等。这些方面的相关多元化战略可以分别起到分摊研发费用、提高设备利用率、节约培训费用与学习费用等作用。如高速铁路网建成以后，乘务组可以套跑不同距离的车次，航空公司参股或者自办旅行社，就是相关多元化。

相关多元化的业务是通过分摊固定费用、转移技能实现战略匹配关系。关键是这些关联的价值链活动是否能为新进入的行业带来竞争优势。

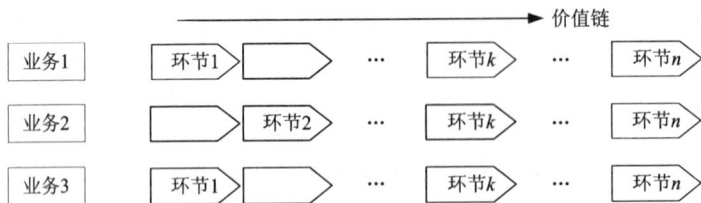

图2－2　相关多元化业务在不同价值链相关

3. 进入新业务的方式

公司多元化进入新业务的方式有三种：购并、内部创业和合资。

1）购并一个已经存在的公司

这是一条跨越新行业进入壁垒的捷径：技术经验与熟练员工；渠道及其相关经验，有经验的业务员与客户保证了基础销量和与中间商的关系；一个能配合工作的内部管理班子。这对于那些进行不相关多元化的公司尤其重要。即使是相关多元化，也有重要意义。但是购并一家什么样公司也是一个重要决策。

海尔的经验是吃"休克鱼"，购并那些因为管理不善而陷入窘境，但设备、技术人员和工人的素质很好的公司。这种策略的优点是：处于困境中的企业要价不会太高；把公司文化嫁接到这种已经陷入困境的企业，所遇到的抵抗力要小些。但是这样的机会可遇不可求。

但是花高价钱购并一家成功的企业是一条更快、所获得的资源更优秀的跨越行业进入壁垒的方法。一些强强联合与传统的敌意收购不一样，双方都很乐意合并。缺点是购并成功企业，不仅成本高，还会产生比较强的企业亚文化，如果不能和公司的文化相容，最终也走不到一起去。

另一些企业购并一家三流的公司，可能只是看中了它的某一项独特的资源，如地理位置很理想的一块土地、特殊行业经营许可证、上市公司等。

2）内部创业

企业之所以愿意跨越所有进入目标行业的壁垒，愿意花时间并投资开发技术、招募并训练员工、建立销售渠道，从零开始建立市场，那一定是因为它已拥有目标行业的关键成功因素，使新建企业比购并成本更低，或者不会遇到很大的抵抗，有足够的时间建立新企业。公司多元化想成为新行业最早的企业，并成为未来的行业领导者。

内部创业关键一定要有足够的财务资源支持到新企业开始赢利，其次这种选择不会招致激烈的报复行动的行业。

3）合资

合资的目的更多样一些。以技术、品牌与国外东道国企业合资可以克服进口份额、关税、政治经济等限制，也可熟悉经济与竞争环境，如果能与一家领导集团成员合资还可以减少一个潜在竞争对手。

3. 多元化经营企业财务资源配置

所有能力都可以通过资本直接或间接获得。多元化经营企业如何分配其财务资源意味着它怎样对它所涉入的业务进行排序，这是它最重要的战略决策。多元化的理由之一是希望降低风险。从企业管理角度来讲，真正免于遭受灾难的是自己始终能把握顾客的真正需要并开发满足顾客需求的卓越能力。过于宽泛的多元化会使那些赢利业务的利润全部或大部分都被亏损业务耗掉。

	市场占有率	
	高	低
需求增长率 高	明星	问题
需求增长率 低	现金牛	瘦狗

图 2 - 3　波士顿矩阵

多元化企业所涉足的各项业务不应该平均地取得公司资金支持。公司应该定期对各业务进行战略评估，作出取舍。波士顿矩阵（见图 2 - 3）是根据业务所在行业吸引力和公司在市场的竞争地位把业务的性质分为现金牛、明星、问题和瘦狗等四种类型。现金牛业务是那些处在成熟甚至衰退期的行业里并占有领导地位的业务。由于市场增长缓慢，公司处于稳定有利的市场地位，不需要投资太多，是向公司输送现金的业务，同时是公司抵抗风险的堡垒。明星业务是那些在高速增长市场中占有利地位的业务，可是由于市场增长速度快，要保持有利市场地位则需要大量投资，随着时间推移，市场增长速度会放慢，公司如果能一直保持领先或处于领先集团中的一员，明星业务就是未来的现金牛业务。问题业务出在有

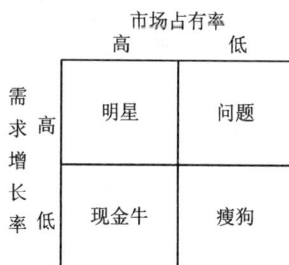

吸引力的行业，竞争激烈，公司的竞争力还不够强。因此公司对于问题业务要加以鉴别，如果假以时日有信心开发竞争优势，则可投资加强该业务，否则将之打入瘦狗类业务中。所谓瘦狗类业务是指没多大吸引力的行业又没有竞争优势的业务，应该放弃的。

2.4 战略实施计划

俄国哲学家爱恩兰特说，在人的生活中原本只有两种罪恶：只想不做和无目的地做。战略一经确定，工作重点就转向如何将之转化为行动，使目标得以达成。这就是战略实施。虽然人们决心要实现一些目标，但这些想法很多淹没在日常业务的忙碌中而没有实现，一个重要原因是很多人不愿意或不善于为怎样实现一个计划去具体考虑，并用书面形式肯定下来。战略实施也要有计划，即为战略计划的实现制定一个落实的计划。

2.4.1 战略实施的特点

成功的战略制定有赖于企业家的对一般环境具有远见的和敏锐的判断，对行业和竞争分析以及资源的匹配的客观、准确把握，但是战略实施则依靠更多人的另一类才华，即把战略计划变成行动的能力。两者的区别可以总结如表 2 - 1 所示。

表 2 - 1　企业战略制定与战略实施的区别

企业战略制定	企业战略实施
行动之前部署力量	行为中管理和运用力量
决定什么是正确的事（效益）	决定怎样正确地做事（效率）
市场驱动性企业家的思维过程	运营驱动性的管理过程
需要好的思维、分析、判断能力与决断能力	领导、指导组织变革、激励、开发核心能力、建立有价值组织能力的能力
几个人的协调	整个组织整体协调
围绕企业中长期目标	年度目标与中长期目标渐进式的结合

不仅如此，战略实施的困难还在于，新的战略将可能对公司资源进行重新配置，各种既得利益、习惯力量与长期形成的组织习惯都有可能与新战略的要求是冲突的，也不会因新战略的宣布而马上消退，其中主要原因是他们还没有感受到外界环境的压力。组织成员中，只有少数上层管理者，也就是战略制定者才会直接感受到外界环境的压力，如何将环境压力传递到中下层并让他们消除疑问和不同意见，取得共识，并拥护和配合执行战略所需要的行动等都需要稳妥的有经验

的领导。

2.4.2 战略实施的主要任务

将中长期战略目标分解为年度目标，再往下就可以用目标管理体系去运作。但是目标管理只是在组织目标和组织结构一定的情况下有效地去达成组织目标。需要为目标管理准备一个好环境：一个支持性的目标组织结构、一套相应支持性的政策和强有力的组织能力。

1. 建设强有力的支持战略的组织能力

成功的战略实施很大程度上有赖于有能力的人。但是把个人能力转化为组织能力还需要调整组织结构使之与战略匹配，并刻意建设组织核心竞争力。

首先要为关键位置配置人才。关键位置是那些直接与行业成功驱动因素相关的部门。市场、生产与质量、技术、后勤部门的重要性会因行业不同而不同，但是这些部门需要的人应该拥有与工作性质匹配的特殊才能。制造业企业要寻找能为他们降低成本、提高产品质量的生产主管、高级技术工人和最好的销售专家，财务公司寻找最好的财务专家，律师事务所要找好的律师，软件方案公司要寻找最好的软件工程师等，所有资源中，人是最重要的，因为所有事都是人去完成的。对于最重要的行业驱动因素方面，要不惜代价网罗最好的人才，才能建设最强的竞争力。因为，这些人的到来使建立公司强势竞争能力成为可能。

2. 建立卓越的竞争能力

公司要培养核心能力以获得市场竞争力，唯一途径是通过优秀的专业人才武装业务，解决至少一个市场中的核心问题，并且要明显高于主要竞争对手。通过分工和组织设计使这种能力成为组织的能力，而不是完全附属在某个专业人员个人身上，即使个人离开公司，到别处也不能完全发挥，否则，这种优势是不可靠的。高超的任务分解技术、先进的管理制度和企业文化是将个人能力建筑成组织能力，并长久保持的关键。企业不仅要建设卓越能力，还要设计如何保护这种能力对市场的控制力。

3. 组织结构的匹配

调整组织结构以配合战略计划的需要是战略实施的基础。组织机构调整主要是处理好三个问题：①分工；②分权、分责；③协调。不过在考虑内部组织结构之前先要考虑组织边界以及与边界外直接相关企业的联系方式。

分析客户需求和行业价值链，找出对成功战略至关重要的价值链活动与能力，在内部运作那些关键价值链活动和开发关键能力，并使他们成为组织结构中的主要单元。

组织结构要根据上述配合战略的考虑后做适当调整，以最有利于形成组织能力的形式为最佳。面向顾客的活动应该以顾客的感受为调整指南，服务后台、技术开发、工厂制造等活动以有利于创造性和效率为调整指南。不存在唯一正确的组织结构，也不存在适应所有情况的万能型组织。信息技术的发展为分权和扁平化带来便利，也使环境变化越来越快。要求快速反应，必须有分权型组织才能适应。

2.4.3 目标管理、政策与预算

1. 目标管理

目标管理是短期计划的主要形式，也是将计划变成行动最关键的一步。战略实施的重要环节是通过目标管理控制组织目标的实现。目标管理的三要素是标准、绩效评估体系和调整。

目标管理虽然主要追求短期目标，但这些短期目标都是根据长期目标（战略）制定的。集腋成裘，积砂成塔，只有通过一年一年的短期目标如期实现，才可以实现美好的长期目标。

2. 政策

目标管理是一个将千斤重担轻轻放到每个人肩上的工具，但是它需要政策支持、鼓励这些承担各种性质责任的人。它是战略实施的工具，同时也是战略实施的权限与边界，是约束的极限。在实施目标管理之前，就产生一种稳定的预期。

3. 预算

施乐公司前 CEO 保罗·阿勒瑞说："如果你大谈改革，却不改革奖励和用人制度，那改革就不会发生。"一种经过精心设计的激励制度是管理层最有力的战略实施工具。建立这种促进战略实施的激励制度的关键在于使战略相关业绩的衡量标准（目标）成为设计激励制度、评估个人和集体努力，以及发放奖金的基础，奖励那些取得成果的人，而不是那些仅仅本分地执行指定职能的人。就是说，要关注工作人员取得了什么成果，而不是他做了些什么。

所以，如果公司是在卓越的技术设计基础上追求差别化战略优势，那么激励制度就应奖励那些技术明星；如果公司是在一流服务的基础上建立竞争优势，那么它应该奖励那些零抱怨、能快速准确服务、能获得顾客欢心的服务人员。但不幸的是，很多管理者都把奖金当工资发掉了，因为他们错误地理解，从公司全部利润中抽出一定份额用于奖励有功人员，就是按工资比例分发到部门或个人。结果是，所有人都象征性地发了一笔不能起激励作用的钱，即使那些落后的人也能拿到和一般人差不了多少的奖金，真正有功人员只是比一般的人多一点点，与他的贡献不能成比例。久了，就没有人愿意努力工作，只要随大流就可以。

面向基层人员的奖励制度是比较容易建立，因为他们的工作成果比较容易与公司业绩直接挂钩，比如一定时期的产量、废次品率、服务投诉次数等，中层部门负责人的激励也是与其监管部门的业绩相关。高层管理者的激励性补偿应该同

时与短期获利水平、长期获利能力以及公司的健康状况相关。

设计激励制度时还应注意的几个问题：评价个人业绩并据此确定个人的奖惩时，不应超过他的影响范围，如果产品质量没问题，但是款式不受欢迎，这责任在调研、设计部门，不在生产部门，同样，考核销售部门的指标应该是销售量和回款率回款周期，而不是产品生产成本或性能。大量运用非金钱奖励，这需要管理层有高超的管理艺术，过多依赖晋升激励手段会造成中部肥胖；当用于奖励的成本和员工因此创造的价值差不多时，企业不仅不能获得成长，还有可能陷入困境。因为金钱的边际刺激效果是递减的。奖励制度的执行要谨慎、认真、公正，但又要避免锱铢必较。要排除公司内部政治的影响；要避免过分重视短期目标。

2.5 服务企业战略

由于有形产品和无形的服务产品之间存在明显差异，本章主要综述服务营销体系理论和服务营销战略理论。

2.5.1 服务营销的含义及特征

根据《ISO9000 质量管理体系基础和术语》，"产品是过程的结果"，"产品有 4 种通用类型，即服务（如运输）、软件（如计算机程序、字典）、硬件（如发动机机械零件）和流程性材料（如润滑油）"。进一步说明了"服务通常是无形的并且是在供方和顾客接触面上至少完成一项活动的结果"。

然而，对"服务"的概念，人们常常是从区别于有形产品的角度来进行研究和界定的。如菲利普·科特勒把服务定义为"一方提供给另一方的不可感知且不导致任何所有权转移的活动或利益"。而美国市场营销学会定义服务为：主要为不可感知，却使欲望获得满足的活动，而这种活动并不需要与其他的有形产品或服务的出售联系在一起。生产服务时可能会，也可能不会利用实物，而且即使需要借助某些实物协助生产服务，这些实物的所有权将不涉及转移的问题。综合各种不同定义和分析服务的本质基础上认为：服务可以是一种活动、过程或者活动、过程的结果，它包括与顾客或他们拥有的财产间的互动过程和结果，并且不会造成所有权的转移。

与有形产品相比，服务具有以下共同特征。

1. 不可感知性

作为服务最显著的一个特征，不可感知性可从 3 个不同层次来理解。服务无形无质，看不见也摸不着。顾客在购买服务之前无法肯定能得到什么样的服务。顾客在接受服务后有时很难察觉或立即感受到服务的全部利益，也难以对服务的质量做出客观的评价。

但服务的不可感知性也不是绝对的。大多数服务都具有程度不同的有形特点。另一方面，随着企业服务水平的提高，很多有形商品都是与附加的服务一起出售的。而且在多数情况下，顾客之所以购买某些有形商品，只不过因为它们是一些服务的载体。比如顾客购买机床，其实质是购买机床的机械加工能力。因此厂家为了保证顾客购买的机床在寿命期内有良好的加工能力，往往连带培养操作和维修人员，甚至提供终身的收费维修服务。也有的顾客根本不购买机床，而只租赁机床。对顾客来说，更重要的是这些载体所承载的服务或效用。此外，"不可感知性"也不是所有的服务产品都完全不可感知。它的意义在于提供了一个视角，将服务产品同有形产品区分开。萧斯塔克曾提出"可感知性－不可感知性差异序列图"，说明服务产品越接近"不可感知性"的一极，越需要营销人员运用传统营销组合策略以外的技巧，才能有效提高顾客的满足感。

2. 不可分离性

服务的生产过程与消费过程同时进行，即服务型企业通过人员或设备向顾客提供服务时，也正是顾客消费服务的时刻。两者在时间上不可分离。因此服务产品无法通过储存来调节需求峰谷。服务的这一特性表明，顾客只有并且必须加入到服务的生产过程才能最终消费到服务。

3. 差异性

差异性是指服务较难像有形产品那样实现标准化。原因有3方面：不同类型的服务产品，都有程度不同的服务人员参与。而人员服务很难做到完全标准化，因为人与人不同，同一个人不同时候提供服务也会有差异。其次，即使每次提供的服务是相同的，由于顾客本身也参与到生产过程中，顾客自身的情绪、爱好、知识结构也会影响服务质量。最后，服务是服务人员与顾客交互的过程，需要双方配合，所以在同样服务的不同次数的购买和消费过程中，即使是同一服务人员向同一顾客提供的服务也可能会存在差异。因此每次服务带给顾客的效用和顾客感知的服务质量都可能存在差异。服务企业通常通过操作流程标准化辅助设施设备标准化力求服务接近一致。

4. 不可贮存性

这个特点是由服务的不可感知性派生而来。服务的无质无形、不能储存使服务企业还面临另一个难题，即最大供应能力的决策问题。若按照满足高峰时的需求投资生产能力，则在低谷时期必有大量生产能力闲置。这提升了平均成本，最终导致竞争力的降低。如果按照平均时期的需求量设定供应能力，则面临高峰时期的缺口和低谷时期的剩余。不仅如此，如何定价也是一个难题。服务不能"退货"，因此出错的风险和补救成本比有形产品大。

5. 缺乏所有权

在服务的生产和消费过程中不涉及任何东西的所有权转移。既然服务是无形的又不可贮存，服务产品在交易完成后便消失了，消费者并没有实质性地拥有服务产品，但是承受服务带来的后果。比如运输服务可完成人或物在约定时间内产生约定的空间位移。缺乏所有权的特点会使消费者在购买服务时感受到较大的风险。如何克服此种消费心理，促进服务销售，是营销管理人员所要面对的一个严峻挑战。

从上述5个特征的分析中不难看出，"不可感知性"和"不可分离性"是服务产品的最基本特征，其他特征都是从这两个特征派生出来的。

2.5.2 服务体系理论

与工业企业相比较，服务型企业更强调生产过程控制。有形产品通常是在销售与消费之前、远离销售点和消费点的工厂里生产的。大多数情况下能明确区分生产者和消费者。顾客只接触企业的销售部门和销售人员。但是，在服务型企业里，服务过程通常和消费过程同时发生。消费者更可能接触服务过程和服务人员。有形产品购买者很少看到生产场所，而服务购买者通常则有更大可能看到部分或全部服务场所，因为他要么亲自到服务场所接受服务，要么服务人员上门服务。因此服务企业的服务体系与有形产品企业的生产体系的差别主要体现在与顾客接触的部分。在服务企业，服务人员既是生产人员又是销售和营销人员。因此服务企业的战略管理与有形产品的生产企业的战略就有差别了。

1. 服务体系

(1)服务体系的构成

Eric Langeard、John E. G. Bateson、Christopher H. Lovelock 和 Pierre Eiglier 等服务营销学家认为，服务体系是一个完整的体系(见图2-4)。消费者可以看到这个体系的某些组成部分(前台服务操作体系)，无法看到另一些组成部分，甚至不知道某些组成部分(后台服务操作体系)。前台服务操作体系由服务人员和服

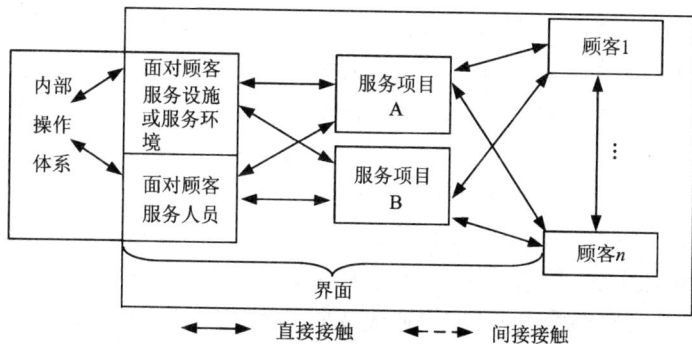

图 2-4 服务体系

务设施两个成分组成。顾客不仅会接触服务人员和服务环境,而且可能会接触其他顾客。前台服务操作体系在整个服务体系中所占的比例因服务性质不同而有所差别。

传统的服务方法要求买卖双方直接接触。现代通信技术为提高服务效率、方便顾客提供了便利,使一些服务型企业,如网上银行,不再要求顾客到现场接受服务。因此服务体系中顾客可见部分正在缩小。对顾客来说,这既有利,也有弊。

用机械服务取代人工服务,可保证服务质量的一致性,方便顾客消费。但顾客自我服务也有明显的缺点。首先,人工服务开始改为机械服务时,顾客可能会因为不熟悉操作而感到不方便。这就要求服务型企业做好宣传工作,教会顾客必要的操作流程,并为最初消费者提供一些物质刺激,鼓励顾客为自己服务。其次,虽然不少服务可使用机械,但许多顾客仍希望能得到人工服务。因为服务人员有判断力,能根据顾客的要求提供人性化的服务,一旦发生异常情况可以立即反映。因此,服务型企业管理人员在设计服务体系时,应确定自动化程度和人工服务水平,并优化机器服务的流程。

(2)服务操作体系的特点

英国伦敦商学院高级讲师贝特逊博士认为,服务操作体系(他称作服务生产体系)有以下特点:

①服务与时间有关:由于顾客是服务操作体系的组成部分,服务型企业管理人员就必须高度重视顾客的消费时间。在需求高峰时期吸引更多顾客,通常是弊大利小;将需求高峰时期的一部分需求量改变为需求低谷时期的需求量是有利的。

②服务与地点有关:服务型企业很难像工业企业那样建造资本密集型的大型工厂。对服务型企业来说,顾客的消费地点非常重要。因此,服务型企业必须做好服务网络建设工作。

③顾客到服务场所参与服务过程:无论顾客是主动还是被动参与服务过程,都会对服务型企业的营销工作产生极大的影响。

为了更好地服务,服务企业在设计服务体系时应该重视下列问题:

服务操作体系变化的问题。无论变化的动因是企业为了降低成本还是适应顾客新的生活、工作方式,由于顾客参与服务过程,服务操作体系中的任何变化都将导致服务剧烈变化。这迫使顾客改变消费行为。如果这些变化要求顾客突然改变早已定型的服务,就会遭到一部分顾客的抵制。

效率与效果的问题。服务型企业改变服务操作体系,提高效率,但这往往会降低服务水平。过分强调效果,又会降低效率。因此,管理人员必须兼顾效率和效果。

　　顾客直接接触的员工和事物的问题。服务操作体系设计工作，看似容易做时难。营销学家认为，要做好服务操作体系设计工作，管理人员应绘制服务流程图，标明买卖双方直接接触点，以便发现服务工作中的薄弱环节，采取必要的改进措施，防止服务质量缺陷。

　　与服务人员有关的问题。服务人员是服务型企业的代表，是大多数服务操作体系的核心组成部分。服务人员的感情和情绪，会在很大程度上影响顾客的消费经历。管理人员不仅应加强服务人员管理工作，而且应关心服务人员的工作条件，减少服务人员的工作压力和紧张情绪，考虑各种经营决策和营销决策对服务人员的影响。

　　营销职能在企业中的地位和作用问题。由于服务操作过程和有形产品生产过程存在着一系列重大差别，服务型企业和制造企业的营销职能也有明显的差异。营销职能在企业中的地位和影响是由竞争环境、企业的经营管理目标、企业的基本技术等因素决定的。目前，在许多服务型企业里，经营职能占支配地位。但是，随着竞争日益激烈，服务型企业管理人员会越来越重视营销工作，从经营导向转变为营销导向。

　　未来的趋势性变化有如下三个方面：现代网络通信技术、互联网对有形产品和无形服务都有明显影响，由此产生的电子商务和网络营销是未来的一个重要发展趋势。其次，供应链中不同的服务企业、生产企业建立合作关系，共同为顾客提供集成的服务，或者各个企业利用自己的专长，只为顾客提供某一类服务。建造服务"超级市场"，由同一个服务型企业为顾客提供全面服务也是另一种趋势。

　　2．服务企业的战略问题

　　由于服务业的特点，其战略计划，除了一般制造业企业战略问题外，更重要的还是要考虑服务营销体系的设计与服务质量的控制。从以上服务体系和服务营销体系的构成可以推断，服务企业对服务质量的控制是有限的、困难的。因为服务过程大部分，有的甚至全部暴露在顾客面前，有的甚至顾客参与全程，不可控因素明显多于制造业企业。

　　（1）影响与引导不可控因素

　　所有的后台操作体系和前台服务体系的供方设施设备、服务人员是可控的，但是顾客和顾客对服务的感受是不可控的。

　　首先，服务型企业必须加强顾客消费行为管理工作，保证顾客在正确的时间正确地使用本企业的服务，防止损坏服务设备、浪费员工时间和引起其他顾客反感的事情发生。因此，服务型企业应经常培训顾客如何正确地自我服务，随时向顾客提供有关信息，及时纠正顾客在消费过程中发生的错误，策略性地劝告顾客改变不良的消费行为。

　　服务型企业无法控制顾客的口头宣传。服务型企业影响顾客的口头宣传的最可靠办法是尽量使每个顾客获得满意的服务。但是服务企业可以通过提供更好的服务，促使有利的顾客口碑产生和传播。

也有一些服务型企业将服务营销体系中可以完全控制的部分操作环节外包。这种外包会使企业承担一定风险。服务型企业与外包商的服务程序和服务重点可能不同。即使外包商能做好各项服务工作，顾客仍可能认为外包商的市场形象与服务企业力图塑造的市场形象不一致。

管理人员应采取各种措施保证服务质量的一致性。如果服务型企业通过多个销售网点为顾客服务，质量控制工作就更加重要。

(2)服务体系设计的基本原则

服务体系的设计首先体现以顾客为中心的理念，根据企业的实际情况，解决其在服务营销中存在的问题，以提升企业服务能力为目的。

首先需熟知顾客和顾客的期望。顾客的期望不是静态不变的。只有不断了解顾客，才能更好地去满足顾客，维持和发展顾客忠诚，并且要与顾客建立良好的沟通机制，提供主动、便利的服务。

设计服务蓝图，并进行服务营销过程管理。将服务进行流程化管理，让服务过程进行很好的有形展示，便于对服务质量的监控和让顾客对服务的体验。

设计服务 SOP。SOP 是标准操作流程的英文首字母简写（Standard Operation Process）。质量控制和标准化管理的有效途径是制定并实施 SOP，并将服务质量评估量化，便于进行服务作业、控制和评价。

服务体系的效率和效能。运用科学的"服务工业化"方法，结合企业实际情况和市场的变化，设计合适的服务体系，重视服务体系的流程内各环节的衔接，重视职能质量和服务技术质量。

2.5.3 交通运输企业战略

企业建立单纯以技术为基础的竞争优势成本越来越高，难度也越来越大，这使得以人为基础的服务及人与设备最佳运作管理为基础的服务质量成为扩大竞争优势的有力工具。运输市场竞争越来越激烈，不论客运还是货运，客户对服务的要求越来越高。因此运输企业战略需要根据新的市场条件突出服务定制化、生产集约化、管理流程化、客户管理内部化策略。

1.运输产品的大规模定制化战略

第二次世界大战后，大批量标准化生产能力呈几何级数增长，导致供应过剩，继而各供应商便在产品品质、功能与价格方面展开残酷的竞争，利润率越来越低。另一方面，由于购买者支出预算提高和个性化需求增强。这样供需两方面之间就产生了隔阂。大批量生产标准化产品牺牲多数人的个性化需求换来了生产成本的降低，然后厂商以低价出售方式与顾客分享这种成本的节约。然而，当单纯的低价吸引力不足以抵消个性化需求减少所带来的损失时，个性化就成为竞争的新方向。定制化供应时代的到来意味着大规模标准化制造时代的终结。因此，产品开发战略的主要方向集中于如何化解产品同质化与需求个性化的双重压力。而大规模定制化被证明是克服这两种压力的有效战略。

丰田公司首先把大规模生产与定制生产的优点结合起来。他们通过提高生产系统的柔度(flexibility)，使低成本大规模定制成为可能。此后这种结合并不局限于有形产品的生产，还延伸到整个供应链。这就对供应链上所有节点企业，包括物流企业都提出了定制化的要求。

顾客导向的营销意味着首先要知道顾客真正需要什么，如何让顾客的需求信息方便、快速、低成本地传达到生产系统，生产系统又要快速地响应这个需求。精准营销的思想就应运而生。精准营销通过现代数据库技术和现代沟通技术实现了对目标客户的精准定位，并通过个性化的沟通技术实现顾客的个别沟通、个性服务与关怀来真正贯彻顾客导向的基本原则。这些个性化的服务比较准确地了解和掌握顾客的需求和欲望，实现和顾客的长期沟通、对营销过程的定量跟踪、对营销结果的定量预测，进而辅助挖掘客户的终身价值。而基于精准营销基础的以多样化、个性化的产品来满足客户需求的定制化营销成为趋势。

大规模定制化的战略价值主要体现在提高顾客让渡价值。由于顾客在购买产品时，总希望把有关成本包括货币、时间、精神和体力等降到最低限度，而同时又希望从中获得更多的实际利益，以使自己的需要得到最大限度的满足。因此，顾客在选购产品时，往往从价值与成本两个方面进行比较分析，从中选择出价值最高、成本最低，即"顾客让渡价值"最大的产品作为优先选购的对象①（见图2-4）。企业为吸引更多潜在顾客，就必须向顾客提供比竞争对手具有更多"顾客让渡价值"的产品，才能使自己的产品为消费者所青睐，进而购买本企业的产品。顾客总是在寻求让渡价值最大的提供商。为此，企业可从两个方面改进自己的工作：改进产品、服务、人员与形象，提高产品的总价值；降低生产与销售成本，减少顾客购买产品的时间、精神与体力的耗费，降低顾客总成本。在这些影响顾客让渡价值的因素中，企业唯一无法控制的是价格。因为价格是和顾客的价值联系的，而不是自己的生产成本。

信息技术、运输企业与顾客界面的无缝式衔接是大规模定制化的前提。

2. 生产集约化战略

市场导向战略要求最终产品实现多样化，乃至完全定制化。如果按照传统生产组织方式，就无法以合理成本将产品生产出来。在信息时代，随着数字化技术

---

① 菲利普.科特勒.营销管理-分析、计划、执行和控制(第8版)[M].梅汝和,梅清豪,张桁,译.上海：上海人民出版社,西蒙与舒斯特国际出版公司,1997：56-57.

在生产中得到应用，再经过生产管理模式向集约化和模块化发展，就可以一定程度解决多样化需求与低成本生产的矛盾。企业模块化原理应用到交通运输企业生产组织中，可实现集约化战略。

从福特的流水生产线到丰田的精益管理模式，生产结构变革都发端于汽车制造企业。目前中国一汽大众在执行的生产模式被称为"理想化的精益生产方式"。这是一种既兼顾丰田精益生产方式的流程管理，又逐步推行"模块化"的新的生产理念。

在模块化的基础上实现集约化生产，这种管理转型的本质就是要在标准模块（Ready-made Module）的基础上，通过集约化设计去向客户提供定制的（Tailor-made）物流需求。由此带来的生产模式的变革使得一般产品的生产结构变得像电脑生产一样简单。所谓模块就是指通过将独立配件整合起来形成一个更大的单位。不同产品可能包含某些相同的模块，不同模块之间的接口标准化，这样提高了模块效率和模块间协调效率，同时又满足了多样性要求。

以铁路货运为例，铁路货运生产运用模块化原理将原来连续不断、各不相同的过程分解为互相独立的"流程模块"。每个流程模块实行标准化管理，不同模块之间进行标准化链接。集约化战略提高了标准化模块的生产规模，因而提高了标准化模块的效率和效益。

在已有的实体网络基础上通过产品设计创新，使轴辐式运营网络与直达运营网络恰当配合提高网络效率，根据交通运输设备新技术条件，调整移动设备布局和运用制度，提高设备运用效率，运用联运和战略联盟实现供应链无缝衔接，提供定制化的门到门服务。

3. 管理流程化

无论是旅客运输还是货物运输，服务流程越简单便利越好。从咨询、洽谈、制定合同到服务提供要一气呵成。

管理流程化，在货运方面，体现在物流化服务。我国《国家标准物流术语》将物流定义为：物品从供应地向接受地的实体流动过程，根据实际需要，将运输、储存、装卸、搬运、包装、流通加工、配送、回收、信息处理等基本功能实施有机结合。由此可见，物流服务的主要任务应是改变物的时间和空间状态。这一改变是由运输来实现的，而运费又在全部物流费用中所占比例最高。因此，作为提供传统意义上的运输和仓储服务的铁路部门涵盖了物流活动中最核心的内容。从国外和国内铁路货运生产的发展趋势来看，现代物流服务和传统铁路货运服务存在区别，体现在服务层次、理念和范围的不同：

在服务层次方面，现代物流服务的最大附加值是基于信息和知识，而不是依靠提供简单的一般服务；在服务理念方面，现代物流更重视提供服务的全面性和及时性，要求以客户为中心，以市场为导向，以降低客户成本为目标，为客户提供定制的供应链全程解决方案和运输产品；在服务范围方面，现代物流更强调系统性，注重从生产者到消费者的全过程，通过对其提供产品和服务的系统化全面管理，达到运输过程和费用效益的最优。

运输企业通过设立服务中心，统一对客户业务。客户服务中心不仅统一受理业务申请，与客户商议运输价格，还负责运输过程中的安全监督、信息查询及投诉理赔工作，实现"起点—终点"的全程服务，起到了简化办理手续、整合服务机构、方便客户、集中运输需求的效果。

4.客户管理内部化

与客户建立战略性合作关系是流程化管理的关键。这种战略性流程管理意味着客户关系管理进入一个新的境界，完全打破刚性的客户界面，实现生产流程一体化交付。无论是生产计划制定还是设备运用、流程衔接，和企业内部部门一样顺畅。以铁路货运为例，大客户战略和路企直通战略的配合，使客户渗透到铁路货运生产计划中，既有利于铁路货运计划制定，也有利于客户供应链的运作效率，可以实现完全定制化服务。

过去，我国铁路货物发送量80%以上的专用铁路和铁路专用线结合部作业环节多，作业效率普遍偏低。路企直通战略从实现供应链整体的最优化和效率最大化的角度，重新梳理业务流程，改造相关的设施设备，消除路企之间的障碍和减少中间作业环节，实现路企双方在生产作业环节的同步化和结合部的无缝衔接。

信息技术是现代物流的核心基础。铁路货运物流化生产需要信息支持系统。铁路货运大规模定制生产和一体化供应链界面技术都必须构建在网络化物流服务平台上。有了这样一个平台，不仅可以消除信息孤岛和信息断点，实现铁路内部、铁路与其他运输方式、铁路与客户间的信息交互和生产协同，而且可以借此满足社会物流需求，发展电子商务。

发展现代物流，最重要的是要充分认识物流的本质：基于一体化思想，借助信息技术，衔接上下游企业，实现整个供应链的生产业务流程的同步化、协同化，从而实现供应链整体效率的最大化。运输企业应当优化运输组织，积极拓展增值服务，大力发展联合运输，为客户提供全程服务。

复习思考题

1.某企业在年度总结会上对未来一年提出了如下目标："质量上台阶，管理上水平，效益创一流，人人争上游"。该企业所设定的目标存在哪些方面的欠缺？

2.《孙子兵法》云："水因地而制流，兵因敌而制胜。故兵无常势，水无常形；能因敌变化而取胜者，谓之神。"你觉得这话对于企业管理有什么启发？

3.当今科学技术产业化的步伐越来越快，特别在新能源利用、生物技术、IT

技术等领域，这些领域的科学家利用自己研究的新技术开创实业时，一旦契合了市场的某种需求，又能顺利获得风险投资或地方政府资助，企业将迅速成长，并且理所当然地成为行业领头羊。但是有些战略管理专家用"领先的脆弱，脆弱的领先"来描述他们对这种以新技术创业的企业的看法。你理解这句话里意思是什么？你赞同这种看法吗？为什么？

4.请您分析未来的铁路客运专线公司将要面临哪些竞争压力？铁路客运专线投入运营后，对我国客运市场竞争结构会有什么影响？试画出你心中未来的客运服务战略群体图。

5.铁路客运专线对未来货物运输市场有什么影响？请详细阐述。

第3章 运输市场调查

3.1 运输市场调查概述

3.1.1 运输市场调查的概念

21世纪是知识经济的时代，其最大特征就是信息成为一种重要的社会资源。而市场调查则是获取市场信息，进行市场营销和现代化管理的一种重要手段。随着我国市场经济的发展和市场营销观念的深入人心，市场调查作为一个行业、一个产品、一门学科逐步发展、成熟起来。市场调查(Marketing Research)，简单地说是指为了促进销售达成所进行的调查、分析过程。

市场调查的职能范围不仅局限于商品的流通领域，而是以满足消费者和用户的需求为中心，从产品设计到企业内部经营活动的全过程，为企业的供、产、销全部经营活动提供决策依据。这时的市场调查是指运用科学的方法和手段，系统地和有目的地收集、分析和研究与市场营销有关的各种信息，掌握市场现状及发展趋势，找出影响企业市场营销活动的主要因素，为企业准确地预测和决策、有效利用市场机会而提供正确依据的一种市场营销活动。这是广义的市场调查，它包括了从产品设计到消费者的购买、直到售后服务的全部过程。

对于交通运输企业来讲，运输市场调查是指运输企业为了实现自身经济利益和社会公益目标，运用科学的方法和手段，系统地、有目的地收集、分析和研究促进运输服务市场交换的有关信息，掌握运输市场现状及发展趋势，找出影响运输企业市场营销的主要因素，为运输企业准确地预测和决策，有效地利用市场机会提供正确依据的一种市场营销活动。

具体而言，运输市场调查是指运输企业对运输经济腹地产、供、销及客源地进行的调查研究工作，通过市场调查，了解和掌握运输经济腹地及客源地的货源、客源构成及流向、流量，消费偏好、需求特征等，为物流及客流组织工作准备资料，为保证运输计划有节奏、均衡地实施提供客观依据。

3.1.2 运输市场调查的功能

运输市场调查的目的是为交通运输企业各级管理人员进行科学预测、确定经营方针、编制运输计划、改善经营决策、提高经营决策水平提供依据。运输市场调查对运输企业生产经营具有十分重要的作用，主要表现在以下几个方面：

1. 运输市场调查是了解市场的重要手段

通过运输市场调查可以了解和掌握国内外运输市场的需求和产、供、销的全部情况，了解客货源的构成变化规律及发展趋势，以便运输企业根据市场情况和本身的实际，决定企业的发展方向，组织运输产品和提供运输服务。

2. 运输市场调查是进行经营决策的基础

现代企业管理的重心在经营，经营的重点在决策。信息是一切经营管理决策的前提。只有通过市场调查，收集各类有用信息，并对这些信息加以全面分析，企业做出的经营决策才能切合实际，这样的决策才能减少失误，降低风险，为企业带来效益。否则，仅靠经验，没有准确掌握市场信息，在竞争日益激烈的现代市场中是很难做出正确决策的。

3. 运输市场调查是调整和修正计划的重要依据

企业的战略与计划是否正确，是否存在不足甚至失误，计划执行是否到位，可以通过比较市场供求的实际情况与预测值来检验，同时反馈给决策部门，作为调整计划、适应实际情况的依据。同时，由于环境和市场始终处于变化状态，一旦出现新情况、新问题，原定计划就应适当做出修正。这一切都只有通过市场调查获取的最新信息才能作出判断。因此，运输企业在经营活动中，必须进行充分的市场调查，不断收集和获取新的信息，准确把握市场变化，才能及时调整和修正经营计划，以增进企业自身在市场中的竞争能力。

4. 运输市场调查有利于提高企业的经营管理水平

运输企业提供的产品和服务能否被消费者接受，实现其价值，必须通过市场来检验。对市场环境和消费者行为进行调查，取得市场营销活动的情报资料，加以分析研究，就可以做出有关产品开发和调整、产品价格、分销渠道、促销措施等方面的营销策略，运用各种营销手段，制定正确的营销措施，以提高企业的经营管理水平，获取更大的经济效益，并在市场竞争中占据优势。

3.1.3 运输市场调查的意义

1. 运输市场调查是营销决策的基础和前提

运输市场是运输企业经营管理活动的起点和终点，往往一个企业经营的好坏取决于该企业的决策水平。正确的决策是建立在对运输市场的过去、现在和未来发展前景的准确把握的基础上。只有通过市场调查，系统、客观地收集各类有用信息，并加以全面分析和评价，企业的经营决策才能切合实际的运营决策，才能减少失误，降低风险，为企业带来效益。

2. 运输市场调查有利于提高企业的竞争力

运输企业面临着激烈的全方位的市场竞争，通过运输市场调查，运输企业不仅可以了解和掌握国内外运输市场的需求和产、供、销的全面情况，了解客货源的构成变化规律及发展趋势，还可掌握竞争对手的情况，获取有价值的市场营销活动情报资料，只有这样才能根据运输市场情况和本身的实际，决定企业的发展方向，并在产品、价格、广告、分销渠道等营销活动的全过程中提高市场竞争力。

3.运输市场调查有利于满足货主、旅客需要，提高企业的经济效益

企业经济效益的高低最终取决于企业营销活动的好坏。营销活动的成败归结为一点，就是货主、旅客对运输企业的运输服务能否认可、接受并感到满意。只有通过对市场环境和货主、旅客行为的调查，了解货主、旅客需求，适应货主、旅客需求，才能赢得市场。

3.2 运输市场调查的内容及程序

3.2.1 运输市场调查的内容

运输市场调查的内容十分广泛。广义上讲，凡是直接或间接影响运输企业活动的资料，都应收集和研究。然而，由于每次调查目的不同，调查时间有限，其内容也不完全一样，且一次调查活动不可能涵盖所有内容，因此必须通过多次长期的调查，在不断积累资料的基础上，才能全面认识市场。

1.运输市场营销环境调查

营销市场环境是指影响企业营销活动的各种外部条件。运输市场营销环境的调查包括政治法律、经济、社会文化、自然和科技等环境。市场营销环境是经常变化的，这种变化既会给运输企业营销带来新的成功机会，也会造成新的威胁。对交通运输企业而言，运输市场营销环境是不可控因素，运输企业必须认真分析和研究市场环境，并努力谋求企业外部环境与企业内部条件同营销目标之间的动态平衡，使企业的生产与营销活动与之相协调和适应，促进企业不断发展壮大。

1)政法环境调查

了解对运输市场起影响和制约作用的国内外政治形势以及政府对运输市场管理的有关方针政策、法律、法规。如反不正当竞争法、消费者权益保护法、产品质量法、环境保护法、铁路法及各种有关交通运输的法规、规程、细则、制度等等。

2)经济环境调查

主要包括地区经济特征、经济发展水平、产业结构情况、国民生产总值、国民收入总值、人均收入、居民消费水平和消费结构、基本建设的规模、类型、发展规划以及交通方式、能源状况等。

3)社会文化环境调查

主要有人口受教育程度与文化水平、价值观念、职业构成、民族分布、宗教信仰和风俗习惯、社会流行审美观念与文化禁忌等。

4）科技环境调查

主要调查内容包括当前国内外科学技术发展水平，新技术的开发、应用及普及，新材料、新产品、新能源的开发、研制与推广，当代科学技术的发展速度与发展趋势等。

5）自然环境调查

包括自然资源、自然地理位置、气候条件、季节因素等。

6）竞争环境

包括生产同类产品竞争者的数目和经营规模、同类产品的市场占有率及变化趋势、同类产品的价格、竞争者的服务方式、消费者对竞争者提供产品的满意程度。

7）人口环境调查

主要了解当地人口总量及其增长速度、人口的地理分布、人口的年龄分布及知识水平等。

2. 运输市场需求调查

运输市场需求是决定运输市场购买力和市场规模大小的主要因素。运输市场需求由消费者市场需求和组织市场需求构成，消费者是运输市场上最活跃、最多变的因素，其需求多种多样，产品专用性强，技术要求高，受经济改革影响大等特点，因此针对消费者和组织市场所进行的需求调查是运输市场调查中非常重要的内容。

3. 运输市场供给调查

运输市场供给是指一定时间内运输企业为市场提供的产品总量。运输市场供给调查的目的在于使运输市场供给与需求相适应，更好地满足不断变化的运输市场需求。调查的内容主要包括：

- 各种运输方式的布局、运输能力、主要技术经济指标；
- 各种运输方式的产品特点、运用范围、设备设施状况；
- 运输企业数量、生产能力、技术水平、产品类型和数量；
- 交通运输总体发展规划、企业发展规划。

4. 运输市场营销策略调查

运输市场营销策略调查主要包括五个方面：产品调查，价格调查，分销渠道调查，促销调查，竞争情况调查。

3.2.2 运输市场调查程序

运输市场调查是一项复杂细致而且涉及面很广的工作，要保证调查工作的效率和质量，确保调查的准确性，取得良好的预期效果，就应尊重客观规律，按科学的程序和方法进行。运输市场调查的基本程序包括三个阶段、八个步骤,如图3-1所示。

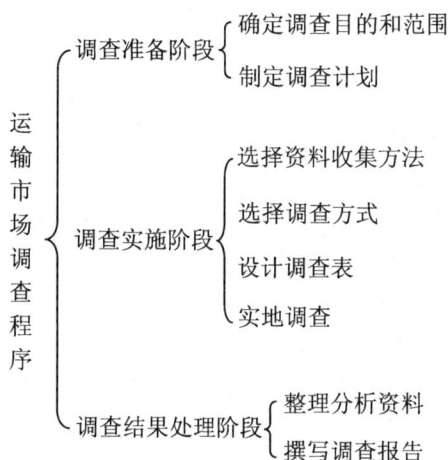

图3-1 运输市场调查程序

1. 调查准备阶段

这一阶段的主要工作就是通过与调查委托人沟通,了解委托人的目的和调查结果的主要使用者、使用范围,从而明确本次调查的具体目的,确定调查主题和范围,并制定调查计划。具体有如下两个步骤:

1)确定调查的目的和范围

调查说明是一个诊断性的阶段,它涉及委托人和调查者之间的最初讨论,通过对市场的初步分析,对运输市场情况和市场营销问题有一个清楚的表述,从而决定整个调查活动的性质和方向。在这一讨论过程中,首先,应明确调查的目的,或者说这次调查要解决的主要问题,如这次为什么要调查?想要调查什么情况?了解情况后有什么用途?等等,对这些问题应能做出准确的回答。其次,应确定调查范围。调查范围的区分,直接影响到调查收集资料的样本对总体的代表性和经济性,应该对调查范围加以限定,一般可以从地区上确定市场的区域范围,从运输产品使用对象上确定调查的旅客、货主群体范围。再次,要了解企业行业背景和产品的性质,例如:企业所处行业及提供的产品是什么?谁来购买产品?企业和它的竞争对手所占的市场份额各为多少?企业的优势何在?企业市场营销的总目标和战略是什么?

2)制定调查计划

调查者在研究了第一阶段收集的信息之后,提出详细的调查计划,提交委托人审批。委托人应对调查者对于调查问题的理解和总体思路进行评价。调查计划是对调查工作的设计和预先安排,作用在于保证调查有目的、有计划、有组织地进行。调查内容有五个方面:明确调查主题及目的;确定调查地点、调查对象及调查方法;选定调查人员;预算调查费用;安排调查时间,工作进度。

2. 调查实施阶段

该阶段主要是按照调查计划,组织调查人员,深入实际,系统地收集有关资料、信息数据。大体分为四个步骤:

1)选择资料收集方法

市场调查收集资料,可分为第一手资料和第二手资料。第一手资料,又称原始资料,是调查人员通过现场实地调查所收集的资料。收集方法即为市场调查方法,有询问法、观察法、实验法等。第二手资料,又称现成资料,来源于企业内部资料和外部资料。第二手资料的收集方法,可以是直接查阅、购买、交换、索取以及通过信息情报网、国际互联网收集和复制,也可以通过参观学习、技术交流、学术交流、新产品鉴定、技术鉴定等间接方式收集。

2)选择调查方式

调查方式按照调查对象的选取的不同分为普遍调查、重点调查、典型调查及抽样调查。普遍调查是对调查对象的全体进行的无一遗漏的逐个调查。如果总体数量庞大,就需要花费巨大的人力、物力、财力以及较长的时间,一般企业很难承受。所以,普遍调查在运输企业的市场调查工作中,只用于对象客户数量少、每个客户的边际收益很大的情况。重点调查是在全体调查对象中选择一部分重点单位进行的一种非全面调查。所谓重点单位是指所要调查的这些单位在总体中占重要地位或在总体某项标志总量中占绝大比重的单位。重点调查可用于运输企业对大宗货源的调查,以及有关流通渠道、经营条件、竞争对手等的调查。这种调查方式能以较少的人力和费用开支,较快地掌握调查对象的基本情况,解决关键问题。但需要说明的是,重点调查中选取的重点单位不具有普遍的代表性,一般情况下不宜用其综合指标来推断总体的综合指标。典型调查是在全体调查对象中有意识地选择一些具有典型意义或有代表性的单位进行非全面的专门调查研究。该调查方式由于调查单位较少,人力和费用开支较省,可以有较多的调查内容,因此有利于深入实际对问题作比较细致的调查分析。用典型调查的综合指标推断总体的综合指标,一般只能作出估计,不可能像随机抽样那样能计算出抽样误差,也不能指明推断结果的精确度。不过,在总体各单位的差异比较小,典型单位具有较大代表性情况下,以典型调查资料推断总体指标也可以得到较为满意的结果。抽样调查是一种从全体调查对象中抽取部分样本进行调查研究,用所得样本结果推断总体情况的调查方式。抽样调查可把调查对象集中在少量样本上,并能获得与全面普查相近的结果,有很强的科学性与准确性,同时又省时、省力、省费用,所以在市场调查中广泛采用。

3）设计调查表

调查方法确定后，为了在现场实地调查时能有的放矢，调查人员必须事先设计拟定调查表。调查表也称为询问表或问卷，是市场调查中用来收集资料的基本工具。它以书面的形式记录和反映调查对象的看法和要求。调查表设计是一项技术含量高而又十分重要的工作，它直接关系到调查工作的成效。因此，要求设计的调查表主题明确，重点突出，问题通俗易懂，便于回答，同时还要便于计算机的统计汇总和处理。

4）实地调查

调查人员按照确定的调查对象、调查方法，进行实地调查，收集第一手资料。对于这一阶段，不同的调查人员可能有不同的调查结果。因此，调查人员必须具备一定的专业素质、知识水平和调查技巧，才能确保获得正确而又满足要求的第一手资料。

3. 调查结果处理阶段

调查结果处理阶段是调查全过程的最后一个阶段，将收集到的资料和数据进行加工整理及分析，得出调查结论，然后撰写调查报告。这一阶段分两个步骤：

1）整理分析资料

第一，调查资料的整理。调查所得的资料是大量的、零散的，还有可能有片面和不真实的，必须进行系统的编辑整理，去粗取精，去伪存真，如检查资料是否齐全，是否有互相矛盾的地方，数据口径是否一致，是否满足时效要求等，以便对发现的问题及时补充修正，保证资料的系统完整和真实可靠。第二，调查资料的分类汇编。对经过编辑整理的资料，要根据要求进行分类，把性质相同的归在一起。分类后的资料还要加以统计汇总，编号归档存贮，这样将方便以后的查找和使用。当采取计算机加工处理资料时，资料的分类编号更为重要。第三，调查资料的分析。为了掌握被调查事物的内在联系，揭示问题的实质和各种市场现象间的因果关系，就必须对调查资料进行综合分析，以找出其内在的规律性和关联性。例如，可以运用各种统计方法或根据需要制成各种统计表、统计图来进行分析，最终得出合理的调查结论。

2）撰写调查报告

调查报告是运输市场调查工作的最后阶段，它是将调查分析的情况、得出的结论、提出的措施或建议写成书面报告，提供给委托方，供报告使用者作为决策参考。市场调查报告的基本内容一般包括：调查的地点、时间、对象、范围、目的，采用的主要调查方法，调查结果的描述分析，调查结论与建议。调查报告的格式一般由导言、摘要、正文、结束语和附件组成。撰写报告时，应注意报告内容要到达以下几点要求：紧扣调查主题，突出重点；引用数据要准确可靠，如实地反映客观情况；观点应明确，切忌模棱两可，文字要简明扼要等。正式提交调查报告书后，工作并未完全结束，应跟踪调查实施程度及其效果，以便纠正偏差，取得更佳效果，并可据此总结经验教训，进一步提高运输市场调查水平。

3.3 运输市场调查的类型

运输市场调查按其研究问题的目的，可以分为以下四种类型。

(1)探索性调查。寻找问题发生的原因，或者为解决新问题寻找新的思路。

一个企业在自身的经营活动中，可能会遇到一些新情况和问题。面对这些问题，企业应该怎么办？要解决问题，必须了解产生问题的原因，这就需要通过探索性的调查来寻找问题发生的原因，或者为解决新问题寻找新的思路。比如武广客运专线通车后，武汉—广州和长沙—广州之间的民航客运市场可能会有什么变化？民航企业如何应对？这种探索性调查也可为以后其他客运专线通车后民航的整个市场策略的调整提供有益的信息。

(2)描述性调查。所谓描述性调查，就是通过搜集与市场有关的各种历史资料和现实资料，并通过对这些资料的分析研究，来揭示市场发展变化的趋势，从而为企业的市场营销决策提供科学的依据。比如铁路制定今后的营销策略，必须对前几年各种运输方式的客货运量、市场占有率、消费者的收入与支出的变化情况进行详细的调查，还必须对以后的运输需求做出科学的调查，这样才能制定正确的营销策略。

(3)因果性调查。企业在经营活动中，存在许多数量关系。这些数量，有的是属于自变量，即企业自身可以控制的变量，如产品产量、产品价格、各项销售促进费用的开支及营销人员的配备等；有的属于因变量，许多因素都会引起它的变化。所谓因果关系调查，就是要揭示和鉴别某种因变量的变化究竟受哪些因素的影响，及各种因素对因变量的影响程度。

(4)预测性调查。通过调查影响市场消费偏好、市场需求量的因素及对各因素的预测，获得对运输需求的预测。

3.4 运输市场调查问卷设计

3.4.1 问卷设计原则

一份成功的运输市场问卷设计应该达到两个目标：①设法取得被访者合作；②能将所要调查的问题明确地传达给被访者，并取得尽可能接近真实的答案。一份成功的问卷还须具备以下六个特征：

(1)合理性：是指问卷设计的内容必须与调查主题紧密相关，体现调查的主题。设计问卷时，应根据调查的目的，确定调查主题，使每个问题的目的明确，重点突出。而问卷体现调查主题的关键是在问卷设计之初找出与调查主题相关的要素。

（2）有效性：是指研究人员所设计的意思和被访者所理解的意思是一致的，这就说明该问卷或者这一道题目的设计是有效的。如果被访者理解的意思和研究人员所设计的意思可能不一致，那么就说这份问卷或这个问题的设计是无效的。在调查问题描述可能造成歧义或者不够专业的情况下，可能会造成被访者难以决定最适合的选项，不仅影响调查结果的可信度，甚至可能使得参与者未完成全部选项即中止调查。

（3）逻辑性：问卷的设计要有整体感，这种整体感即是问题与问题之间要具有逻辑性，符合被调查者的思维程序，问卷应是一个相对完善的小系统。而且，独立的问题本身也不能出现逻辑上的谬误。

（4）规范性：是指命题是否准确，提问是否清晰明确、便于回答；被访问者是否能对问题做出明确的回答，等等。

（5）非诱导性：指的是问题要设置在中性位置、不参与提示或主观臆断，要完全保持被访问者的独立性与客观性。在问卷设计中，应尽量避免因诱导性和提示性的问题而掩盖真实的事物。

（6）便于整理和分析：成功的问卷设计除了考虑到紧密结合调查主题与方使信息收集外，还要考虑到调查结果是否容易得到和调查结果的说服力。这就需要考虑到调查数据的整理与分析工作。首先，调查指标是能够累加和便于累加的；其次，指标的累计与相对数的计算是有意义的；再次，能够通过数据清楚明了地说明所要调查的问题。只有这样，调查工作才能收到预期的效果。

3.4.2　问卷内容与结构

1. 问卷内容

从形式上来说，运输市场调查问卷一般分为四个部分：甄别与过滤、登记、正文（主要的调查问题）、被访者基本信息。

1）甄别与过滤

为了防止同行业机构窃取此次调查的相关信息以及筛选适合的被访者，一般放在问卷的最前面，保证调查问卷的有效性以及所获取信息的可信度。可以包含性别、年龄，被访者及其亲戚是否在相关行业工作、近期是否参加过类似市场调查、及其和项目相关的其他甄别条件。需要特别指出的是：年龄不能只有段的划分，最好要求写上具体年龄。原因是在后期的数据处理中，具体的年龄可以划为段，而且便于后期精确的统计分析；而段再换算为实际年龄，就不可能了。以某次客运市场调查为例，通常会设置以下问题：您本人或您的家人有没有在以下行业工作？①市场研究机构；②运输公司；③运输科研机构；④交通管理部门；⑤以上都没有，如果被访者选择了②③④，则停止对被访者提问，或者在对收集来的资料进行评估时，该份问卷被看作无效问卷处理。在目前的运输市场调查中，通常缺少这一块，所以在以后的调查中，应该加上这一块。不过，关于这部分内容的位置，也有的观点认为应该放在最后。因为一开始就询问受访者的个人信息，容易引起警惕甚至抵触情绪。

2）登记

登记，包括访问人员的姓名（或编号），访问时间、地点或线路，以及被访者的姓名、住址、电话号码、始发站以及终到站等。登记除了便于后期的数据处理，还有一个很重要的作用是：便于反复调查，控制样本分布，防止舞弊行为。例如，客运市场调查中，登记被访者乘坐的车次、席别，可以确保样本是按照调查计划进行，万一出现偏差也能够很快察觉，并做出补救措施。根据实际情况，在进行某些调查设计时，对于被访者的姓名、住址、电话号码等旅客较敏感的信息不出现，通常情况下旅客都不愿意填写或者胡乱填写，出于自我防范意识，部分被访者可能不愿意填写真实的个人信息，甚至故意填写错误信息。解决这个问题的办法主要有：向被访者解释清楚登记这些信息的用途，并做出保密的承诺；访问者要语言得体、着装大方，给人一种可信任的感觉；做适当变通，如要求单位电话号码、地址，甚至可以是 E-mail、MSN、QQ 等网络通信工具，只要保证可以能联系上即可；问卷答完后再询问这些信息，因为通过一段时间的交流后，被访者的戒备心理会有所降低。

3）正文

正文即问卷主体部分，是调查目的细化后的一系列问题、量表、图形等，正文质量的高低直接影响到调查的质量，所以在设计正文调查问题时，一定要进行细致深入的调查，问卷在无特别说明的情况下即是正文部分。这部分内容通常需要详尽地收集资料，进行归纳整理，同时结合实际情况设计科学、合理的调查问卷。

4）被访者特征

被访者特征包括自然和社会属性特征，如性别、民族、年龄、收入、文化程度、职业、婚姻状况、家庭人口、工作或生活地点、单位性质等，这部分通常放在问卷的最后，可以直接询问也可以部分地从政府公布的人口统计资料中获得，有时候也可以二者结合使用。如在旅客满意度调查时，必须设置人口特征题，因为人口总体与统计部门的统计总体是不同的，现在铁路客运市场调查通常采用的是通过问卷直接询问。在设置人口特征题时，对于年龄、职业、收入等是属于旅客的隐私范畴，但往往又是调查问卷所必需的，所以在设计问卷时，应考虑被访者的心理，在满足研究精度的前提下，尽可能采用区段数字、模糊语言，如您的月收入：1000 以下，1000～2000，2000～3000，3000～4000，4000～5000，5000 以上。客运服务具有区域性，不同区域内经济水平发展存在差异性，所以在设置工资收入水平时，应根据具体的情况来进行分段。同时由于不同地区旅客的文化背景、经济能力不同，导致消费观念也有很大差别，因而旅客的出行需求也就不同，因此旅客工作、生活的地点信息比籍贯信息更具有实际价值。

2. 问卷基本结构

一份完整的调查问卷通常由八部分组成：标题；填写说明；填写要求；甄别内容；主体内容；被访者的基本情况；必要的注明；编码。下面详细介绍：①标题是对调查主题的高度概括。问卷的名称应简明扼要，应使受访者明确主要调查目的与内容，并易于引起回答者的兴趣。例如"铁道部客户满意度调查"，而不是简单采用"调查问卷"这样的标题。②问卷说明又称为前言或引言，来说明调查的目的和意义、指标解释、调查须知以及有关事项。问卷说明一般放在问卷开头，通过它可以使被调查者了解调查目的，消除顾虑，并按一定的要求填写问卷。可采取两种方式：一是比较简洁、开门见山的方式；二是在问卷说明中进行一定的宣传，以引起调查对象对问卷的重视。如涉及需为被调查者保密的内容，必须指明予以保密，不对外提供等，以消除被调查者的顾虑。例如："欢迎您乘坐铁路客车，为了解您的旅行需求，进一步改善我们的服务质量，需要占用您一点宝贵的时间，配合我们此次问卷调查，谢谢您的支持与合作。"③填写要求，又称为填表说明，是对填表的要求、方法、注意事项等的总说明，一般是以文字和符号对要作答的题目提出要求，也可单独进行统一地说明，并放在问卷说明之后或正式调查问题之前。在没有特殊说明的情况下，这一项通常不出现。④甄别内容（在前面"问卷内容"里已做说明）。⑤主体内容（即正文）。⑥被访者的基本情况（前面已说明）。⑦必要的注明，对受访者的合作表示真诚的感谢，此内容也可以在"问卷说明"里；可以稍长一些，顺便征询一下对问卷设计和问卷调查本身有何感受；更经常的内容还包括调查员的姓名、访问日期、访问时间、对被访问者回答的评价等。⑧编码，是调查问卷中的一个组成部分。它是指对问卷中的问题与对应答案用数字、字母所表示的代码。大多数市场调查问卷均需加以编码，以便分类整理，易于进行计算机处理和统计分析。所以在问卷设计时，应确定每一个调查项目的编号，在进行调查时每份问卷也必须有编号，即问卷编号。此编号除了顺序号以外，还应包括与该样本单位有关的抽样信息。例如：在"铁道部满意度调查"项目里，问卷编码加六位数字——"B000001"（北京铁路局第一份问卷）。

3.4.3 问卷设计程序

调查问卷设计一般可分为以下几个步骤，表述如下：

（1）根据调查目的或主题提出分析构架。按照调查方案中的调查内容，列出其所需资料,汇总资料清单。

(2)决定调查方式与问卷形态。

(3)根据资料清单中每一项列出若干初步问题。

(4)编拟定问卷初稿,列出初步问题后,必须对每一个问题进行认真的推敲和修改,按照问卷设计原则确定问题的类型,对问题的难易进行调整,并且编排问题顺序。

(5)在小范围内进行试调查,查看效果以及确定样本的最终量。

(6)修正问卷、问卷定稿、编写问卷说明。

3.5 运输市场调查抽样理论与方法

3.5.1 抽样调查与普查比较

由于普查耗时长、花费高、组织工作难度大,客运市场调查时很少采用普查,但有时他们也适用于某些特殊的案例,如要调查某客运站配套设施利用状况时,可能就需要对所有工作人员进行调查。抽选样本技术和方法决定了抽样的成功率,但是抽样调查误差不可避免。不过,随着现代抽样技术的发展,这种抽样误差是可以推算和控制的,抽样调查的优点很多;成本低、效率高,可以提高访问的精确性等。正是因为这些优点,在大多运输市场调查中,采用的都是抽样调查。需要说明的是,普查虽然可以避免抽样误差,但非抽样误差仍然存在。

3.5.2 抽样操作步骤

一个具有可操作性的运输市场调查抽样计划,大致有7个步骤,见图3-2。

1.定义同质总体

为了满足调查目的的需要,应该详细说明和描述提供信息或与所需信息有关的个体或实体(如旅客、运输公司等)所具有的特征,确定调查范围及总体单位。同质总体可以从以下几方面进行描述:地域特征、人口统计特征、产品或服务使用情况、认知程度等。地域特征是指总体单位活动的范围或区域。人口统计因素主要考虑到调查目标和产品目标市场,哪些人的观点和反应才是至关重要的。除了上述因素外,同质总体通常还根据产品或服务的使用要求来定义;有时通过一定时间内,旅客是否购买产品或服务和使用的频率来描述。认知程度考虑对于那些注意到公司广告的人,探究所传达的产品或服务信息。为了确定总体包括哪些个体,通常情况下,重要的是确定那些应该排除在外的个体特征。问卷刚开始的甄别、过滤阶段可以将不属于同质总体的应答者排除在外,如被访者是同行业的生产者、销售者或市场营销人员等专业人员,则他们所反映的信息与普通的消费

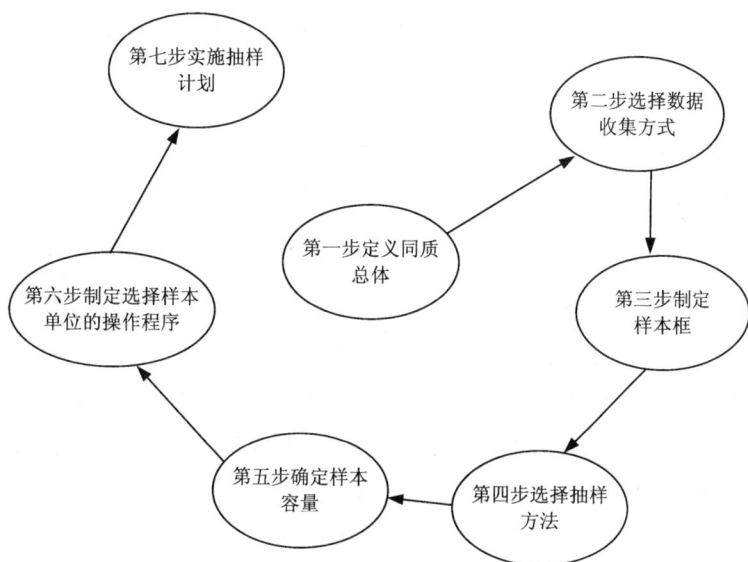

图 3 – 2 运输市场调查抽样流程图

者是不一样的，甚至会影响调查的客观性。

2. 选择数据收集方式

数据收集方式对抽样过程、成本控制及调查结果的正确性和准确性等都有很大意义。不同的数据收集方法如入户面访、中心控制电话调查、街头拦截、邮寄调查或是网上调查，都有各自独特的优势和劣势。因此，应根据具体项目和要求选择合适的方法。

3. 制定样本框

实际抽样操作中，样本是从一个总体单位的名单中抽取的，这个名单通常不同于确定的目标总体。因此，总体定义与抽样框架之间的矛盾，是样本选择误差的第一个来源。当特定样本单位被排除，或者是当整个总体在抽样框架中不能被精确代表时，就会出现抽样框架误差。例如在进行区域客运需求调查时，如果以电信局提供的电话号码为抽样框，可能会丢失一部分没有固定电话的家庭信息。

4. 选择抽样方法

选择哪种抽样方法取决于调查目的、经济实力、时间限制、调查问题的性质。可供选择的抽样方法有随机抽样和非随机抽样两大类。

5. 确定样本容量

一旦选定抽样方法，下一步就要确定合适的样本容量。对于非随机抽样，通常只依靠预算、抽选原则、样本大致构成等来主观地决定样本容量。对于随机抽样，需要在允许误差的目标水平、置信水平和研究对象数量特征波动水平下计算样本容量。总之，样本容量既要保证抽样的代表性，又要尽可能降低成本、缩短调查周期。

6.制定选择样本单位的操作程序

无论使用哪种抽样，在一个项目的数据收集阶段必须明确选择样本单位的操作程序。对于随机抽样，这一程序显得尤为重要，否则，随机抽样的随机性将得不到保障，调查结果也不可信。

3.5.3 抽样方法选择

抽样可分为随机抽样和非随机抽样两类。随机抽样是指在目标总体中不按任何规则抽取一定数量的个体作为样本，非随机抽样是指在目标总体中按某种规则抽取一定数量的个体作为样本。随机抽样，按随机的程度可分为简单随机抽样、等距抽样、系统抽样和整群抽样；非随机抽样，按抽取规则的客观性强弱分，有便利抽样、判断抽样、配额抽样和滚雪球抽样等。

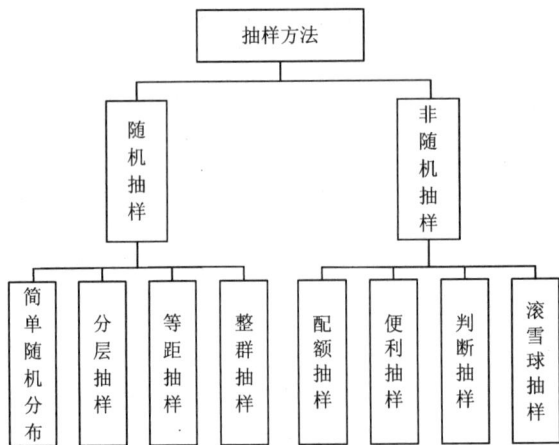

图 3-3 抽样方法分类

简单随机抽样，是指在总体中完全随机地抽取样本，总体中不同个体被抽中的概率是相同的。这意味着单纯随机抽样适用于个体特征比较均匀的总体。如铁路运输企业要调查某次列车的旅客满意度，可以利用计算机售票系统对此次列车旅客，按照座位号进行随机抽样调查。分层抽样，是指按某个市场特征将调查总体分成若干相互之间差异显著的群体，这样的群体也称分层群体，并在各分层群体内部进行单纯随机抽样调查。由于是按某个市场特征上的差异来分层的，因此分层后每个分层群体内部在这个市场特征上的差异就会显著减少，也就是说，每个分层群体变成个体之间差异减小的子总体，对这样的子总体进行单纯随机抽样的效果会改善，即抽样误差会减小和抽样样本可以减小等。每一个子总体抽样效果的改善也使得整个总体抽样效果得到改善。如将旅客按照其乘坐列车等级，分为"直达特快旅客群、快速旅客群、普速旅客群"进行调查研究。等距抽样，利用总体成员一览表，调查者选定一个随机起点作为第一个样本；然后每相隔一个恒定的间隔选出其他样本。不论选定哪个起点间隔，必须正好落在整个总体内，这个过程同简单随机抽样一样的方式进行，一直到结束，且效率较高。整群抽样，是指将总体按某种标志分割成一定数量并且与(或彼此)总体相似的子群体，用子群体作为样本单位进行单纯随机抽样，然后对子群体样本内部的个体进行普查。分层随机抽样适用于容易按属性差异进行群体划分的总体，而分群随机抽样适用于不容易按属性但容易按可见标志进行群体划分的总体。便利抽样也称任意抽样，是指按方便调查者的规则抽取样本，但客观性较弱，随意性较强。值得注意的是：便利抽样的任意性不是随机性，任意性是一种主观性，而随机性是一种客观，不应将两者混为一谈。判断抽样，是指针对调查目的有意识或有判断地选择样本。判断抽样同样无法知道样本能代表目标总体的程度。如果调查者对问题的判断比较客观、比较准确，那么判断抽样的代表性要优于便利抽样。如调查客运专线是否需要开行卧铺列车时，在问卷开始前可以设置一道题"您坐火车出行主要选择：软卧、硬卧、软座、硬座"，若该被访者选择硬座，那么基本可以判断为非高速卧铺吸引对象，调查可以结束。配额抽样，是指按一定比例抽样。这个比例决定于目标总体在某个或某些属性上的分布情况。属性指标的选择也是依据调查者的判断，判断是否客观、准确，影响到配额抽样的代表性或价值。如在街头做访问调查，以了解旅客对客运专线票价的期望值时，那么就必须根据现在旅客分布情况进行配额抽样，如从年龄、性别等指标来确定配额。滚雪球抽样，是指首先找出少数样本单位，接着通过这些样本了解更多的样本单位，通过新增的样本单位去了解越多的样本单位，依此类推。这种方法的目的是为了估计在母体中很难寻找或十分稀少的几种特性。例如，某铁路运输企业想了解老年人出行情况，可以早晨到公园结识几位散步的老人，然后通过他们结识更多的朋友，完成调查工作。铁路客运市场调查中，配额抽样、整群抽样比较多。而在铁路货运调查中，由于客户分层明显，分层抽样与整群抽样相结合的方式也比较多见。

3.5.4　样本容量的确定

为了获得较高精度和较高可靠性的数据，显然样本越大，抽样误差就越小。虽然我们可以应用这种方法来弥补抽样技术的误差，用足够的样本数保证其对总体的代表性，但是随着样本容量增大，耗费的成本也直线上升，而抽样误差却只是以样本量相对增长速度的平方根的速度递减。

1. 影响样本容量的主要因素

从统计学角度看,影响样本容量的因素主要包括:①被调查对象的差异程度。在其他条件相同的情况下,总体方差越大,样本量也越多。②允许误差数值的大小。③调查结果的可靠程度。④抽样的方法。在同等条件下,不重复抽样比重复抽样需要的样本单位数多。⑤抽样的组织形式。抽样的组织形式不同,样本容量也会有差异,如采用类型抽样和等距抽样比简单随机抽样需要的样本数少。⑥调查表回收率的高低也是影响样本数目的一个重要因素,调查表的回收率通常都很低,采用邮寄调查法则更低,有时超过30%已是理想情况了。

2. 简单随机抽样下样本容量的测度方法

在实际调查工作中,单独使用简单随机抽样法较少,但是简单随机抽样样本容量的确定方法却有着重要的意义。因为在较为复杂的样本设计中,常常是先确定在达到调查要求精确度的条件下,所需的简单随机样本容量,然后在此基础上再考虑各种影响因素,加以修正,得到实际所需的复杂样本容量。

1)基本公式

在简单随机抽样条件下,调查样本容量的确定公式为:

$$n = \frac{Z^2 S^2}{d^2} \tag{3-1}$$

式中,n 代表所需的样本量;Z 代表某一置信水平下的统计量,如置信水平95%时 Z 值为1.96,置信水平99%时 Z 为2.56;S 代表总体的标准差;d 代表可接受的误差水平。

对于比例型变量,确定样本量的公式为:

$$n = \frac{Z^2 p(1-p)}{d^2} \tag{3-2}$$

式中,p 表示目标总体的比例期望值,其他符号的意义同前。

2)最大样本量的讨论

由于对标准差的估计往往比较困难,公式(3-1)、式(3-2)只是理论上的,在实际调查中确定合理的样本量,必须考虑多方面的因素,经常采用类似总体的方差与对方差的直接估计相比,更多使用变异系数 C,即

$$C = \frac{S}{\overline{Y}} \tag{3-3}$$

式中 S 表示总体标准差,$\overline{Y}$ 表示总体平均值。如果采取相对误差来表示精度,则有

$$n = \frac{Z^2(S^2/\overline{x}^2)}{d^2/\overline{x}^2} = \frac{Z^2 v^2}{R^2} \leqslant \frac{v^2}{R^2} \tag{3-4}$$

式(3-4)中,$R = d/\overline{x}$ 表示相对误差。

根据公式(3-3)、式(3-4)我们可以计算在相对误差一定的情况下,所需的最大样本量。

3)实际调查样本量的确定原则

虽然从理论上可以根据公式确定样本量的上限,但由于实际经费和时间限制,使用最大样本量的可能性很小。而且,实际研究的情况要复杂得多,一项研究往往要考虑多个目标,因此实际的市场研究中,多种因素都可以对理论样本量进行修正。

首先,对于一些目标单一的调查,调查的样本量往往可以很少,比如100个,甚至50个就足够了,而对于具有多个目标的调查项目,必须考虑这些目标中变异程度最大、要求精度最高的目标。其次分类比较的程度也是重要影响因素。分类是市场研究中一个最基本的方法,研究者往往通过分类来细分市场和确定产品的市场定位。假定对同一变量(研究目标),在不分组时可能只需要100个样本就能满足抽样调查所需的精度和置信程度。如果我们希望了解不同性别的市场,则确定样本量时就需要考虑两类消费者的样本量,这时调查的总样本量需要200个以上。如果希望了解不同年龄层的消费者,则可能要将消费者分成更多类,如分为20岁以下、20~35岁、35、50岁和50岁以上等五类,这时的样本量需要500个以上,确定样本量时必须考虑到每一类别的样本量。

3.6　运输市场调查数据统计分析

调查完成后得到的数据必须进行统计、分析,才能得到所调查事物或现象的本质及规律性,进而提炼出有用的结论和建议。根据调查目的,采用一定数据分析方法,按照一定的程序,对调查得来并经过整理的数据进行统计分析和推断,得到市场某方面的信息或规律,进而指导交通运输企业管理决策。

3.6.1　描述性统计

描述性统计,即对调查样本的数据进行整理、概括和计算,以描述总体的数量水平或其他特征的统计分析方法,着重于数量水平或其他特征的描述,可能是通过某具体指标反映某一方面的特征,也可能是通过若干变量描述他们的相互关系。根据涉及变量的多少,可以分为两类:①单变量描述性统计分析,即通过某一变量数据的计算,对其数量水平或其他特征进行概括;②多变量描述统计分析,即分析多个变量之间的关系。

1.单变量描述性统计

1)集中趋势分析

对调查数据的集中特征进行分析是准确描述总体特征的重要前提,常用的指标有三种：平均数、中位数和众数。

2）离散趋势分布

要全面描述样本数据的规律性，除了反映数据的一般水平外，还需反映数据的离散水平。数据的离散程度越大，则集中趋势测度值对该组数据的代表性越差；离散度越小，则其代表性就越好。常用的反映数据离散度的指标有：方差、标准差、四分位差、变异系数。

3）频数分布分析

样本数据的集中趋势和离散趋势分析可以描述调查对象一些基本统计特征，但要进一步研究数据的分布情况，还需计算其经验分布，常用的方法是频数表和直方图。对变量进行频数分布分析，就是计算该变量的各取值被回答的次数及其所占的比例。频数分布分析不仅要分析所关心数据的集中趋势、离散性和分布形状，还要计算缺失数据、极端值、范围外数据的比例等，如表 3 – 1。

表 3 – 1　旅客出行选择出行方式情况

	频次	频率	累计频率
未选择	12.0	1.5	1.5
特快软座	123.0	15.0	16.5
特快硬座	494.0	60.1	76.6
普快	158.0	19.2	95.8
航空	35.0	4.3	100.0
合计	822.0	100.0	

* 资料来源：客运专线与既有线综合能力运用和投资效益研究

3.6.2　多变量描述统计

1. 交叉列联表分析

交叉列联表分析是同时描述两个或两个以上变量的联合分布的统计技术，变量必须是离散变量，并且只能有有限个取值，否则要进行分组。

1）两变量交叉列联表分析

表 3 – 2 为研究旅客收入与其选择出行方式之间的关系，对"月收入"和"出行方式"这两个变量进行交叉列联分析。

表 3 - 2　月收入对出行方式选择的交叉列联分析[*]

交通方式 月收入	未答	软座	硬座	巴士	航空	合计
未答	3	33	47	9	9	101
1000 以下	2	121	156	17	16	312
1000 ~ 2000	1	89	66	10	4	170
2000 ~ 3000	1	74	54	16	4	149
3000 ~ 5000	0	38	16	9	5	68
5000 以上	0	11	2	5	4	22
	7	366	341	66	42	822

[*] 资料来源：客运专线与既有线综合能力运用和投资效益研究

　　仅从表 3 - 2 还很难看出收入和旅客选择交通方式之间的关系，如果对上表的格式进行一定的转换就比较清楚了，如表 3 - 3 所示。

表 3 - 3　月收入对出行方式选择的交叉列联分析[*]

交通方式 月收入	未答	软座	硬座	巴士	航空	合计
未答	3.0%	32.7%	46.5%	8.9%	8.9%	100.0%
1000 以下	0.6%	38.8%	50.0%	5.4%	5.1%	100.0%
1000 ~ 2000	0.6%	52.4%	38.8%	5.9%	2.4%	100.0%
2000 ~ 3000	0.7%	49.7%	36.2%	10.7%	2.7%	100.0%
3000 ~ 5000	0	55.9%	23.5%	13.2%	7.4%	100.0%
5000 以上	0	50.0%	9.1%	22.7%	18.2%	100.0%
	0.9%	44.5%	41.5%	41.5%	5.1%	100.0%

[*] 资料来源：客运专线与既有线综合能力运用和投资效益研究

　　从表 3 - 3 就可以比较直观地看出，高收入群体比较偏好航空、巴士出行，然而到底有多大的把握就认为"收入"直接影响"出行方式"的选择或者说影响有多大，并没有得到体现，这个问题需要进行因子分析。

3.6.3　因子分析

1. 因子分析的含义

因子分析是把多个原始变量转换为少数几个互不相关的综合变量（因子），以再现原始变量之间的相互关系，同时据以对变量进行分类的一种多元统计方法，其主要目的是简化数据。它通过研究众多变量之间的内部依赖关系，探求观测数据的基本结构，并用少数几个假想变量来表示基本的数据结果。这些假设变量是不可观测的，通常称为因子，它们反映了原来众多的观测变量所代表的主要信息，并能解释这些观测变量之间的相互依存关系。

2. 因子分析的步骤

1) 确定要分析的问题

这是因子分析的第一步，具体地说，首先要明确使用因子分析的目的，要解决什么问题；其次，要决定因子分析包含的变量，一般要求因子分析变量必须为定距或定比变量；最后，决定合适的样本规模，至少应该是变量个数的四至五倍。

2) 构造相关系数矩阵

因子分析要求变量间必须具有较强的相关关系，否则，它们就不可能共享公因子，不适合作因子分析。因此，我们需要计算出变量的相关系数矩阵，如果矩阵中大部分相关系数都小于0.3，则不宜进行因子分析。

3) 选择因子分析方法

在决定了观测数据适合做因子分析后，需选择一种恰当的求因子解的方法：一是主成分分析法，一是公因子分析法。主成分分析法是从解释变量的方差出发，假设变量方差能完全被主成分解释。相关矩阵对角线上的元素都为1，使总方差完全包含在因子矩阵中。

公因子分析法又称主轴因子法，它是从解释变量之间的相关关系出发，假设观测变量的相关能完全被公因子解释，而变量的方差不一定能完全被公因子解释，这样变量相关矩阵主对角线上的元素不是1，而是公因子方差。

4) 决定公因子个数

决定公因子个数的原则是以尽量少的公因子解释尽量多的方差变化。

5) 因子旋转

因子载荷矩阵中的系数，称为因子载荷，它表示因子与变量之间的相关。若某一系数绝对值较大，则表明该因子与这个变量有较强的相关关系。尽管未旋转前的因子载荷矩阵表明了因子与各个变量间的相关关系，但由于一个因子与很多个变量相关，使求得的因子很难做出解释。我们可以通过因子旋转，使因子载荷矩阵变得简单，易于解释。在进行因子旋转时，我们希望每个因子只在少数变量上有较大的载荷，且每个变量只在少数因子上，如果可能，只在一个因子上有显著的载荷，因子旋转并不改变所有因子的累计方差贡献和公因子方差，但每个因子所解释的方差却由于旋转的再分配发生了变化。因此，不同的旋转方法会产生不同的因子载荷。

6) 因子解释

在求得因子解后，我们希望给每个因子一个有意义的解释。一种方法是直接观察因子载荷矩阵，找出各个因子上具有较大载荷的变量，根据这些变量的意义给因子一个合适的名称。另外，还可以做因子载荷图来辅助解释。因子载荷图是以因子为坐标轴，因子载荷为坐标，标出各个变量在图上的位置。在坐标轴底端的变量是那些在该因子上有较高载荷的变量。不接近任何一个坐标轴的变量与这些因子都相关。

7）计算因子得分

计算因子得分的基本思想，就是将因子变量表示为原有变量的线性组合，公式如下：

$$F_j = b_{j1}x_1 + b_{j2}x_2 + \cdots + b_{jp}x_p, j = 1, 2, \cdots, m \qquad (3-5)$$

估计因子得分的方法很多，如加权最小二乘法、回归法等，其中最常用的是回归法。

3. 因子分析在运输市场调查中的应用

（1）在旅客出行方式选择研究中，往往需要利用因子分析法，探查影响旅客产品态度的基本因子，并在此基础上，利用各因子进行聚类分析，对客运市场进行细分。如根据旅客对客运产品经济、便捷、舒适的要求相对不同，从而把旅客分为追求经济型、追求便利型、追求舒适型等。

（2）在产品研究中，经常需要利用因子分析进行品牌和产品属性的研究，例如，旅客是如何评价运输企业的？

（3）在票价研究中，因子分析可用于寻找价格敏感型旅客的特征。

（4）满意度研究中，同样可能需要利用因子分析对旅客态度进行探查，以需求影响旅客满意度的基础因子。

复习思考题

1. 运输市场调查的含义是什么？开展运输市场调查有何作用？

2. 运输市场调查的基本内容有哪几个方面？具体包括哪些内容？

3. 运输市场调查的程序可分为哪几个阶段？每个阶段应做好哪些工作？

4. 一份完整的问卷通常由哪几部分组成？设计问卷时应遵循的原则是什么？应按什么样的程序进行？

5. 一直以来，铁路通道内部的平行线路存在着合理分工的问题，随着我国客运专线的修建，铁路通道的功能和结构不断完善，各组成线路的功能和性质已发生较大的变化，通道内部客运专线与既有线的运用方案是否合理，不仅关系到客运专线投资者的利益，还影响整个路网效益的发挥，是在客运专线建设前期必须面对的问题。为了解决这个问题，某部门需要组织大规模的客运专线旅客需求调查,根据调查目标,问卷的主体内容有三部分:旅客背景信息、客运专线旅客认可度和支付意愿、出行特征和列车开行方案对客流量的影响等,请根据以上要求设计铁路客运专业需求调查问卷。

6.请尝试使用自己熟悉的统计软件(例如SPSS)分别对表3－1,表3－2,表3－3进行相应的数据分析。

第4章　运输企业客户关系管理

战略管理的目的是保持企业战略环境的适度稳定和适应不可避免的环境因素变迁。以市场为导向的环境中，最重要的直接环境因素莫过于客户。故把客户关系管理单辟一章来介绍。稳定客户的战略转化为客户关系管理的两大任务：一是提高顾客忠诚度，二是提高企业资源效率，把有限资源服务于对企业更重要的客户。本章主要介绍客户结构与客户忠诚度。

4.1　客户关系管理理论

4.1.1　客户关系管理的含义

客户关系管理(Customer Relation Management，CRM)以"构筑并维持有利可图的长期客户关系"，稳定企业战略环境为主要目标。也有其他不同的定义，CRM的构成元素会根据其定义的依据不同有所变化。不过 ERP 系统中的 CRM 软件和模块的出现使得情形变得更复杂。最终，所有形式的 CRM 都寻求保持客户持续的满意和为卖方创造利润。以下是几种 CRM 的定义：

(1)是能够区分并增加有价值的客户、可以激励有价值的客户保持忠诚并再次购买的正确手段或方法的基础。

(2)为获得最大利润而在客户满意与投资者之间获得最佳平衡的相互影响的过程。

(3)管理组织内的人员与公司的顾客服务代表之间的关系以提高公司的盈利水平。

(4)为管理和优化所有客户在传统与电子交互界面上的交流活动的一项商务战略。

4.1.2　客户关系层次选择

1.企业与客户的关系层次

企业不应对所有客户采用一种营销策略和同样的营销投入，而是应区分几种不同的客户关系层次并区别对待。Philip Kotler 将企业与客户的关系分为 5 种不同的层次。

(1)基本关系。这种关系是指企业销售人员在产品销售后，不再与顾客接触。

（2）被动式的关系。企业的销售人员在销售产品的同时，还鼓励消费者在购买产品后，如果发现产品有问题或不满时及时向企业反映。

（3）负责式的关系。企业的销售人员在产品售后不久，就通过各种方式了解产品是否能达到消费者的预期，并且收集顾客有关改进产品的建议，以及对产品的特殊要求，把得到的信息及时反馈给企业，以便不断改进产品。

（4）主动式的关系。企业的销售人员经常与顾客沟通，不时地打电话与消费者联系，向他们提出改进产品使用的建议，或者提供有关新产品的信息，以促进新产品的销售。

（5）伙伴式的关系。企业与顾客持续的合作，使顾客能更有效地使用其资金或帮助顾客更好地使用产品，并按照顾客的要求来设计新的产品。

2. 客户关系层次选择

在实践中，企业因提供的产品和涉足的市场不同，可以分别建立不同水平的营销关系。一般来讲，如果企业的产品有众多的顾客，且单位产品的边际利润很低，则宜采用最基本的关系。实际上大多数企业都采用的是最基本的关系。企业所要做的只是建立售后服务部，搞好产品的售后服务工作，对顾客在使用产品中提出的问题进行解答并帮助解决。另一方面，如果企业的顾客很少，且边际利润很高，则宜采用伙伴式的营销关系，要与顾客加强联系，按照用户的要求进行产品的开发和生产，并保证能满足用户的要求。

基本关系和伙伴关系，是企业客户关系的两个极端。企业可以根据客户数量和产品边际利润的不同，采用不同水平的关系营销。表4-1反映了企业与客户9种不同的营销关系，各企业应根据本企业的实际情况，选择不同的关系水平。

表4-1 9种客户关系营销水平选择

客户数目	高边际利润	中边际利润	低边际利润
大量	负责式关系	被动式关系	基本或被动式
适量	主动式关系	负责式关系	被动式关系
少量	伙伴式关系	主动式关系	负责式关系

企业用不同方法建立所选择的客户关系和顾客价值。贝瑞和帕拉苏拉曼归纳了三种建立顾客价值的方法。

一级关系营销，也称频繁市场营销或频率营销，维持关系的重要手段是利用价格刺激对目标公众增加财务利益。企业向经常购买本企业产品和服务的顾客提供额外的经济利益，如货运公司向大客户、老客户提供更多的服务和折扣，从而使企业与顾客之间建立起某种关系。但这种方法通常也很容易被竞争者所模仿，难以形成永久差异。

二级关系营销，在建立关系方面优于价格刺激，增加社会利益，同时也附加财务利益。主要形式是建立顾客组织，包括顾客档案，正式的、非正式的俱乐部以及顾客协会等。企业的营销人员在工作中还通过更好地了解消费者个人的需要和欲望，使企业提供的产品或服务个性化和人性化，更好地满足消费者个人的需要和要求，使消费者成为企业忠实的顾客，不回避产品使用中的问题，勇于承担责任并通过有效的方法予以解决等。

三级关系营销，增加结构纽带，同时附加财务利益和社会利益。与客户建立结构性关系，使它对关系客户有不能通过其他来源得到的价值，还可以提高客户转向竞争者的机会成本，同时也要提高客户脱离竞争者而转向本企业的收益。企业可以通过向顾客或客户提供更多的服务来建立结构性的关系，如通过对与客户的界面流程再造，使供应链中组织之间原来那种以商务关系为主的机械式集成方式变为面向对象的有机式集成方式，或者对供应链其他环节的集成提供改进的机会，从而大幅度提高供应链效率、降低成本。也可以通过建立用户档案，及时向用户提供有关产品的各种信息等改善供应链效率。

结构性联系是指企业增加技术投资，进行供应链流程重构，或者利用高科技成果，及时收集顾客需求信息，精心设计服务流程和服务体系，按顾客的特殊需求，为顾客提供个性化服务，使顾客得到更多消费利益和更大的使用价值，从而与企业保持亲密的关系。当顾客改变供应商时将造成资金成本的提高、优质售后服务的丧失、老主顾折扣的丧失等，促使顾客不愿意更换供应商，并对供应商产生一定程度的依赖。

4.1.3 客户价值与客户忠诚

在实施个性化的营销策略之前必须要准确判断该客户的价值。判断客户价值的方法有两种：一种是根据客户当年为企业带来的利润；另一种是用客户终身价值(Customer Lifetime Value，CLV)。美国康涅狄格大学 Rajkumar Venkatesan 证实了基于 CLV 选出的客户比用其他指标选出的客户能带来更高的利润。CLV 比当年利润当然更具前瞻性。但客户带来的价值不仅包含对营业利润的直接贡献，也包括由于他的满意带来的口碑效应和不满意带来的负面波及效应。

然而预测客户未来的直接价值由于客户忠诚度的不确定和未来营业额的不确定面临困难，预测间接价值则更困难。当一个客户向他人赞叹或抱怨时，这一情绪会在客户的关系网中扩散开来，影响着其他客户的品牌决策，影响程度随着传递层次的增加而递减，犹如水波，因此被称为"客户波及效应"。它与口碑效应不尽相同，具有波性。间接利润则因波及效应的复杂性和未来忠诚行为的不确定性而很难定量描述。

国外在 20 世纪 90 代初期就 CLV 的概念和计算进行了研究,但都是基于定义式的。例如 Berger 和 Nasr 考虑了客户流失率的波动,在定义式中引入了客户保持率,对直接利润的计算做出了贡献。Pfeifer 和 Carraway 于 2000 年提出的马尔可夫链模型对客户保持率进行了建模,试图预测保持率。Hyunseok Hwanag 等把客户价值分为当前价值、潜在价值和忠诚价值三部分,这是对定义式的一大贡献。以上研究均未将波及效应考虑其中。应用研究也必然存在这一不足。国内研究始于 20 世纪 90 年代后期,目前集中在 CLV 影响因素探讨、CLV 测定和 CLV 应用上。周晓敏从客户吸引力、客户盈利能力等 6 个方面定性地建立了客户价值的评价体系,对 CLV 的内涵挖掘不够,更缺乏定量描述。王素芬提出了多种客户成本分配情形下客户终生价值的计算模型,却均未涉及间接利润。王爱玲提出用客户利润贡献率、客户投资回收期和客户潜在价值 3 个指标,分别对客户过去、现在和未来的价值进行评价,却未能进行具有实际意义的综合评价。安实在评价客户重要程度时引入了 CLV,对 CLV 的影响因素也进行了较好分析,却未能给出一个定量表达式,也未直面客户这一复杂系统,在计算 CLV 时没有考虑到间接效应。权明富等人虽然认识到客户价值由现实价值和潜在价值构成,但是,潜在价值也只是由该客户未来消费所提供的净利润(认为应该从满意度、忠诚度、信任度来衡量),也没有包括间接利润。只有赵骅和夏秀兰于 2005 年提出的 CLV 改进模型,将口碑效应定量地计入该客户的 CLV 中。胡理增、薛恒新和于信阳还专门研究基于 CLV 的客户重要程度识别系统

客户忠诚常被理解为客户购买行为的重复性。Tucker 认为连续 3 次购买某企业的产品即可称为客户忠诚。Oliver 则表示,客户忠诚是一种客户对偏爱的产品和服务的持续购买行为,而不受能引起行为转换的外部环境变化和营销力量的影响。行为重复是指消费者在实际购买行为上能持续购买某企业产品的可能性,以客户购买企业商品的比例、购买的顺序、购买的可能性等指标来衡量。这种持续的购买行为可能出自对企业的好感,也可能出自于购买冲动、企业的促销活动、客户的购买习惯、转移成本太高、企业的市场垄断地位等原因。因此客户的重复购买行为并不等同于客户忠诚。

Dick 和 Basu 提出只有重复购买伴随较高态度取向才是真的忠诚。态度取向代表客户对产品积极取向程度,也反映客户将产品推荐给其他客户的意愿。客户对企业或品牌产生情感,甚至以为自豪,并将它作为自己的精神寄托,进而表现出持续购买的欲望。从客户忠诚内涵看,态度取向程度高且行为重复程度高才是真的客户忠诚。V. Mitts,W. Kaamakuta 把态度取向和重复购买行为结合起来得出客户忠诚的 4 种形态,如图 4 – 1 所示。

与客户忠诚相反的现象就是客户流失。国内有大量关于电信、金融领域客户流失原因的研究,也有基于数据挖掘的客户流失分析等方面的文献,但都缺乏对

波及效应、口碑效应的机理与效果的研究
和定量分析。

　　顾客需求不能得到切实有效的满足被
认为是导致客户流失的主要原因。也有人
认为导致客户流失的根源在于企业经营哲
学上的问题：从一定程度上讲，导致客户
流失的本质原因在于企业奉行了传统的营
销观念。企业过多地考虑自己的利益而忘
记了顾客的利益。因此顾客让渡价值成为
研究如何挽救顾客的哲学。无论客户流失
是由于供应商还是竞争者或顾客本身，但

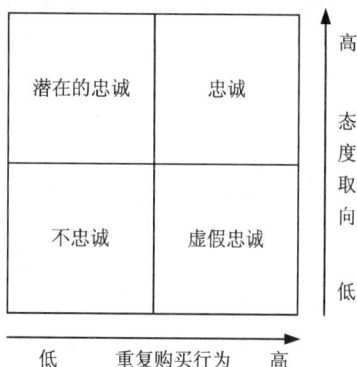

图 4 - 1　客户忠诚的四种形态

是根本原因还是企业自己的产品比不过竞争者、没有站在顾客立场设计流程等
原因。

4.1.4　顾客让渡价值

　　Philip Kotler 中提出"顾客让渡价值"（Customer Delivered Value）概念，把市场
营销理论推向一个新高度。他定义："顾客让渡价值是顾客总价值（Total Customer
Value）与顾客总成本（Total Customer Cost）之差。"在一定的搜寻成本和有限的知
识、灵活性等因素的限定下，顾客是价值最大化的追求者。他们形成一种价值期
望行动，会了解产品是否符合他们的期望价值。这将影响他们再购买的可能性。
通过对消费者行为的研究，发现顾客的选择基础是顾客让渡价值的多少。顾客总
价值是指顾客购买某一产品或和服务所期望得到的一组利益，它包括产品价值
（P_1）、服务价值（S）、人员价值（P_2）和形象价值（PI）等。顾客总成本是指顾客为
购买产品所耗费的时间、精神、体力以及所支付的货币资金等。因此，顾客总成
本包括货币成本（M）、时间成本（T）、体力成本（E）和精力成本（P）等。因此得出
顾客让渡价值公式为：

　　顾客让渡价值（DV）= 顾客总价值（TV）- 顾客总成本（TC），其中：TV 表示顾
客总价值，TC 为顾客总成本，

$$TV = f(P_1, S, P_2, PI)$$
$$TC = g(M, T, E, P)$$

式中 f 和 g 分别为顾客总价值和顾客总成本函数。由于顾客购买产品时，总希望
把有关成本降到最低限度，而同时又希望从中获得更多的实际利益，使自己的需
要得到最大限度的满足，获得最大顾客让渡价值。因此，顾客在选购企业产品
时，往往从价值与成本两个方面进行比较分析，从中选择"顾客让渡价值"最大的
那一家企业的产品作为优先选购的对象。那么反过来思考，供应商也可通过提供

更多顾客价值和降低顾客总成本两个方面来实现顾客让渡价值的极大化。

4.2 我国铁路货运客户结构

4.2.1 客户集中度与客户集中度指数

铁路货运客户的结构,即客户数量与其分布可以用客户集中度来刻画。集中度经常用来描述一个产业里供应商数量与规模差异,从而与企业的市场行为、竞争度、市场绩效直接相关。这里笔者借来描述已有客户的规模差异水平,用客户集中度作为铁路货运部门划分客户重要程度、内部价值链分析的标线之一。

集中度指数是对集中度的量化,分为绝对集中度和相对集中度。客户绝对集中度是以前几位企业的业务量(发送吨)或销售额(运输付费)等占铁路部门全部业务量(发送吨)或运输总收入的比重来表示。绝对集中度可用一种叫 4 - 公司集中度(记为 CR_4)或 8 - 公司集中度(CR_8)的,这种集中度计算简单。为了方便,我们定义客户绝对集中度指数为以 CR_{10},表示前 10 家最大客户发送量或运输付费占全路的百分比:

$$CR_{10} = \sum_{i=1}^{10} MS_i \times 100$$

式中 MS_i 表示第 i 家最大客户的业务量或交易额占公司总业务量或总营业额的比例。也可借用另一种经验方法 Hirschman-Herfindahl Index (HHI)来度量顾客集中度:

$$HHI = \sum_{i=1}^{n} (MS_i \times 100)^2$$

一般来讲,公司希望自己的重要客户与普通客户有明显的分层,这样可以重点服务好重要客户,将主要资源用来满足少数重要客户需要。只要服务好数量不多的重要客户,企业的业绩就可以得到保证。从这个意义上说,高集中度提高了供应商的安全度。但是,另一方面,有些行业的公司又不希望客户过于集中,原因是担心被客户控制。一般供应商的客户如果高度集中,甚至极少数几个大客户占了很大比例的销售额,并且对方还有替代供应商,那么在双方的博弈中供应商肯定处于不利地位。因此从这个意义上来说,客户的高集中度也意味着一定的风险。一方面,大客户,特别是有多供应商的大客户在价格谈判、高峰时的特别要求对供应商形成压力,逼迫公司要么增加投资,要么压低对其他客户的供应,这会压缩公司利润空间,这当然是一种风险。另一方面,一旦失掉一个大客户,公司当年业绩就会明显下降。这也是另一种风险。因此集中度指数可以为企业管理者和决策者提供有用的信息。

客户相对集中度是反映企业客户业务量或营业额分布状况的市场集中度指标,主要以洛伦茨曲线(Lornez curve)和在洛伦茨曲线基础上计算的吉尼系数(Gini coefficient)来表示,可以反映某一企业与所有客户的交易规模分布状况。

4.2.2 我国铁路货运客户集中度指数

根据铁道部统计,2009 年全路 20 多万客户中,最大的 180 家大客户的发送量占全路总发送量 40%,运输收入的结构也和发送量基本一致。

以 CR_{10} 来度量两个铁路局,A 铁路局 2008 为 44.2,集中度较高,并且 2009 年为 51.3,占半数多的份额。2008 年的 HHI 指数为 287,2009 年为 386,说明 2009 年的那些少数大客户的份额进一步提高了。CR_{10} 指数的变化率为 16.1%,HHI 指数的变化率为 34.5%。

B 铁路局 2008 年、2009 年的 CR_{10} 指数分别为 32.5、31.8。在铁路货运行业里,这个集中度算中等。根据这 2 年数据分析,B 铁路局的客户集中度变化不大。前后 2 年的 HHI 指数 169/156。可以看出,HHI 指数更敏感。CR_{10} 指数 2.1% 的变化率,用 HHI 指数衡量的变化率为 7.7%。

只有金融业对借贷客户集中风险最关注,并有资产风险集中度管理国际标准。金融业认为客户集中风险主要表现形式为:①贷款过度集中于少数大客户;②贷款过度集中丁一个行业或部门;③贷款过度集中于某个地区。相应地,金融风险分散的表现形式为:①贷款客户分散化,即在贷款总额一定前提下,尽量把款贷给更多客户,且在各客户间的分布也尽可能均匀,避免过分集中以降低风险;②贷款国家和行业分布多样化,避免某一行业受市场疲软影响而给银行带来风险损失。

铁路货运的情形与金融业还是不同的,铁路企业与客户互相依赖,并且铁路还是一个较有竞争力的服务商,尤其对需要输送大批量物资的客户。

分析客户集中度是为了了解铁路货运客户和收入来源分布,用于长远的战略决策。因为随着国家宏观经济结构调整,需求结构也会发生变化,货运服务是派生需求,一定要与国家宏观经济发展一直,才不至于未来不能适应变化了的市场需求。

(1)业务量集中度与销售收入集中度的比较

从 A 铁路局的数据分析看出,其客户业务集中度与销售收入(客户运输付费)比较接近,说明 A 铁路局的客户发送货物的运价号很接近或一致。以 HHI 指数为例,2008 年为 287/284,2009 年为 386/412,差距略有加大,但是也很接近。也就是说,发送货物的品类比较单一。这是客户集中风险的第二类表现形式。

B 铁路局的客户业务集中度与销售收入集中度差距较大,业务量与收入的 HHI 指数差距 2008 年为 44,2009 年相差 33。说明 B 铁路局发送货物品类结构更丰富。

的确，从 2008 年原始数据看，A 铁路局的前 64 位客户都是发送煤炭、焦炭和矿石。而 B 铁路局 2008 年则是前 12 名客户运送的全部是煤炭、矿石和石油，第 13 位客户就是外运代理公司，该公司代理煤炭、矿石、钢铁、粮食、建筑材料、实验和化工品等。其前 100 名最大客户的结构也比 A 铁路局丰富多了。

（2）对我国铁路货运客户关系管理的启示

铁路货运并不需要照搬金融领域限制大客户规模，但是应当考虑客货分线运输后，提高"白货"运输比例与客户的重要程度。目前铁路货运业不仅客户高度集中，而且发送货物品类也高度集中在煤炭、矿石、石油等大宗物资。高运价货物、集装箱适箱货物的比例很小。这意味着，一方面铁路货运对宏观经济调控会非常敏感。其次，未来国家宏观经济结构调整和升级是必然的，煤炭、矿石、石油等"黑货"类货物运输需求增长速度会低于经济总量增长速度。铁路的运送货物品类结构不调整，就会有运量下降的风险。

从战略安全的角度出发，不仅要服务好大客户，提高其忠诚度，还要通过好的服务发挥铁路的技术优势，争取对手的客户。其次，要开发不同产品，特别是开发适合于高运价号货物特征的运输产品，在中等，甚至小客户中寻找潜在客户，并积极培养。由这两个结论直接导致铁路货运大客户战略和产品开发战略。

4.3 提高客户忠诚度的战略

本章第一节阐述了提高顾客忠诚度，需要建立第 3 级关系营销，即增加结构纽带，同时附加财务利益和社会利益；通过提高顾客让渡价值而不是单纯降价的方式向顾客提供财务利益与社会利益。

4.3.1 建立结构性客户关系

供应商与客户的结构性联系主要提高顾客退出壁垒而使客户重复购买的动机加强。贸易双方由于多次交易后形成的特别流程能带来方便，多次交易后形成的默契可带来的交易成本减少或发生问题时便于沟通的利益。双方在交易过程中为了简化交付成本、加快流程进行的嵌入式流程，及其相应的投资形成的沉没成本都可能成为顾客忠诚的原因。以铁路货物运输为例，由于货具有明显运输规模经济性，因此，在进行客户价值判断的时候，交易规模占有重要地位。其次就是顾客的边际利润，即根据顾客的交易规模与边际利润，选择与之建立不同的关系，可以对铁路货运客户关系管理建立一个关系管理矩阵如图 4-2 所示。

1. 通过"路企直通"与关键客户建立一体化作业流程

对关键客户建立的结构性关系，把铁路部门和客户紧紧联系在一起，其中最

大	1 关键客户深度结构（路企直通）、伙伴关系	1 关键客户结构性联系、伙伴关系	2 重要客户伙伴关系	3 基本关系增加进入壁垒、审查潜力客户
中	2 重要客户：深度结构、伙伴关系	2 重要客户：伙伴关系	3 普通客户：主动、负责关系，审查潜力客户	4 普通客户：基本关系、增加进入壁垒
小	3 普通客户：主动关系	3 普通客户：负责关系	4 普通客户：基本关系，增加进入壁垒	4 普通客户：基本关系，增加进入壁垒
	高边际利润	中边际利润	低边际利润	负边际利润

交易规模（纵轴）　客户边际利润（横轴）

图 4 - 2　铁路货运客户特征与关系选择

重要的是"路企直通"。所谓"路企直通"是为了提高专用铁路和铁路专用线作业效率，提高路网中重要末梢节点的运输能力和铁路运输整体效率的一项运输组织模式改革。借助信息技术实现路企双方在交接环节的生产同步、集成化运作，消除结合部无效作业环节，实现路企之间无缝衔接。

这样，铁路与客户交接结合部的生产作业完全一体化，用企业内部化管理方式来管理不同组织间的交接作业流程。这样的结构性联系使两者完全结成战略合作伙伴关系。关系客户享有不能通过其他来源得到的价值：提高了运输效率，不仅可以降低结合部作业成本，更能提高整个供应链效率，减少货物在途时间及其不确定性，从而降低安全库存量和提高客户响应其订单的速度等。对于铁路方面来说，客货分线运输后，既有线能力释放，整个网络效率的短板转移到末梢节点。而路企直通针对年运量在 100 万 t 以上的客户正是铁路货运的主要客户所在。提高铁路与这些关键客户结合部的效率，不仅降低生产成本，重要的是提高末梢节点效率，点线能力匹配，还可以提高客户转向竞争者的转换壁垒，同时也要提高客户脱离竞争者而转向本企业的收益。

2. 通过"集中受理、优化装车"变革商务流程

"集中受理，优化装车"系统的实施，最看得见的变化是商务流程从面对面的窗口受理业务变为网上受理注册客户的业务申报。其实内在还有一系列更重要的变化，包括铁路货物运输计划编制方法，乃至传统的职能型管理制度向流程型管理制度的转变。

客户通过互联网提报需求和请求车，铁路局通过营销计划、货工、调度的合

署办公方式，优化制定旬日历装车运输方案，提高运输计划兑现率。运输组织方案编制周期缩短并加快了对顾客需求的响应速度，同时由客户服务中心提供货物跟踪实时查询和其他服务，不仅提高了服务质量，也提高了顾客满意度。内部生产计划周期变短，计划的准确度也得到提高。

铁路运输系统内部主要采用职能型组织。由于职能型组织的"隧道效应"，各部门的行为决策往往是从本部门利益最大化出发，而不是从全局利益出发，难免产生使顾客利益受损的行为。实施"集中受理，优化装车"系统后，货计、货工和调度合署办公，一定程度上克服了职能型组织的负面效应。

4.3.2 提高货运客户的顾客让渡价值

顾客让渡价值等于顾客总价值与顾客总成本之差。因此，运输企业要提高顾客让渡总价值的途径也有两条：提高顾客总价值和降低顾客总成本。

1. 提高顾客总价值

顾客发运货物是通过改变人和货物的时空状态获得价值差。因此，加快送达速度是提高客户总价值的直接方式。缩短送达总时间就是提高送达速度。总送达时间等于在途运输时间和发送、到达作业时间之和。任何环节的时间缩短都有益于送达速度的提高。

在途运输时间决定于运输技术速度和运输组织。铁路运输的专列直达运输和普通运输的在途时间相差很大。因此运输产品设计、运输生产组织优化是提高运输效率的重要途径。

其次是发、到交接作业环节的时间压缩。战略装、卸车点的大型装、卸机械极大地提高了货物装卸效率，将装卸时间缩短到原来的1/5，甚至更短。

这对于旅客运输来说，在途运输时间、出发地/目的地与发到站之间的接驳交通时间、换乘时间都是构成总旅行时间的一部分，因此任何部分的改善，无论是时间缩短还是便利程度增加，都对总体顾客价值产生正面影响。

2. 降低顾客总成本

顾客总成本包含顾客支付的运价、费用和交易费用。

传统的竞争思路主要通过价格下浮来捕获顾客。然而，价格下浮也直接导致自身利润减少，如果需求的交叉价格弹性小于某个临界值，价格下浮后虽然总营业额增加，但是利润不增，甚至减少。如铁路货运，根据《铁路货物运价规则》附录1、2、3的规定，分别计算货物的电气化附加费、新路新价均摊运费、建设基金等费用，再与运费相加即为货物的运输费用。铁路货运价格和价规规定的费用都是受管制的，浮动范围十分有限。那么降低顾客总成本就主要从降低交易费用方面来着手。

商务流程简化和变革是另一个节省顾客成本的环节。电子商务和铁路合署办公制,减少了顾客办理货运业务的时间和人力资源投入。集中受理优化装车系统安装后,可以实现远程交易。其次,铁路货运服务质量改善,并提供诸如全程追踪查询服务和其他附加增加了顾客利益。

　　旅客的旅行总成本包括旅行全程所有交通支出和为寻找合适的运输产品、购买客票的所有花费一起构成顾客旅行成本。如果计算广义成本,则所有相关时间的机会成本可以计入。

　　总结起来,影响铁路货运客户忠诚度的因素可以归为图4-3中这些因素。下一节将研究如何管理客户生命周期和提高客户忠诚度。

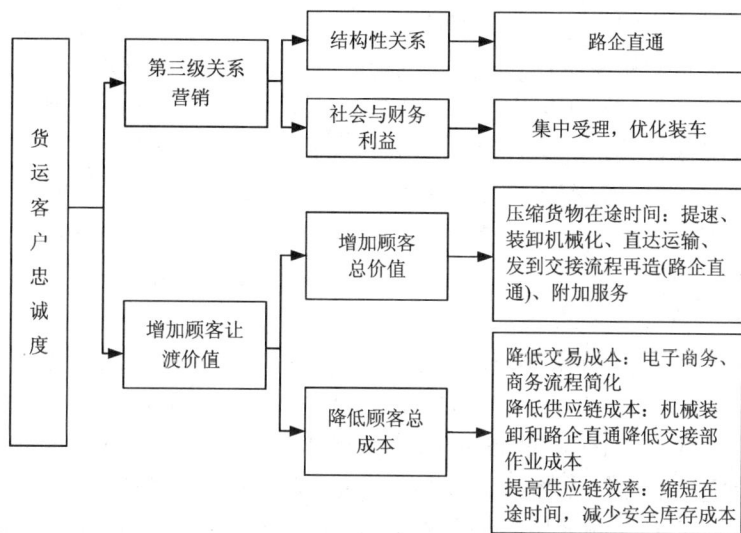

图4-3　铁路货运客户忠诚度因素树

4.4　客户口碑与口碑营销

　　顾客在传统营销过程中处于被动地位。客户关系管理理论的发展使重点从关注客户群转变为关注与个体顾客的关系,期待从良好的客户中获得高的客户粘度,从而使企业的业绩获得稳定增长。而口碑营销的出现使市场营销的重点再次发生转变,从关注企业与个体顾客的关系,转变为关注顾客与顾客或潜在顾客之间的互动性。口碑营销就是企业运用各种有效的手段,引发企业的顾客对其产品、服务以及企业整体形象的谈论和交流,并激励顾客向其周边人群进行介绍和推荐的市场营销方式和过程。以下从研究影响顾客购买行为的因素出发,推导出服务营销的主要目标是追求顾客重购行为和正向口碑传播行为。

4.4.1 影响客户购买行为的因素

1. 客户感知风险

风险(risk)这个概念在经济学、财政学、管理学、心理学等学科中得到了广泛的应用。Bauer(1960)第一次把"感知风险"(Perceived risk)的概念从其他学科延伸到市场营销研究领域中。之后,很多的营销学者对感知风险进行了研究,使得感知风险的定义和内涵得到了不断的完善和扩充。其中得到大多数学者赞同的是Cunningham(1967)提出的双因素模型,即感知风险分成不确定性(uncertainty)和后果 consequence)两种。该模型成为后续感知风险研究的主流。据此,Peter 和Ryan(1976)正式构建了感知风险的模型:

感知风险 = 不良后果发生的可能性 × 不良后果的重要程度

可将感知风险视作为顾客在购买商品时或在特定交易活动中,因无法预料其购买结果的优劣以及由此导致的后果所产生的一种对于收益和损失的不确定性感觉。在顾客购买决策过程中,顾客最终购买行为主要取决于其对风险感知的态度和获取相关信息的能力。并且通常来说,顾客购买决策过程中感知风险越大,那么顾客越要去寻找产品的相关信息,其他顾客的口碑信息就显得越有参考价值。

2. 价格敏感性

价格敏感性(price sensitivity)指顾客对于价格水平和价格波动情况的反应程度。价格不敏感型顾客对于同样的商品,愿意支付比价格敏感型顾客更高的价格,并且对于价格的关注程度不如价格敏感型顾客那么高(Shimp, Dunnand Klein, 2004)。一般来说,信息越确定、充分,人们对于价格越不敏感。

很多学者还认为顾客最终购买决策在很大程度上依赖顾客对某种商品所做出的参考价格(reference price)的判断。当顾客内心参考价格大于商品的实际价格时,顾客认为物有所值,愿意购买;反之,不愿意购买该商品。Mayhew 和 Winer(1992)进一步将参考价格划分为内部参考价格(internal reference price)和外部参考价格(external reference price)两种。内部参考价格指基于顾客以往消费经验所形成的一种可接受的平均价格,外部价格指与同类但不同品牌的其他商品或与其他商店的同类商品进行比较后,所形成的一种客观的平均价格。

根据自适应理论(adaptation-level theory)可知,顾客根据过去采购经验或与其他供应商的价格进行比较后,如果认为在该供应商的价格是划算的,那么会在内心认同该店,从而愿意传播该供应商的正向口碑。所以从这个意义上来说,顾客的口碑传播意愿可视作为顾客内心参考价值的一种外在表现形式,有利于顾客建立一个价格参考点,有利于顾客对于商品价格作出合理的判断。并且顾客一旦对该店形成物美价廉的印象之后,出于降低个人信息搜寻成本考虑,对于价格也就不会像初次交易那样关注,因而顾客的口碑传播意愿与价格敏感性之间存在着一定的反向关系。

3. 顾客对企业的信任程度

根据社会交易理论(social exchange theory)，信任是产生交易行为和交易关系的基础，交易双方之间的相互信任有利于降低双方之间的感知风险，有利于刺激双方的合作，开创双方所共同拥有的美好"愿景"。因而顾客的信任是企业所拥有的最宝贵的财产，也是企业得以建立的基石。随着关系营销的兴起，信任逐步成为营销领域关注的焦点问题之一。信任要比其他工具更能使顾客愿意与企业建立起长期的关系。顾客对于第一线员工的印象、解决问题的能力、移情性(对顾客的关注程度)都影响着顾客对企业信任的形成。

但是由于信任是一个包含了认知、情感和行为等多维特征的抽象概念。Hosmer(1995)对信任给出了相对完整的定义：参与各方都按照合作协议真诚地共事，本着诚实互信的态度共同协商，即使发现对方有漏洞或商机可钻，也不加以利用。Devonand Kent(2005)则将顾客与服务企业之间的信任归纳起来，将其划分为认知和情感两个维度，并认为顾客的行为信任只不过是情感信任和认知信任的结果。其中，认知性信任指的是顾客对于服务提供者的能力和可靠性的相信程度，这种认知性信任往往取决于最初几次交往的过程中，一旦形成，要想改变是很难的；所谓的情感性信任指的是顾客认为企业所表现出来的对顾客关怀的情感是否真诚的一种个人主观判断。

4. 顾客重复购买意图

根据均衡理论和交易成本理论，人们通常愿意同那些以前有过联系的交易对象发生关系。顾客的重复购买行为往往有利于增加企业的盈利能力。而顾客重复购买意图(Repurchase Intention，RI)作为顾客实际重复购买行为的一个比较可靠的心理预测指标，也得到了理论界和实务界的重视。

归纳起来，国内外营销学者们主要从顾客满意、顾客忠诚、顾客信任、服务补救以及顾客价值等不同的角度对其展开了研究。结论是：

顾客满意有利于巩固和强化"顾客重购倾向"。如果顾客不满意，一部分顾客将产生抱怨。并且如果顾客的抱怨得到有效处理后，54% ～70%的顾客会产生"重购"的可能性；如果顾客的抱怨得到迅速、有效的解决，顾客"重购"的可能性将提高到95%。但是，假如顾客不满又不向供应商抱怨，或者是抱怨得不到快速有效的处理，顾客将会改变自己的购买倾向，转而向其他供应商购买。

顾客的信任与购买意图之间有着紧密的联系。陈明亮(2003)根据社会交易理论和投资模型，认为客户认知价值、客户满意、转移成本是重复购买意向的3个决定因素；黄劲松等(2004)认为顾客满意度是影响顾客重复购买意向的重要因素，可以通过提升服务质量或性能价格比等低成本、高效率的策略来提升顾客重复购买意向；马勇(2006)认为，影响"顾客重购倾向"的两种基本因素是顾客满意和顾客遗憾。

以上分析可知，顾客重购行为和正向口碑传播意愿之间，既有因果关系，也是企业并列追求的目标。顾客满意导致顾客满意，由满意而在此购买和向他人推荐，促使潜在顾客成为实际顾客。

4.4.2 口碑传播意愿的驱动因素

忠诚客户不仅自己有购买意愿，而且更有可能成为企业的口碑传播者。已有的服务营销文献表明顾客感知企业的服务质量和价值是顾客满意和顾客忠诚的主要驱动因素。顾客感知价值将直接影响顾客的购后行为。

Mahajan, Muller and Bass(1990)指出影响消费者有效的方法主要有两种资源：媒体和口碑传播。它们既是顾客满意和忠诚的结果，又成为一项重要的发现和维持顾客的工具，特别在某些专业的服务企业里更是如此。

Fomell(1997)建立的顾客满意度模型是最被认同的模型之一，它包含有6个结构变量：顾客预期、质量感知、价值感知、总体满意度、客户抱怨和客户忠诚。

根据学者们对服务补救的研究，发现如果顾客满意，将有利于巩固和强化"顾客重购倾向"。如果顾客不满意，一部分顾客将产生抱怨。如果顾客抱怨得到快速而有效的处理，企业仍将会赢得顾客的满意。根据技术协助调查程序(TARP)的资料显示：如果顾客的抱怨得到有效处理后，54% ~70%的顾客会产生"重购"的可能性；如果顾客的抱怨得到迅速、有效的解决，顾客"重购"的可能性将提高到95%；假如顾客不满又不向厂商抱怨，或者是抱怨得不到快速有效的处理，顾客将会改变自己的购买倾向。TARP的资料还证实：有小损失且保持沉默的不满顾客，其"重购"比例只有37%；有大损失且保持沉默的不满顾客，其"重购"比例只有少得可怜的9%。

此外，随着人们对顾客满意的研究的深入，发现客户满意与客户忠诚之间的关系是正相关关系，但却不一定是线性相关，存在所谓的"质量不敏感区(zone of indifference)"。在质量不敏感区内，客户满意与客户忠诚关系曲线上出现一段较为平缓线段，即客户的满意水平提高并没有使客户忠诚度得到相应的提高。顾客满意陷阱的存在说明那些宣称基本满意和满意的客户的忠诚度和重购率都是很低的，只有那些非常满意的客户才表现出极高的重购率，并乐于为企业传播好的口碑。

图4-4中，$W+$代表顾客正向口碑传播意愿，$W-$代表顾客负向口碑传播意愿。将顾客处于中立点时的口碑传播意愿作为基点，顾客的正向满意度较低时，顾客正向口碑传播意愿也较低，并且较为稳定，不会随着顾客满意度的增加而增加(图中L_1)。当顾客正向满意度超过顾客心理临界点时，顾客的正向口碑传播意愿会随着顾客正向满意度的增加而正向增加(图中L_2)。当顾客满意度超过一

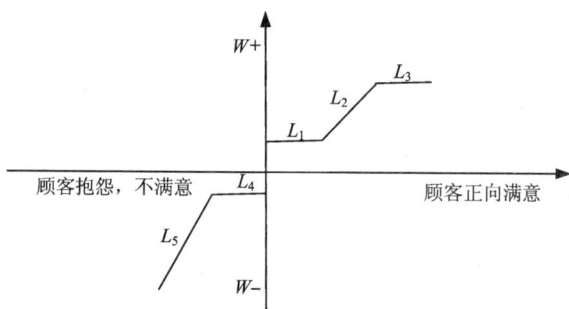

图4－4 顾客(不)满意和顾客口碑传播意愿的关系示意图

定后,顾客的口碑传播意愿会稳定在一定的水平(图中 L_3)。当顾客的抱怨和不满意度在一定范围内,顾客会传播负向口碑,但处于稳定状态(图中 L_4)。但是当顾客的不满意非常严重后,企业却并没有采取积极的补救措施,而是消极反应的话,顾客就会顺速地、大规模地传播负向口碑(图中 L_5)。换而言之,即使顾客抱怨和不满意度超过一定的临界点之后,顾客的抱怨仍然不会停止,负向口碑传播像滚雪球那样会越积越多,一直持续下去。

顾客的负向口碑传播意愿同顾客的不满意度仍然成正向关系,并且一直不会处于稳定状态,除非顾客不满意或者抱怨消失或减少。特别值得一提的是,顾客在非常不满意时传播的负向口碑要比顾客在非常满意时传播的正向口碑的作用时间长度更长,作用力度更大(图中 L_5 的斜率要比 L_2 的斜率大)。

有很多学者实证研究表明顾客的满意往往会导致顾客的忠诚,而忠诚顾客往往更容易传播企业的正向口碑。

4.4.3 客户正向口碑与意见接受者的购买行为

正向顾客口碑传播导致5种可能的结果:降低顾客感知风险、降低顾客价格敏感度、增加对企业的信任程度、顾客重复购买意图和延长顾客维持期。

1.顾客口碑传播与顾客感知风险

与销售者相比较,多数顾客关于产品价格、质量和其他属性的信息是不完全的,这种信息不对称更有利于销售者。在高潜在风险环境下的人们很难作出购买决策,经常会患得患失。顾客为降低购买风险,使个人购买决策达到最优,往往要花更多的时间来了解产品相关的信息,从而降低感知上的不确定性和减少可能损失的金额。

口碑作为顾客获取信息的一种重要的外部信息来源途径之一,有利于缩小顾客与企业之间的信息不对称差距,帮助顾客做出合理的购物决策。Arndt(1967)

和 Lutzand Reilly(1973)都证明了口碑是最重要的降低信息不确定性的方式之一。Perry and Hamm(1969)进一步指出，在顾客购买决策过程中，感知风险越大，那么其他人对顾客作出购买决策的影响程度就越大。尤其是当口碑传播者和口碑接受者意见一致、有着相同的体验之后，口碑接受者将成为继续传播口碑者。若顾客自己对某零售商有着强烈的口碑传播意愿，说明对该店的价格感到满意，认为在该店购物划算，物有所值。

2. 顾客口碑传播与顾客的价格敏感度

根据认知心理学（cognitive psychology）和信息经济学范式（information economic paradigms），提高顾客对于产品质量信息的认识，将有利于降低顾客对于价格的敏感程度，即顾客掌握越多的关于产品质量的信息，那么顾客对于产品价格越不敏感。此外，Lynch and Ariely(2000)还发现，降低顾客的信息搜寻成本，将有利于降低顾客的价格敏感程度。口碑作为信息获取途径之一，能够让人们了解更多的信息，有利于降低顾客的信息搜寻成本，从而口碑有利于降低顾客的价格敏感程度。

3. 顾客口碑传播与顾客对企业的信任

风险和不确定性是信任的前提条件，其两大基本特征就是可信性（credibility）和慈善仁爱心（benevolence）（Geyskens etal.，1998）。信任是促进未来交易的基石，有利于减少交易双方的矛盾和摩擦，促进关系协调。所以，在建立顾客关系的过程中，信任起到了决定性的作用。借助于信任，有利于增加顾客对品牌的感知质量，降低感知风险和搜寻信息的成本，交易双方都可以从相互关系中长期获益。

顾客主要通过亲身经历而感知和他人推荐两种途径来增强对供应商的信任。通过口头传播获得的信任有利于顾客选择合理的营销渠道、品牌和企业。同时，由于口碑传播是交互式的，顾客在同其他消费者谈论他们有关产品的使用经历或购物的乐趣，不仅体现顾客对提供服务的企业专业能力所作出的自我判断过程，也反映顾客对该企业的诸如善意、诚实和可预测性等信任特征的心理把握程度。顾客传播企业的正向口碑意愿越强，那么可以推断顾客对该企业的信任程度也就越高。

4. 顾客口碑传播意愿对顾客重复购买意图和顾客维系期的影响

由于信息的不对称，顾客对于企业的行为感到担心，导致顾客的每一次购买行为都会涉及风险问题。顾客的任何购买行动所产生的后果中都包含着不确定性，害怕企业是机会主义类型。根据契约理论，当顾客感知交易的风险时，往往会想方设法需求契约保证，以维护其合法利益。相对于正式或有组织的信息来源而言，口碑最典型的特点是通过非正式渠道进行传播，是真正意义上的双向交流，具有较高的影响力和说服力，成为人们在做出购买决策时使用频率最高的信息资源。Berry(1995)指出,可以采用3种途径实现该目标:经济利益、社交关系和结构性联系延长顾客维系期。

4.4.4　铁路货运口碑营销传播模式与口碑营销促进策略

1.铁路货运口碑营销传播模式

Amdt(1967)定义口碑营销是:"在接受者和发送者之间的一种口头的、私人间的交流活动,接受者得到的是关于品牌、产品或服务的非商业化的信息。"Rosen(2000)提出:"口碑是关于品牌的所有评述,是关于某个特定产品/服务或公司的所有的人们口头交流的总和。"他还指出,传统的营销方式将重点放在目标细分客户群上,而客户关系管理(CRM)使市场营销的重点从顾客群转变为与个体顾客的关系。口碑使市场营销的重点再次发生转变,从个体顾客的关系转变为顾客之间的互动性。

而随着服务营销(service marketing)理论的发展和应用,学者们越来越重视对口碑营销理论的研究。Khalifa,Azaddin将口碑营销定义为:"由生产者、销售者以外的个人,通过明示或暗示的方式,不经过第三方处理加工,传递关于某一特定产品、品牌、厂商、销售者以及能够使人联想到上述对象的任何组织或个人信息,从而使被推荐人获得信息、改变态度、甚至影响购买行为的一种互动播行为。"也可以将口碑营销理解为:通过购买者以口口相传的方式将商品的有关信息传递给购买者的家人、朋友和在工作与生活中交往的人,从而促使其购买决策的形成的一种营销方式。

铁路货运服务是无形的,顾客在购买之前不能确定其质量,故口碑传播可以降低潜在顾客感知风险、增加潜在顾客对铁路货运服务产品与服务质量的信息。顾客是铁路企业的重要资本,让客户拥有最大话语权,可实现客户资本增值最大化的战略目标。具体而言,可以按照客户托运流程(销售前、中、后)采用图4-5所示口碑营销模式。

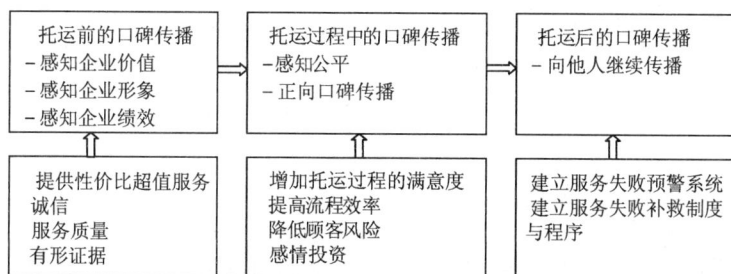

图4-5　口碑营销模式图

2.铁路货运口碑营销促进策略

由口碑营销模式图可知，利用口碑营销传播模式促进铁路货运营销发展，需做到以下几点：

(1)完美的质量保证体系。质量保证体系是为了保证生产运作系统能高质量完成货运服务。生产运作系统的正常运作是最重要的质量保证。由于服务质量对于客户的口碑推荐有着明显的正向促进作用。持续稳定的高质量才是保证好口碑的关键，因此，不仅要提供高性价比的服务，还要承诺并提供高质量的服务，使高服务质量成为企业的信誉和正向口碑的保证。此外，为了降低顾客的信息不对称和提高顾客的信任度，适当的有形证据展示也是必要的。

(2)物超所值的服务。通过提高服务来提高性价比以增加客户的感知价值、满意度和口碑传播意图。在每一次与客户交往的过程中，无论是托运前、托运中还是托运后的服务，都应该切实为客户带来非一般的服务体验(高峰体验)，从而树立企业品牌形象，创造正向口碑。

(3)客户感情交流。与顾客接触的员工是顾客认识企业的最重要窗口之一。因此培训一线员工与客户建立良好关系的技巧，为客户提供持续一致的良好服务，为客户事先提供相关感兴趣的信息等手段来增加顾客的正向口碑传播。实证研究表明，员工和客户之间的关系与口碑推荐之间有着正向的关系，关系越好，客户越愿意推荐其他客户。

(4)服务失败预警与补救系统。一般来说，人们对不公平的事比较敏感，而对公平的事则不太敏感。铁路货运企业应该减少由于自身原因造成的服务失败，提高自身的服务质量和准确率；提高客户参与服务的积极性，降低客户对其他客户的噪音骚扰；对于随机因素建立提前防范机制和制定预备处置方案。当服务失误发生后，及时采取服务补救措施。快速的服务补救能够消除客户的不满和抱怨，防止客户坏口碑的传播，从而保持和提升企业形象，并进而提高客户的维持率。内部生产运作系统质量保证系统是降低服务失败率的根本措施。其次是设立方便的顾客信息接受与问题解决机制，增加生产运作系统的柔性，提高顾客满意。第三，建立服务失败补救机制，对员工开展服务补救方面的专业训练。

复习思考题

1.旅客运输企业如何建立、巩固客户关系？

2.试分析电子商务发展对企业客户关系管理的影响。

3.电子商务的发展使企业的边界越来越模糊了吗？为什么？

4.如何提高货物运输市场顾客让渡价值？

5.如何提高旅客运输市场顾客让渡价值？

6.请设计并实施一个市场调查,应当解决以下问题:

①假设某航空公司为应对同方向的铁路客运专线通车一段时间后带来的影响,对之前的应对对策进行评估,为下一步决策寻求依据。

②评估顾客对航空公司的忠诚度和影响忠诚度的因素,寻求顾客忠诚度建设的建议。

第5章　运输市场营销管理与品牌管理

　　营销是计划和执行关于商品、服务和创意的观念、定价、促销和分销，以创造符合个人和组织目标的交换的一种过程。营销活动是运输企业职能活动的组成部分。营销管理则是发生在当一桩潜在交易中至少有一方正考虑着如何从另一方获得所渴求的反应时而形成的那些目的和手段的过程，所以营销管理既是一种科学，也是一种艺术。本章主要研究运输企业在市场营销活动中，如何制定营销管理战略，将战略规划变为营销计划，并对具体的营销计划实施加以组织、控制的全过程。

5.1　运输市场营销管理概述

　　市场营销的过程，也就是企业对市场营销活动进行管理的过程，即把企业所有的人力、物力、财力科学地组织到满足消费者需要上去。由于市场反映社会生产和人民生活的需要，因而确定市场需要是一切生产计划和营销活动的出发点和落脚点。从这个意义上说，市场营销管理也就是包括生产消费和生活消费在内的消费需求管理。

5.1.1　运输市场需求主体

　　运输需求的主体是旅客或货主。运输需求主体参与市场活动时的目标有两点：一是通过运输劳务获得其效用的满足，如执行公务、旅行活动、探亲访友、实现货物的时空效用等；二是在考虑运输效用满足的同时，追求经济性，即用较少的代价获得运输效用的满足。在市场经济条件下，运输需求主体的上述行为目标是同时并存的。

　　但由于运输需求者的经济条件、需求习惯、需求趋向等多方面存在比较大的差异，必然会对运输劳务提出各种不同的要求，从而使运输需求呈现出多样性特点。其主要表现在：按时或迅速使旅客或货物送达目的地，这是时间上的要求；旅客乘车、货主托运领取货物方便，这是方便性的要求；票价、运价便宜经济；旅客运输舒适、平稳，货物完整、安全到达目的地；整个运输过程必须安全、可靠。运输需求的多样性往往表现在对不同运输工具、服务方式的选择上。

　　因此，运输企业营销管理者应针对不同的需求情况，采取不同的营销管理对策，进而有效地满足市场需求，确保企业目标的实现。

5.1.2 运输市场营销管理的定义

运输市场营销管理是运输企业为实现其组织目标，分析、计划、实施及控制那些建立、维持和深化与目标购买者之间有益的交换关系的设计方案的过程，即运输企业根据对目标市场的需要、欲望、知觉与偏好的分析，进行产品设计，并以有效的定价、沟通和分销的程序去激发和服务目标市场。

运输市场营销管理的首要职能是确定运输企业的发展远景和战略规划，并将战略规划变成营销计划，将总的目标和任务分解和落实到各类人员的身上，并赋予他们完成任务所需要的职权和确定相应的规章制度。同时，为了使在不同空间、不同时间和不同利益主体上开展的各种营销活动能够配合一致，还必须对各种活动进行指挥和协调，这些都必须靠市场营销管理来完成。制定营销管理战略规划、计划，并对营销计划的实施加以组织、控制，就成为企业市场营销总体活动中的重要组成部分。

5.1.3 运输市场营销管理战略规划

市场营销战略规划的制订是指这样的一种管理过程，即企业的最高管理层通过规划企业的基本任务、目标以及业务组合，使企业的资源和能力同不断变化着的营销环境之间保持着与战略适应的关系。战略规划的主要内容和过程，包括以下方面：确定企业战略任务、确定企业目标、安排企业的业务组合、制定企业增长战略。

1. 确定运输企业战略任务

企业的战略任务又称企业方向，是指在未来一个相当长的时期内，企业营销工作服务的对象、项目和预期达到的目的。战略任务是企业市场营销战略的首要内容。它涉及企业的经营范围及企业在社会分工中的地位，并把本企业和其他类型的企业区别开来。企业的任务随着内外诸因素的变化而相应变化。

像其他企业一样，运输企业的战略任务是通过规定企业的业务活动领域和经营范围表现出来，主要回答"本企业是干什么的""主要市场在哪里""顾客的主要追求是什么""企业应该怎样去满足这些需求"等问题。这些问题具体表现为四个方面的内容：一是企业的服务方向，即企业是为哪些购买者服务的；二是产品结构，包括质量结构、品种结构、档次结构等，即企业拿什么样的产品来为购买者服务；三是服务项目，即企业为购买者提供哪些方面的服务。

在确定企业任务时，企业需考虑以下5个方面的主要因素：第一，企业过去历史的突出特征；第二，企业周围环境的发展变化会给企业造成一些环境威胁或市场机会；第三，企业决策层的意图；第四，企业的资源情况；第五，企业的特有能力。

2. 确定运输企业目标

运输企业任务确定后，就确定了企业的战略目标。战略目标是企业营销活动的总目标，是企业在一定时期内追求和想要取得的成果。企业的营销战略目标是一个综合的或多元的目标体系，企业还应将这些目标具体化，变为企业各管理层的目标，使每个管理人员都有自己明确的目标。如运输企业以"提供优良产品、服务、满足旅客、货主需要"为企业战略目标，由此就可使各种业务的目标及市场营销目标形成一种体系。目标体系中的目标一般包括四个方面的内容：市场目标、发展目标、利益目标和贡献目标等。比如市场目标中的"市场销售增长率"指标可具体定为："在一年之内市场销售增长率提高5%。"这样企业才能编制具体计划和实施计划控制。为支持企业营销目标，还需制定适当的营销策略，如加大对产品的广告宣传力度，注重为旅客、货主提供更优质的服务。

3. 安排运输企业业务(产品)组合

在确定了企业任务和目标的基础上，企业的最高管理者还要对业务(或产品)组合进行分析。通过分析，可对企业的各项业务进行分类和评估，然后根据其经营效果的好坏，决定给予投入的比例。对盈利的业务追加投入；对亏损的业务维持或减少投入，以便使企业资源得到合理配置。即确定哪些业务或产品最能使企业扬长避短，发挥竞争优势，从而能最有效地满足市场需要并战胜竞争者。

最著名的分类和评价方法有两种：一是美国波士顿咨询集团的方法，二是通用电气公司的方法。

5.2　运输市场营销管理过程

企业的市场营销活动是在总体战略目标指导下进行的，按照企业总体战略和竞争战略的目标要求，企业的市场营销部门要设计营销战略与营销策略，并付诸实施，对这一活动过程的管理即为市场营销管理。

5.2.1　运输市场营销管理的过程

企业市场营销管理由营销部门按照企业总体战略规定的目标和决策，科学评估营销环境，选定目标市场，进行市场定位，制定营销组合，并运用企业的资源将既定的战略和策略付诸实施。这一过程的主要工作如下。

1. 分析市场营销环境

企业营销部门必须认真解读和领会企业使命与战略目标，了解企业竞争战略安排。比如，当企业选择密集化发展战略时，在市场营销方面可以做如下工作：充实现有产品、开发新产品、开拓新市场、增加销售渠道、加大促销工作力度等。

在做具体营销计划之前，应首先分析和评估市场营销环境。市场营销环境是存在于企业之外的不可控制的因素。任何企业都不能脱离环境而存在，各种环境因素可能为营销工作带来机会，也可能带来威胁。因此，企业在营销活动中必须关注环境因素的变化，及时识别和把握环境机会，规避环境威胁。企业的营销环境包括宏观环境和微观环境。宏观环境是指给企业营销活动带来机会或威胁的外在社会力量，包括人口、经济、法律、技术、文化等因素。微观环境主要有直接影响企业活动的各类组织（如顾客、供应商、分销商、竞争对手、营销中介机构、社会公众及企业营销部门之外的其他机构）组成，这些环境因素与营销活动之间保持着密切的互动关系，直接影响营销活动的顺利开展。企业的营销活动应与环境因素相适应。

为有效进行环境分析，企业应建立一套可靠的营销情报系统与营销调研系统，运用定量与定性分析手段，科学预测市场需求，衡量市场规模，评估各类顾客的行为，为企业的营销战略与策略制定服务。

2. 制定市场营销战略

任何企业都无法满足全社会对某一产品的需求。科学的营销思路是：在业务活动开始之前明确自己要服务的目标客户群，并根据这一群体的要求设计自己的营销活动。为此，市场细分、目标市场选择、市场定位就构成了战略性的市场营销工作。

市场细分是指根据不同顾客对某一产品需求的差异性而将整体市场进行细分，并对每个具体的细分市场进行评估的活动。在细分市场的基础上，企业也根据总体战略要求及环境条件来选择要提供服务的细分市场，这类市场称为目标市场。之后，企业根据选定的目标市场的需求特点有针对性进行产品设计、生产与营销工作，以便通过建立产品或服务特色获得竞争优势，这就是市场定位。

运输市场的产品是无形的，所以运输市场的细分有其特殊的表现形式。就城市轨道交通运输市场而言，一条轨道交通线（从甲地到乙地）就是一个运输市场，从甲地到乙地的运输市场里包括了城市轨道交通、公共汽车、出租车、自备车、自行车、步行等多种运输方法。因此，可以根据乘客是否乘坐城市轨道交通，将市场细分为"轨道交通乘客"与"非轨道交通乘客"；再以"使用频率"的高低将乘客细分为"天天使用者"、"经常使用者"与"偶尔使用者"；再以"使用运输工具"的不同将非城市轨道交通乘客细分为"公共汽车"、"自备车"、"自行车"与"步行"等；其后又再依细分变数"意愿"将城市轨道交通市场细分为城市轨道交通改善后"愿意"改乘城市轨道交通的人及"不愿意"的人。

在对各细分市场乘客特征进行对比分析以后，就可以了解人们选择或不选择城市轨道交通的原因，这对改善城市轨道交通服务质量、设计营销组合、提高市场竞争力、吸引更多的乘客，具有非常重要的作用。

3. 制定市场营销组合策略

市场营销组合策略属于战术性营销决策，是指企业针对选定的目标市场，综合运用的一系列可控的市场营销手段。营销组合由影响产品需求的一切措施组成。这些措施可以分为四组变量，即"4Ps"：产品(Product)、价格(Price)、分销渠道(Place)和促销(Promotion)。有效的营销计划把所有的营销组合措施整合为有机的整体来达到企业的营销目标，同时把满足需求的产品和服务提供给旅客和货主。通过营销组合措施的配套使用，就可以在目标市场中确立强有力的地位。需要指出的是，4Ps 代表的是企业管理者的观点。从消费者的观点看，每种运输企业的营销措施都应为旅客、货主的利益提供服务。交通运输企业应从消费者的4Cs 角度来看待 4Ps，如表 5-1。

表 5-1　4P 与 4C 对照表

4Ps	4Cs
产品(Product)	消费者需求(Customer needs and wants)
价格(Price)	消费者的成本(Cost to the customer)
分销渠道(Place)	方便(Convenience)
促销(Promotion)	沟通(Communication)

从管理决策实践的角度看，影响企业营销活动的要素有两类：一类是企业不可控制的要素，主要表现为各类环境要素。另一类是企业自身可以控制的要素，产品、价格、渠道、促销都是营销活动中企业可控制的要素。在营销实践中，这四种要素由如下二级要素构成，通过企业的营销组合来实施具体的营销活动，并满足目标顾客的需要，如图 5-1 所示。

以城市轨道交通市场为例，举例说明城市轨道营销组合策略：

(1)产品策略。城市轨道交通服务产品就是用以满足位移需要的全部服务，包括乘客到站、询问、购票、检票、候车、旅行、检票、离站或换乘等全过程所得到的服务。

乘客要搭乘轨道交通，首先要了解车站的位置，企业在设置车站出入口时，要方便乘客与公交车的换乘，并设置醒目的指示牌。在乘客进入车站以后，能很容易地找到询问处，各种引导指示标志醒目，服务人员要服饰整洁，礼貌待客，服务规范。乘客在购票时，希望不要等候过长时间，车站售票机、票务室的布置合理，在进站的流水线上，最好设置零钞兑换机。乘客购票以后，希望能手持车票快速通过闸机检票口，要求闸机的通过能力与客流量相匹配。乘客到达站台后，希望有一个舒适的候车环境，了解所处的位置，所需到达的目的地及需搭乘

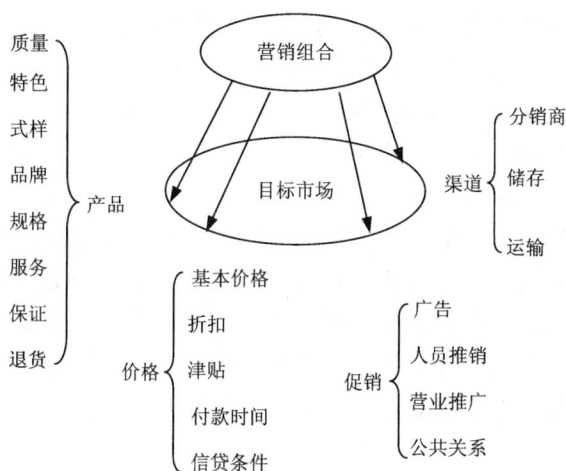

图 5-1　市场营销组合的四要素及亚要素

的车辆。车辆在行驶过程中，要运行平稳，车辆内整洁舒适，要有与该线路交叉的轨道交通路网图，广播信息要及时、准确。到站后，乘客同样希望能快速检票出站，并希望在不同的街区都有出入口，如需换乘，换乘的方向要明确、距离短、快速。

（2）价格策略。在运输服务中，价格称为运费或票价。轨道交通企业为了实现营销目标，就要设法以低票价吸引乘客，刺激乘客在非高峰期使用城市轨道交通系统，资助那些能吸引乘客的措施。根据政府的需要对某些特殊乘客实行优惠票价。当然，企业最终定价的目的是使总的运输收入能补偿运输生产费用，并能获取合理的利润。

运营企业应设法从运营中尽可能多地获得收入，达到这个目的的唯一办法就是使自己的运营更好地适应不同顾客的需求，从收费系统来看，车票的种类应尽量适应不同的顾客群体，在为乘客提供优质服务的同时，尽可能提高预付票款的比例。

（3）分销渠道策略。根据城市轨道交通的特点，其分销渠道主要是指售票方法。售票的工作效率和服务质量往往形成乘客对轨道交通服务的第一印象，它的好坏，影响着营销的结果，决定着企业的效益。

作为运输系统的使用者，乘客总是希望购买车票的过程迅速、方便，而对轨道交通企业来说，车票发售的方法也是影响运营公司本身人员数量、设备配置即运营成本方面的因素。现在城市轨道交通系统的售票方法主要有：人工售票方式、自动售票方式、系统外售票交通卡。

（4）促销策略。促销的本质是信息沟通。城市轨道交通企业根据自己的营销目标把确定要传播的信息，通过一定的方式传递给特定的接受者，以启发、推动或创造乘客的需求，从而促进企业提高服务水平和实现营销目标和任务。促销的内容包括广告、人员促销、销售促进、公关等各种市场营销沟通方式：

广告是城市轨道交通企业为了把公众的注意力吸引到城市轨道交通系统上来，让公众了解搭乘轨道交通的好处及其服务品质，通常通过电视、广播、报纸、网络等多样化、现代化的媒体来树立城市轨道交通企业的良好形象。

人员推销由轨道交通企业派员同乘客面对面交流，通过交谈了解对方的反应，针对时间、场合、环境、顾客心理和要求及时调整促销手段，争取服务机会。

销售促进主要是在做好服务本身之外，为了更好地树立企业形象并使乘客接受城市轨道交通服务而采取的一些其他的附带服务，如在站台、车上提供报纸杂志等。

公共关系最基本的方法是提供优质服务。城市轨道交通企业首先要保持车辆内外整洁，服务人员要保持良好的服务态度，当发生故障时，立即通知乘客并解释原因，及时向新闻界提供准确的运营信息等。

市场营销组合具有以下特征：

可控性。营销组合各要素都是企业可以自主决策与控制使用的要素，也就是说，企业根据目标市场需要确定生产什么产品、如何定价、选择何种渠道分销、使用什么手段促销，这些决策都有企业自主决定。企业之间在营销策略以及营销效果上的差异，每一要素所包含的二级要素或三级要素指标稍作调整，营销组合就会发生变化，可能会影响营销效果。

整体性。各种营销手段不是简单地叠加在一起，而是根据营销目标、任务及企业资源条件做出选择的。因此，在使用营销手段时要考虑各要素间的协调性，不是追求单一要素的最优效果，而是考虑要素的有机统一效果。比如，企业实施以提高市场份额为目标的渗透价格策略，就要选择环节较少的短渠道，并减少产品附加价值或考虑合适的产品促销，以节约生产成本和营销成本，保证实现最终价格目标。

动态性。营销组合不是固定不变的，当营销环境发生变化或营销目标有所调整时，营销组合应相应地进行调整。比如，当新产品经过投入期和成长期顺利进入成熟期时，由于竞争更加激烈，因此需要对产品价格、促销手段进行必要的调整，以适应竞争需要。应该说，营销组合没有固定模式和最优模式，与营销任务、营销环境、企业资源相适应的组合就是合理的选择。

4. 实施和控制市场营销活动

在将既定的市场营销战略与策略付诸实施的过程中，要进行动态控制，及时发现战略和策略方面的问题，找出问题的原因并加以改进，或对营销目标和营销策略进行调整,以保证合理营销目标的实现。

5.2.2　运输市场营销的计划、组织、执行和控制

市场营销管理是个过程,是不断地调整企业系统适应消费需求的过程。这是由于消费需求是连续不断的,因而营销管理的过程也是不断循环的运转过程。但是,这个过程不是简单地重复,因为消费需求是不断变化的,并且影响企业市场营销的因素也是不断变化的,因而企业市场营销管理过程是不断地进行自我调节、自我完善的上升过程。每一个过程结束,又同时是另一个过程的开始;后一个过程较前一个过程来说,内容、手段都会有所进步。另外,在企业内部,每一次市场营销活动的完成,无不是各个职能部门协调运转的过程,单靠哪一部门是无法完成的。所以,每一次市场营销活动都意味着一个管理过程。因此,这个市场营销管理过程,实际上是企业的四项职能协调运转的过程。这四项职能分别是计划、组织、执行和控制。

1.运输市场营销计划

运输企业营销计划是指在对企业市场营销环境进行调研分析的基础上,制定企业及各业务单位的营销目标以及实现这一目标所应采取的策略、措施和步骤的明确规定和详细说明。

营销计划是企业的战术计划,营销战略对企业而言是"做正确的事",而营销计划则是"正确地做事"。在企业的实际经营过程中,营销计划往往碰到无法有效执行的情况:一种情况是营销战略不正确,营销计划只能是"雪上加霜",加速企业的衰败;另一种情况则是营销计划无法贯彻落实,不能将营销战略转化为有效的战术。营销计划充分发挥作用的基础是正确的战略,一个完美的战略可以不必依靠完美的战术,而从另一个角度看,营销计划的正确执行可以创造完美的战术,而完美的战术则可以弥补战略的欠缺,还能在一定程度上转化为战略。

运输营销计划的内容一般包括八个步骤,如图5-2所示。

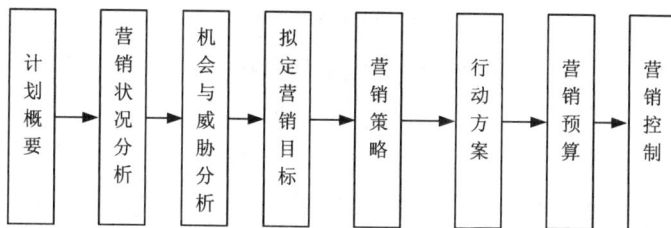

图5-2　营销计划的构成

(1)计划概要。计划概要是对主要营销目标和措施的简短摘要,目的是使高

层主管迅速了解该计划的主要内容，抓住计划的要点。例如：某铁路运输企业在某年度的营销计划中，简要说明了本企业的营销目标是牢固占领长途货运市场，积极发展中途货运市场，大力争取需求旺盛的短途市场；保持大宗物资、长期货源的持续、稳定增长；大力提高集装箱和高运价率货物的市场份额；千方百计拓展香港货运市场；实现年货运量 580 万 t、运输收入 2.7 亿元；全年消灭货主不良反映，消灭行车、货运事故等。

(2)营销状况分析。这部分主要提供与市场、产品、竞争、分销以及宏观环境因素有关的背景资料。具体内容有：

市场状况。列举目标市场的规模及其成长性的有关数据、顾客的需求状况等。如集装箱运输的市场吸引范围(或吸引区)有多大，包括哪些细分市场；集装箱运输市场及各细分市场近几年的运输收入有多少；集装箱运输市场份额占有情况；货主的需求状况及影响货主行为的各种环境因素等。

产品状况。列出运输企业产品组合中每一个品种的近年来的销售价格、市场占有率、成本、费用、利润率等方面的数据。

竞争状况。识别出企业的主要竞争者，并列举竞争者的规模、目标、市场份额、产品质量、价格、营销战略及其他的有关特征，以了解竞争者的意图、行为，判断竞争者的变化趋势。如公路货运的主要竞争者是谁，各个竞争者的特点和优势，他们采取哪些营销策略，他们的市场份额有多大及其变化趋势等。

分销状况。描述公司产品所选择的分销渠道的类型及其在各种分销渠道上的销售数量。如各航空公司的客票销售情况和各代售点的客票销售情况等。

宏观环境状况。主要对宏观环境的状况及其主要发展趋势作出简要的介绍，包括人口环境、经济环境、技术环境、政治法律环境、社会文化环境，从中判断某种产品的命运。

(3)机会与威胁分析。首先，对计划期内企业营销所面临的主要机会和风险进行分析。再对企业营销资源的优势和劣势进行系统分析。在机会与风险、优劣势分析基础上，企业可以确定在该计划中所必须注意的主要问题。例如：沈阳铁路局通过市场调查了解到，影响该路局沈阳—抚顺间短途客运的因素有：

• 每天来往于沈阳—抚顺间的客流多达 5000 余人，为在苏抚线和沈抚线开行沈阳至抚顺环线特快旅客列车提供了良好机遇。

• 随着沈阳铁路局对运能的调整，有能力增开短途客运列车，列车可以灵活实行小编组，南道去，北道回，每天可跑多个来回。

• 列车可以一站直达，运行时间短。

• 铁路安全系数高，治安条件好，全天候运行，活动空间大，乘坐舒适。

• 沈阳、抚顺为旅客上车可开辟绿色通道，窗口买票，也可上车买票，在列车上还发售往返票及不定期车票，票价与公路空调车和普通大客车平均票价持平,这大大增强了铁路客运的竞争力。

- 国家加大对公路建设的投资力度,为公路的发展创造了良好的外部环境,使其综合竞争实力有很大增强。
- 公路客运公司竞争中有合作。异地各汽运公司相互达成协议,开车时间由车站统一进行调度安排。
- 公路客运时效性强。发车间隔短,班次多,高峰期采取连发合并法措施,乘客购票方便,基本能够保证旅客随到随走。
- 公路运输硬件设施配套齐全。候车大厅整洁、舒适、明亮,售票和检票基本实现了微机化,长途大可档次多样,中档以上的汽车配有空调、彩电甚至厕所等服务设施。
- 公路宣传力度大。

其中前五项为沈阳铁路局沈阳至抚顺环线客运的营销机会;后五项为该公司的环境威胁,对这些环境威胁如果没有适当的应变措施,则可能导致该路局短途运输的市场占有率降低,甚至影响该公司整体营销活动的顺利进展。因此,管理者应根据铁路运输企业的目标和资源,对这些威胁和机会进行评估。

(4)拟定营销目标。拟定营销目标是企业营销计划的核心内容,在市场分析基础上对营销目标作出决策。计划应建立财务目标和营销目标,目标要用数量化指标表达出来,要注意目标的实际、合理,并应有一定的开拓性。

财务目标。财务目标即确定每一个战略业务单位的财务报酬目标,包括投资报酬率、利润率、利润额等指标。

营销目标。财务目标必须转化为营销目标。营销目标可以由以下指标构成,如销售收入、销售增长率、销售量、市场份额、品牌知名度、分销范围等,如某运输企业的客运营销目标是:旅客发送1000万人,客运收入4亿元,并有各季度的发送量及客运收入目标分配值,力争稳住中、长途客流,短途客运市场的市场占有率上升8%。

(5)营销策略。拟定企业将采用的营销策略,包括目标市场选择和市场定位、营销组合策略等。明确企业营销的目标市场是什么市场,如何进行市场定位,确定何种市场形象;企业拟采用什么样的产品、渠道、定价和促销策略。如某铁路运输企业的具体营销策略:

- 根据该地区进京办事、旅游观光的人数猛增,开行"夕发朝至"精品列车,选用性能较好的机车和车辆,调整列车到发时间,优化列车开行方案。
- 提供便捷的购票、上车渠道。充分发挥车站绿色通道的作用,增加联网售票点,完善电话订票、网上订票和流动售票服务。
- 根据市场供求关系,在适当范围内适度地调整定价。
- 增强员工营销意识,提高服务质量。如重点抓列车饮水供应、厕所卫生、列车餐饮收费、候车环境、列车秩序、售票态度等旅客反映突出的问题。

● 进行密集性广告宣传。突出宣传铁路安全、舒适、速度、价格的优势，宣传客运营销新举措；介绍列车所到之处的自然风光、历史典故、风土人情、旅游景点优化线路等以及列出运行时刻。

（6）行动方案。对各种营销策略的实施制定详细的行动方案，即阐述以下问题：将做什么？何时开始？何时完成？谁来做？成本是多少？整个行动计划可以列表加以说明，表中具体说明每一时期应执行和完成的活动时间安排、任务要求和费用开支等，使整个营销战略落实于行动，并能循序渐进地贯彻执行。

（7）营销预算。营销预算即开列一张实质性的预计损益表。在收益的一方要说明预计的销售量及平均实现价格，预计出销售收入总额；在支出的一方说明生产成本、实体分销成本和营销费用，以及再细分的明细支出，预计出支出总额。最后得出预计利润，即收入和支出的差额。企业的业务单位编制出营销预算后，送上层主管审批。经批准后，该预算就是设备采购、生产调度、劳动人事以及各项营销活动的依据。

（8）营销控制。对营销计划执行进行检查和控制，用以监督计划的进程。为便于监督检查，具体做法是将计划规定的营销目标和预算按月或季分别制定，运输企业营销管理者每期都要审查营销各部门的业务实绩，检查是否完成实现了预期的营销目标。凡未完成计划的部门，应分析问题原因，并提出改进措施，以争取实现预期目标，使企业营销计划的目标任务都能落实。

2. 运输市场营销组织

营销组织是为了实现运输企业的目标，制定和实施运输市场营销计划的职能部门，是运输企业内部联结其他职能部门使整个企业经营一体化的核心。

现代企业的营销部门有若干不同的组织形式，但无论采取哪种组织形式，都要体现以顾客为中心的营销指导思想，常见的五种基本类型是职能型组织、地区型组织、产品（品牌）型组织、市场（顾客）管理型组织结构和矩阵型组织。

职能型组织是专业化组织的一种形式，也是最常见的市场营销组织形式。它强调市场营销各种职能的重要性。这种组织把销售职能当作市场营销的重点，而广告、产品管理和营销研究职能则处于次要地位。这种组织的最大优点是简便易行。特别是当企业只有一种或少数几种产品，或者企业各产品的市场营销方式大体相同时，这种组织结构比较有效。但是，随着产品品种的增多和市场的扩大，这种组织方式可能损失效率。首先，由于没有一个人对一项产品或一个市场负全部责任，因而没有按各项产品或每个市场制定的完整计划，有些产品或市场就很容易被忽略；其次，各个职能部门为了获取更多的预算和较其他部门更高的地位而竞争，使营销副总裁经常面临调解纠纷的难题。

由于运输业是一种网络型行业，地区型组织也成为运输企业的一种重要组织选择。

当某一个或若干个产品特别重要时，就会成立产品型组织。同样的情况适应于市场或顾客型组织。

当以上单一型组织遇到更多困难，难以协调时，矩阵型组织可以同时解决组织的至少 2 个变量。

目前，我国交通运输市场营销逐步成长，铁路运输营销组织形式尚处于探索、建立阶段。要充分认识市场营销机构的重要作用，避免陷入组织建设误区。交通运输企业关于建设以市场为导向的营销组织体系的认识和实际操作，整体上还比较滞后，对市场营销部门的作用和地位的认识还不到位，对市场营销机构的业绩考核没有标准，许多本应该由市场营销部门承担的职能没有授权。因此，建立功能齐全、高效率的营销组织，是确保企业营销管理工作高效运转的前提和基础。加快市场营销建设，建立起以市场为导向、科学合理规范的运行机制，重新架构全新的企业技术、文化和组织结构，对加快运输企业市场化进程具有重要而现实的意义。

3.运输营销计划的执行

营销计划的执行，是指企业为实现其战略目标而致力于将营销战略和计划变为具体营销方案的过程。也就是要有效地调动企业的全部资源(人力、财力、物力)投入到日常业务活动中去。分析营销环境、制定营销战略和营销计划是解决企业营销活动应该"做什么"和"为什么要这样做"的问题；而营销计划的执行则是要解决"由谁去做"、"在什么地方做"、"在什么时候做"和"怎样做"的问题。

如何才能有效执行营销计划呢？

(1)要有制度保障。首先要有绩效考核制度，将营销计划要达到的目标，与营销人员的绩效考核联系起来，由此来规范营销人员的行为围绕营销目标开展工作，使营销计划落到实处。比如运输营销计划要降低服务投诉率，可以制定一个市场占有率的考核要求，使营销人员的工作重点放到服务投诉率来上来。其次，要有部门协作制度。围绕营销计划的重点，解决好各部门之间的协作关系，在部门之间确立合同关系，明确责权利，另外也可以采取项目小组的形式开展工作，提高营销计划的运作效率。比如铁路运输企业的运输、客运、货运、调度、机务、工务、电务、车辆、统计等业务部门与计划、劳资、财务、收入、人事等职能部门之间的协作。

(2)优化运作流程。围绕营销计划的关键业务内容优化运作流程：营销关键业务流程的优化甚至重组，将对营销计划的有效实施有着重要的作用，往往一份营销计划是好的，但在实际运作过程中，由于业务流程的运作不合理，造成营销计划实施的效率低下，直接影响到营销目标的实现。

(3)合理分配权限。权限保障是对各部门业务职能的落实：营销计划的有效执行有很大程度是取决于各部门能否充分发挥各自的职能，营销计划在实施时，一定要赋予各职能部门相应的权限，否则将会影响到营销计划执行的效率。

(4)合理配置资源。营销计划有配备的各种资源，如：资金、人力、时间等资源，要按计划合理进行分配。但往往有些项目所分配到的资源并不能保障计划的实现，而且有的企业在面对销量下滑的状况时，往往坚持不住按计划进行，总是会把费用倾斜到能立即提升销量的项目上，比如渠道返利促销，但这只是一种短期行为，并不会对企业的长期发展带来根本的帮助。所以合理动态地调配资源是顺利实现营销目标的重要手段。

营销计划制订后，并不意味着就一成不变，而要根据市场的变化主动对营销计划进行调整，这就需要对营销计划进行分解，包括月度分解和区域分解，这就既能保证营销计划的稳定性，又能保证营销计划的适应性。

4. 运输市场营销的控制

由于营销计划在实施过程中总会发生许多意外的事件，营销部门必须对营销活动进行控制，营销控制是企业进行有效经营的基本保证。

(1)营销控制的流程。每个营销活动的控制流程都有五个典型的步骤构成，分别是：设定绩效标准、衡量实绩、将实绩与标准进行比较、分析偏差原因和采取更正行动。

第一步，设定控制标准。每个营销计划都有目标，包括盈利能力、创新和顾客满意度等，标准是期望绩效达到某种水平的目标，对绩效进行激励，并作为对实际绩效进行考察评价的基准。营销控制标准的设定可以在销售数量、新客户的增加数、销售费用的控制等方面，一般都会允许有一个浮动范围。

控制标准的选择应该由营销部门和财务部门共同确定。如果营销部门单独负责，有可能会只选择对自己有利的标准；如果财务部门单独负责，营销部门将处于不被信任的地位。只有两个部门共同选择标准时，可信度才能确立。而且，财务部门将会因这种做法而受益，因为它在考虑营销部门对于资金的请求时有据可查。这些标准包括：市场占有率、品牌认知度、客户满意度、相关产品的质量、客户感知价值、客户忠诚度和客户丧失率等。

确定控制标准时应尽可能参考企业内多方面的管理者和被管理者的意见，以使其更切合实际，受到各方面承认。为使标准具有激励作用，可采取两种标准：一是按现在可接受的水平设立，另一种用以激励营销人员的工作达到更高水平。

对于运输企业，确立标准还需考虑运输产品形式、地区、竞争情况不同造成的差别，并针对这些差别制定不同的标准。例如考察员工营销工作效率时需考虑以下因素的影响：所辖区内的市场潜力；所辖区内产品的竞争力；所销售运输产品的具体情况；广告强度。因此不可能要求每个人都能创造同样的销售额和利润额。

第二步，衡量实绩。在很多情况下，运输企业的营销实绩可以从多种渠道取得，比如文字报告、口头报告、个人观察、抽样调查等方式。但信息的取得一般尽量以能够定量的数据为准，如货运营销人员的工作效率可用一年内新增加的客户数目和平均访问频率来衡量，广告效果可以用记住广告内容的读者(观众)占全部读者(观众)的百分比数来衡量。

第三步，将实绩与标准比较。在这一步骤中，营销管理者对实绩进行评估。需要决定比较的频率，即多长时间进行一次比较，这取决于控制对象是否经常变动。如果比较的结果是实际与控制标准一样，则控制过程到此结束；如果不一致，则需要进行下一步骤。

第四步，分析偏差原因。产生偏差的原因很多，可能是由于计划本身和执行过程中的问题造成的，也可能是由于某些偶然、暂时、局部性的因素引起的。但是并不是所有的偏差都会对营销活动的最终结果产生重要影响。因此采取纠偏措施之前，必须首先对反映偏差的信息进行评估和分析。评估和分析偏差信息一方面是要判别偏差的严重程度，判断其对营销活动的效率和效果产生影响，另一方面是要探讨导致偏差产生的主要原因。

例如某运输企业的货运量急剧下降，可能是线路规划不合理或价格不合理造成的，也可能是竞争者的营销活动影响或周期性的经济萧条引起的。因此，营销部门人员必须认真了解偏差的信息并对影响因素进行深入、透彻的分析，真正透过现象看本质，找出偏差的深层原因，有针对性地制定纠偏措施。

第五步，采取改进措施。因工作失误造成的偏差，要通过加强管理和监督，确保工作与目标接近或吻合；因为营销计划目标不切合实际产生的偏差，要按实际情况修改计划目标；由于营销运行环境出现了重大变化，致使计划失去客观的依据时，要启用备用营销计划或重新制定营销计划。

（2）运输企业营销控制的内容。运输企业营销控制包括年度计划控制、盈利能力控制、营销效率控制和战略控制。

年度计划控制的目的在于保证公司实现它在年度计划众所制定的销售、利润以及其他目标，是一种短期的即时控制。年度计划控制的中心是目标管理，它包括四个步骤：首先，管理层必须在年度计划中建立月份或者季度目标；第二，管理层必须监视在市场上的执行成绩；第三，管理层必须对任何严重的偏离行为的原因作出及时的判断；第四，管理层必须采取改正行动，以便弥合其目标和执行实际之间的缺口，如图5-3所示。

年度控制控制模式适用于运输企业的所有层次，最高管理层建立一年的销售目标和利润目标，这些目标被层层分解到较低层次的管理层的具体目标，最高管理层定期检查和分析结果。可用从四种方面来检查执行情况：

建立目标	衡量实绩	分析偏差	改进措施
我们要达到什么	正在发生什么	为什么会发生	我们对此该做些什么

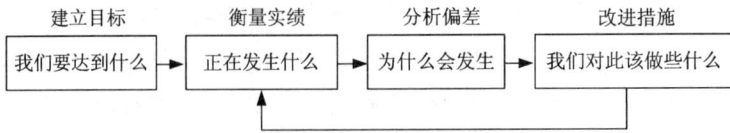

图 5 - 3　年度计划控制过程

客货运输收入额分析。在一定时期客货运输收入总额目标值与实际收入出现了偏差(特别是实际收入额减少)时,要具体分析是由于客货运量减少了,或是运距变化了还是由于下浮价格等造成的影响。此外还有个别销售分析。着眼于个别运输产品或地区运输收入额未达到预期份额的分析。要考虑是营销工作做得不足,还是因有强大的竞争对手打入了市场,或是原来的预期目标不合理。

市场份额分析。运输收入的绝对值并不能表明运输企业相对于竞争对手的市场地位如何。也就是说,运输收入上升并不能说明经营成功,也可能是运输企业处在一个快速增长的市场当中,但并不能说明它的竞争地位,因此要追踪市场份额指标。只有市场份额增加了,才说明企业在市场当中的竞争地位提升了。

运输企业市场份额的衡量方法有三种:总市场份额,是指该运输企业客(货)运收入在交通运输行业总客(货)运收入占比例;服务市场份额,是指运输企业客(货)运收入占其所在服务市场的总客(货)运收入的比例;相对市场份额,是指和最大竞争对手相比所占的市场份额。

营销费用率分析。指营销费用与销售额的比率。对运输企业来讲,可理解为营销费用与运输收入额比率,可细分为 5 项内容:人员推销费用率、广告费用率、促销费用率、营销调研费用率、销售管理费用率。年度计划控制要求企业在实现目标时,营销费用不超过标准,关键在于对营销费用的控制,所以营销管理人员应对这些营销开支比率在各个时期的波动情况进行监控,并尽可能控制在一定范围内,若费用开支比率超出控制范围,就需要查明原因,采取纠正措施。

顾客态度跟踪。是运输企业通过设置旅客、货主对本企业的意见和建议系统、建立固定的顾客样本或者通过调查等方式,了解顾客、货主对本运输企业及其提供产品的态度变化情况,进行衡量并评估。顾客态度追踪的主要工作包括:旅客、货主意见和建议制度;旅客、货主固定样本调查小组;旅客、货主调查。

通过上述分析,运输企业发现实际营销与年度计划指标差距较大时,则必须对营销计划指标进行调整,使之更切合实际或调整市场营销策略,以利于实现计划指标。

盈利能力控制是重要的控制内容,一般由财务部门负责,旨在测定不同产品、不同销售地区、不同顾客群、不同销售渠道以及不同规模订单的盈利情况的控制活动。

由于运输项目投资巨大，固定成本所占比例较大，决定运输生产的规模经济性，所以运输企业的盈利能力大小主要是与增加产量、降低固定成本和降低变动成本等指标相关的，主要有经营安全率、运载设备运用效率指标体系、净资产收益率、总资产报酬率、现金周转率等。

运输企业要取得较高的盈利水平和较好的经济效益，一定要对与运量有关的变动支出和与运量无关的固定支出进行有效控制，全面降低支出水平。

营销效率控制。假如盈利分析发现运输企业在某些产品、地区或市场方面的赢利不佳，那接下来要解决的问题是寻找更有效的方法来管理销售队伍、广告、促销和分销。

销售人员效率。为提高销售人员的工作效率，各营销管理人员可用这些指标考核和管理销售队伍：销售人员日均拜访客户的次数；每次访问平均所需时间；每次访问的平均收益；每次访问的平均成本；每百次销售访问预定购的百分比；每月新增客户数目；每月流失客户数目；销售成本对总销售额的百分比。

广告效率。为提高广告宣传的效率，营销管理人员应掌握这些统计资料：每种媒体接触每千名顾客所花费的公告成本；注意阅读广告的人在其受众中所占的比率；顾客对广告内容和效果的评价；广告前后顾客态度的变化；由广告激发的询问次数。

营业推广效率。为了提高促销效率，营销管理人员应注意的统计资料有：优惠销售所占的百分比；每一单位销售额中所包含的陈列成本；赠券回收率；因介绍引起的询问次数。

分销效率。营销管理人员应对运输分销环节（如运输代理）的效率季盈利性进行监督控制，主要分析分销渠道选择、分销网点设置、不同渠道成员的贡献、物流成本等方面，从中发现有待改进之处。

战略控制是高层次的市场营销控制，审查企业的营销战略是否有效地抓住了市场机会，以及是否同迅速变化着的营销环境相适应。

5.3 运输市场品牌管理

区别是否是专业的营销者的最佳方式就是看他们是否拥有对品牌的创造、维持、保护和扩展的能力。品牌是一种识别标志、一种精神象征、一种价值理念，是品质优异的核心体现；同时品牌工作是一门艺术，是营销的奠基石。在快速发展的交通运输业，营销管理者已经越来越意识到：培育和创造品牌的过程也是不断创新的过程，自身有了创新的力量，才能在激烈的竞争中立于不败之地，继而巩固原有品牌资产，多层次、多角度、多领域地参与竞争。

5.3.1　品牌的含义和作用

1.品牌的含义

品牌是企业制定营销策略时不可忽视的一个重要因素，美国市场营销协会对品牌的定义为：品牌（brand）是一种名称、术语、符号或设计，或者它们的组合运用，其目的是借以辨认某个销售者或某群销售者的产品或服务，并使之与竞争对手的产品或服务区别开来。从本质上说，通过一个品牌能够辨别出销售者或制造者。

品牌是一个集合的概念，它包括品牌名称、品牌标志、商标等概念。其中品牌名称是指品牌中可以用语言、文字、数字表达的即可发声的部分，如国航、顺丰等；品牌标志是指品牌中可以通过视觉被识别的、易于记忆但不能用语言表述的部分，通常由图案、符号或特殊颜色等构成；而商标是一个法律概念，品牌名称、品牌标志或各要素的组合只要经过必要的法律注册程序后，就成为商标。商标所有者拥有使用品牌名称或品牌标识的专用权，并受法律保护，即商标是经过注册获得商标专用权，从而受到法律保护的品牌。

为了深刻揭示品牌的含义，可以从以下六个方面进行说明：

（1）属性。品牌代表着特定的商品属性，这是品牌最基本的含义。

（2）利益。品牌不仅代表着一系列的属性，而且体现着某种特定的利益。顾客购买商品实质上是购买某种利益，这就需要将其转化为功能性或情感性利益。就"和谐号"品牌而言，"高速"这一属性可以转化为功能性利益——"我可以不用在路途上花费太多的时间"；"能耗低"这一属性可以转化为情感性利益——"坐高铁让我感到在快速到达目的地的同时比乘坐飞机消耗较少能源，参与了环保"。

（3）价值。品牌体现了生产者的某些价值观感。这就从客观上要求企业必须分辨出对这些价值感兴趣的购买者群体。

（4）文化。品牌还象征着特定的文化，如"和谐号"品牌蕴含着"有组织、高效率和高品质"的文化。

（5）个性。品牌具有一定的个性。如果品牌是一个人、一种动物或一个物体，那么不同的品牌会使人们产生品牌个性联想。

（6）使用者。品牌还暗示了购买或使用该产品的消费者类型。例如，"和谐号"的定位是商务人士或中高端收入的旅客。

2.品牌的作用

品牌对于企业经营者和消费者都具有积极的作用。

（1）品牌对营销企业的积极作用。首先，便于企业进行经营管理，例如某物流企业如果有稳定并有影响力的品牌。该品牌的名称能够与一个是集公路运输、仓储理货、包装加工于一体的第三方物流供应商的企业联系起来；其次，有注册商标的品牌，具有排他性，可追究侵犯品牌产品的法律责任；再次，品质优异的品牌，可以为企业创造良好的形象并带来经济利益。这也促使企业不断追求其产品的高质量，并约束企业的不良行为，督促企业着眼于长远利益、消费者利益和社会利益，规范自己的营销行为；最后，品牌有助于市场的细分和定位，企业可按不同的细分市场的要求，建立不同的品牌，以不同的品牌分别进入不同的细分市场，针对性强，利于进占、拓展各细分市场。例如旅客运输企业在开发旅游专线时，在旅游景点线路上会优化选择，给乘客提供一个便利、快捷、安全、实惠的行程，还可提供一系列旅游附加服务，有利于有效开展细分市场营销工作。

（2）品牌对消费者的作用。品牌便于消费者识别、辨认所需商品或服务，有助于消费者选购商品，以获得稳定的购买利益；企业为了维护自己品牌的形象和声誉，都十分注意恪守给予消费者的利益，并注意同一品牌质量水平同一化；品牌产品为了适应市场竞争变化，必然会不断地更新和改良，也就不断地满足了消费者变化的需求。

5.3.2　品牌的设计

品牌的名称与标志的设计，对企业的经营效果有重要关系，这也是体现产品整体概念的一项重要措施。国内外很多知名企业不惜花费高价征求商标设计，值得运输企业借鉴。在品牌设计过程中，一般应遵循以下原则：

1. 简洁易记

为了便于消费者认知和记忆，品牌设计的重要原则就是简洁易记。因此，不宜把太长、复杂、难以诵读的字符串作为品牌名称，也不宜将呆板、缺乏特色的符号、颜色、图案用作品牌标记。

2. 新颖独特

品牌的重要作用是将同类产品中加以区隔，因而设计时应力求品牌名称构思独特、品牌标识新颖别致，能在众多产品中独树一帜，从而有助于消费者识别和记忆，也有助于降低品牌传播费用，提升传播效果。

3. 暗示属性

一个优秀的品牌设计，应力求在品牌名称、品牌标识两个要素上体现出产品的属性或优势，使消费者看到名称或标识立即联想到产品。

4. 内涵丰富

品牌作为一种产品要素，一般具有独特的内涵，传递着产品功能、企业要表达的经营宗旨、对产品效用的期望。一个富有内涵又表达恰当的品牌能唤起消费者和社会公众的良好联想，产生品牌价值。

需要注意的是，品牌设计是一项专门的学问，不但要讲艺术性，要讲究美学，而且要研究经济学、营销学、社会学等，要使艺术性和商业性相结合。

5.3.3 品牌管理策略

企业的品牌管理策略,是指企业如何合理地使用品牌、商标,发挥其积极作用,以达到一定的营销目的,如图5-4所示。主要包括以下内容:

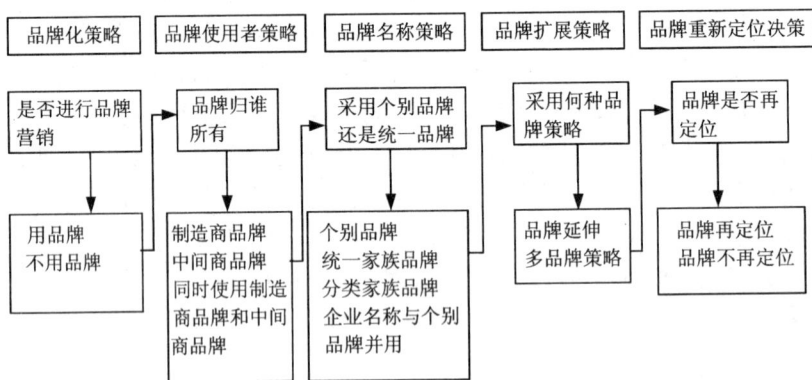

品牌化策略	品牌使用者策略	品牌名称策略	品牌扩展策略	品牌重新定位决策
是否进行品牌营销	品牌归谁所有	采用个别品牌还是统一品牌	采用何种品牌策略	品牌是否再定位
用品牌不用品牌	制造商品牌中间商品牌同时使用制造商品牌和中间商品牌	个别品牌统一家族品牌分类家族品牌企业名称与个别品牌并用	品牌延伸多品牌策略	品牌再定位品牌不再定位

图5-4 品牌管理策略

1.品牌化策略

品牌化策略要回答的首要问题是:企业是否需要给产品建立一个品牌。历史上,许多产品没有品牌,生产者或经销商直接把产品从麻包、箱子等容器中取出销售,市场对同类产品没有任何辨认的凭证。欧洲最早的品牌出现于中世纪,当时的行会要求手工业者在他们的产品上加印标记,以保护他们的产品声誉,并保护消费者不会因劣质产品而受到损害。品牌的真正发展是在美国的南北战争之后,随着现代资本主义市场经济的高速发展,市场竞争日益加剧,生产者逐渐意识到品牌的重要性,消费者的品牌意识也不断增强,一些原来不重视品牌的大宗产品、基础农产品、矿产品的经营者也开始运用品牌这一竞争手段。

但是,一般对于那些在加工过程中无法形成一定特色的产品,由于产品同质性很高,消费者在购买时不会过多地注意品牌。此外,对于那些消费者只看重产品的式样和价格而忽视品牌的产品,品牌化的意义也就很小。如果企业一旦决定建立新的品牌,那不仅仅只是为产品设计一个图案或取一个名称,而必须通过各种手段来使消费者达到品牌识别的层次,否则这个品牌的存在也是没有意义的。未加工的原料产品以及那些不会因生产商不同而形成不同特色的商品仍然可以使用无品牌策略,这样可以节省费用、降低价格、扩大销售。

虽然运输企业的产品品种不多,更新换代的频率较低,但在不同的品种之间,其设施、环境、等级、服务等还存在一定的差异。因此运输企业推行品牌化建立产品品牌，无论是运输组织者，还是运输产品的使用者，以及整个社会都是有益的。

2.品牌使用者策略

品牌使用者策略是指企业决定使用本企业的品牌，还是使用中间商的品牌，或两种品牌同时兼用。

早期品牌使用者多为有形产品制造商，品牌成为了制造商的产品标记，制造商决定产品的设计、质量、特色等。享有盛誉的制造商还将其商标租借给其他中小制造商，收取一定的特许使用费。但是随着服务业发展，服务品牌意识逐渐增强，服务品牌效应对消费者购买行为的影响也越来越大。

运输企业产品品牌的建立，一般都是由运输企业来负责的，并归其所有。虽然也有运输企业出售某一产品品牌的冠名权，但这只是出售产品品牌的使用权，而非所有权。但是由于运输服务的一致性差，出让本企业品牌使用权，品牌使用者的服务质量一旦不能达到品牌承诺水平，将使品牌企业承担较大风险。

3.品牌名称策略

品牌名称策略是指企业对于所生产的不同种类、规格、质量的产品是分别使用不同的品牌名称，还是冠以统一的品牌名称的决策。企业通常有四种选择：

（1）个别品牌名称。即企业的每一种产品分别使用不同的品牌名称。这种策略的优点是：企业不会因某一品牌下降而承担较大的风险；个别品牌为新产品寻求最佳品牌提供了条件；新产品在市场上不畅销时，不会影响原有品牌信誉；可以发展多种产品线和产品项目，开拓更广阔的市场。这种策略的最大缺点是：增加了产品的促销费用；品牌过于繁多，不利于企业凸显品牌。

（2）统一的家族品牌名称。即企业所生产的全部产品都用统一的家族品牌。这种策略的优点是：建立起一个优质品牌，就像为企业撑起一把品牌大伞，可以带动许多产品，并有利于企业树立形象；有利于新产品进入目标市场，因为已有的品牌信誉有利于消除顾客对新产品的不信任感；集中宣传一个品牌可节约大量广告费用；统一品牌下的各种产品可相互影响，有利于扩大销售。但需要说明的是，采用统一品牌是有条件的：这一品牌在市场上已获得了一定的信誉；采用统一品牌的各种产品具有相同的质量水平。如中国铁路开行的 CRH 动车组已有 CRH1、CRH2、CRH3、CRH5、CRH380、CRH6。中国铁道部将所有引进国外技术、联合设计生产的 CRH 动车组车辆均命名为"和谐号"。

（3）分类的家族品牌名称。即不同类别的产品分别采用不同的品牌名称。

（4）企业名称与个别品牌并用。即在每一种个别品牌前冠以公司名称。采用这种策略的好处是：既可以使新产品享受企业的信誉，也可以使个别品牌保持自己的个性和相对独立性。

4. 品牌扩展策略

品牌扩展也称品牌延伸，是指企业利用其成功品牌的声誉来推出改良产品或新产品。比如，海尔集团成功推出海尔冰箱后，又利用这个品牌成功推出了洗衣机、电视机、空调等新产品。又比如，一家公路零担运输企业在局部市场取得成功后，就希望能建立全国业务网络。当再零担业务达到一定水平后，又希望进入快递领域。很多运输或物流企业都采取企业名称与品牌名称一致的策略，如顺丰速递、安得物流、德邦物流等。

自 20 世纪 80 年代以来，品牌扩展越来越受到西方企业的厚爱。据统计，跨国公司中有 2/3 以上利用品牌扩展来开拓市场，如 UPS、DHL。

实践证明，品牌扩展有利于降低新产品的市场导入费用，可以使新产品借助成功品牌的市场信誉顺利进占市场。但值得注意的是，若利用成功品牌开发并投放市场的新产品不尽如人意、消费者不认可，则会影响该品牌的市场声誉。

5. 品牌再定位策略

企业必须定期分析品牌的优势和劣势，一旦发现因顾客需求发生变化或新的竞争者出现而导致产品的市场份额下降，必须及时调整其产品定位。品牌再定位是指全部或局部调整、改变品牌在市场上的原有定位。其目的是使现有产品具有与竞争者产品不同的特点，与竞争产品拉开市场距离。另外，企业在进行品牌再定位抉择时，应权衡两个因素：再定位所需的成本和再定位后可获得的收益。例如沪汉蓉高铁的动车高级软卧，由于与铁路客运市场原本定位相差较大，上座率不是很理想；而京沪高铁在此次的列车设计中根据市场需求，取消了 VIP 豪华商务包间，保留 VIP 座席的商务车厢和观光车厢。

品牌是企业产品的主要标志，产品质量是品牌的内在生命力。运输企业应不断完善品牌建设，从产品要素出发，拓展运输无形产品的可见性要素。在树立品牌的过程中，运输企业应注重培养客户的忠诚度和认知度，塑造运输企业新形象。

复习思考题

1. 运输市场营销战略规划的内容有哪些？

2. 运输企业增长战略存在哪些形式？

3. 简述运输企业市场营销的过程步骤。

4. 从管理决策实践的角度看，影响运输企业营销活动的要素有哪些？

5. 制定运输市场营销计划的步骤是什么？

6. 如何对运输企业营销状况进行分析？

7. 运输企业市场营销部门的组织形式有哪些？并分析每一种组织形式的优

缺点。

8. 简述运输企业营销控制的流程和内容。

9. 运输企业营销效率控制的内容是什么?

10. 什么是品牌? 品牌包括哪些内容?

11. 运输企业如何运用品牌管理策略?

12. 案例分析:

京沪高速铁路于 2008 年 4 月 18 日开工,从北京南站出发终止于上海虹桥站,总长度 1318 km,总投资约 2209 亿元。它的建成将使北京和上海之间的往来时间缩短到 5 h 以内。全线纵贯北京、天津、上海三大直辖市和河北、山东、安徽、江苏四省,是新中国成立以来一次建设里程最长、投资最大、标准最高的高速铁路。2010 年 11 月 15 日铺轨完成。2011 年 5 月 11 日,京沪高铁开始进入运行试验阶段。5 月底,中国北车研制的 CRH380BL 高速动车组已完成在京沪高铁开通前的第一阶段试运行任务。同时京沪高铁撤销豪华包间,仍保留 28 个 VIP 座席。

据相关部门的工作人员预测,高速列车需要 600 元左右,用时 5 h 左右;普通动车组最贵的软卧下铺 730 元,动车组一等座席需要 409 元,二等座需要 327 元,用时 10 h 左右;普快硬座只需要 158 元,但需坐 22 h 左右。飞机没打折是 1130 元,打折后便宜的 600 元左右,飞行时间 2 h 左右。

京沪高铁列车主要有两种车型,分别是 CRH380A 和 CRH380B,设计时速均为 380 km。为适应旅客的不同需求,京沪高铁将列车的开行速度定为时速 300 km 和 250 km 两个等级。这意味着票价将分两档。6 月底开通的京沪高铁将率先实行网络售票,届时旅客可凭有效身份证件在网上购票,大大节省购票时间。

问题:①对京沪高铁的市场营销环境进行分析。

②试制订京沪高铁的市场营销组合策略。

第6章 运输企业生产与运作管理

6.1 运输企业生产与运作管理概述

6.1.1 生产运作管理

生产是企业最基本的活动，它是企业创造产品或提供服务的一切活动的总称。

随着经济的发展，"生产管理"的概念已经远远超出工厂车间范畴。美国学者 E.S. Buffa 在《生产管理基础》中指出："生产就是创造货物和服务的过程，我们在工厂、事务所、医院和超级市场都可发现生产过程。生产管理就是做出与生产过程有关的决定，以便按照规格、数量、进度和最小的成本生产出货物和服务来。"

生产运作管理是对生产运作系统的设计、运行与维护的管理，主要包括对生产运作活动进行计划、组织和控制。

1. 生产运作管理的内容

1）生产运作战略

生产运作战略是企业战略的一个重要组成部分，它主要包括生产运作整体战略防御与生产运作系统设计两个方面。

生产运作总体战略包括自制或购买、低成本和大批量、多品种和小批量、高质量、混合策略等五种常用战略。

生产运作系统的设计包括产品或服务的选择和设计、生产运作设施的定点选择、生产运作设施布置、服务交付系统设计和工作设计。一般在设施建造阶段进行。

2）生产运作计划

生产运作计划是指生产运作管理工作中所有的计划管理工作，主要包括生产计划、物资采购计划、生产设备维修、更新改造计划、生产技术准备计划、人员计划等内容。

3）生产运作组织

组织主要包括生产过程组织、企业的研究与发展、工作研究与工作设计、企业物流管理、全面质量管理、生产运作现场管理等。

4）生产运作控制

生产运作控制主要包括生产进度控制、库存控制、生产运作成本控制等。

2. 生产运作管理的目标

当前,激烈的市场竞争对企业生产运作提出的要求包括:①时间,顾客对产品和服务在时间方面的要求趋向于短而准;②质量,顾客对产品和服务在质量方面的要求越来越个性化;③成本,顾客对产品和服务在购买价格和使用成本方面的谈判能力越来越强;④服务,提供产品之外为满足顾客需求而提供的相关服务。

6.1.2 运输企业的生产与运作管理的特征

运输企业,按照运输对象可分为旅客运输企业和货物运输企业。从运输行业来看,提供最终消费的属于消费型服务企业,提供生产性中间服务的属于生产性服务企业。无论客运还是货运企业,大部分兼而有之。不过货物运输企业更多的属于生产性服务企业,它既具有服务业的独特性,又是一种特殊的物质生产部门。其生产运作管理与制造业相比,存在一定的不同。一般而言,运输企业的生产运作是指服务运作,而制造企业生产运作则为产品生产。

表6-1 运输企业与制造业生产运作管理的不同点

比较项目	运输业	制造业
产品	无形	有形
产业性质	兼具劳动、资本、技术密集	资本和/或劳动密集
规模经济的实现	多店作业	增加批量
产出的存储性	无/生产与消费同时进行	高
顾客参与程度	高/客运的顾客全程参与,货运则部分参与	低
产出的一致性	低	高

由表6-1可知,运输企业的服务运作与制造企业的产品生产存在的区别是前者是活动导向型,而后者是产品导向型。

(1)产品生产带来的是有形产品,而服务通常是指一种活动。

(2)产出导向性的产品生产可建立起制成品库存,以缓冲需求变化带来的一些冲击。然而服务运作不可能建立库存应对需求波动。

(3)服务运作与顾客联系的程度要高于有形产品的生产。产品生产与产品消费可相分离,出厂检测、验收检测都是纠正产品差错的机会。而服务的生产与消费同时发生,没有纠错的机会,只能事后补偿。因此服务生产管理的程控制更关键。服务生产管理也因顾客的参与而变得更加难以控制。

（4）机械化生产使得产品规格变得稳定，因此产品生产的生产流程较顺利且生产效率高；而服务生产运作由于人的参与程度高、顾客参与程度高和受外部环境（如气候、路况、交通流量状况）影响较大，其产出多变、一致性较低。

（5）传统服务业一般来说属于劳动密集型产业，但是现代运输业在不同环节、不同运输方式差别很大，因而总体看是兼具劳动、资本和技术密集型特点。制造业既有属于资本密集型，机械化程度较高的类型，也有劳动密集型制造企业。

（6）产品生产可以通过增加批量实现规模经济，而服务则需通过多店经营来实现规模经济。不扩地理上的扩张有随着固定费用阶梯式上升，导致平均成本上升的潜在危险。

6.2　生产或服务设施选址

6.2.1　设施选址概述

设施是指生产系统或服务系统运行所需的固定资产。设施选址（Facility Location）是指组织为开拓新市场、提高生产能力或提供更优质的客户服务等目的而决定建造、扩展或兼并一个物理实体的一种管理活动。

企业设施选址恰当与否，对企业生产力布局、企业投资、建设速度以及建成后的生产经营状况都具有重大影响。设施选址直接影响企业的运营成本、企业制定后续经营策略、设施布置以及投产后的产品和服务质量，对设施建成后的设施布置以及投产后的生产经营费用、产品和服务质量以及成本都有重要的意义。因此，设施选址需要进行充分的调查研究与勘察，应科学分析，不能凭主观意愿决定，不能过于仓促；要考虑自身设施、产品特点，注意自然条件、市场条件、运输条件，要有长远观点。

一般来说，设施选址包括两个层次的问题：①选位，选择什么地区（区域）设置设施，沿海还是内地，南方还是北方。在当前经济全球化的大趋势之下，或许还要考虑是在国内还是在国外选址；②定址，在已选定的地区内选定一片土地作为设施的具体位置。

设施选址包括单一设施与复合设施选址两类问题。

1. 单一设施的场址选择

根据确定的产品（或服务）、规模等目标为一个独立的设施选择最佳位置。单一设施选址无需考虑竞争力、设施之间需求的分配、设施成本与数量之间的关系，主要考虑运输成本。

2.复合设施的场址选择

为一个企业(或服务业)的若干个下属工厂、仓库、销售点、服务中心等选择各自的位置,并使设施的数目、规模和位置达到最佳化。

6.2.2 生产和服务设施选址考虑的因素

1.设施选址的基本原则

1)工业生产力布局原则

工业生产力布局,是工业企业在全国各地区的地理分布。合理配置生产力对充分利用全国各地资源,合理调整经济结构,实现国民经济持续、稳定、协调发展有重要意义。因此设施选址应符合国家生产力布局规划和有关政策,才能既满足国民经济发展的总体需要又有于企业自身的生存与发展。从某种意义上,设施选址过程即为工业生产力布局的过程。

2)费用原则

企业首先是经济实体,经济利益对于企业无论何时何地都是重要的。建设初期的固定费用、投入运行后的变动费用、产品出售以后的年收入等都与选址有关。

3)集聚人才原则

人才是企业最宝贵的资源,合适的设施选址将有利于吸引人才。由于选址不当造成员工生活不便,导致员工流失的事常有发生。

4)接近用户原则

对于服务业,几乎无一例外都需要遵循接近用户的原则,如运输企业、物流公司、零售业等所有零售店铺等。许多制造企业也把工厂建到消费市场附近,以降低运费和损耗。

2.设施选址考虑的因素

生产和服务设施选址考虑因素是对选址原则的细化,虽然涉及多方面,但是主要分为经济因素与非经济因素。

1)经济因素

(1)运输条件与费用

对企业来说,运输成本占有较大比重。因此选址时,如存在铁路、公路、河海及航空运输等多种运输条件时,应分析比较它们的运价、载重能力、运输均衡性等条件,注意缩短运输距离、减少运输环节中的装卸次数,并尽量靠近码头、公路、铁路等交通枢纽,且尽可能选择和利用具有现成的或拟建交通设施。

(2)原料供应条件

某些行业对原料的量和质都有严格要求,这类部门长期以来主要分布在原料产地附近,以降低运费,减少时间阻延,从而得到较低的采购价格。

（3）动力、能源的供应条件

对于火力发电厂、有色金属冶炼、石油化工行业，动力能源的消耗在生产成本中的比重达到 35% ~ 60%。对重型机械、水泥、玻璃、造纸等行业，动力、能源的供应量和成本的影响也举足轻重。酿酒工业、矿泉水业、钢铁工业、水力发电厂等必须靠近江河水库。

（4）市场条件

工厂位于接近消费市场的主要目的是节约运费并及时提供服务。因此设施选址时，下列企业应接近消费市场：

- 产品运输不便，如家具厂、预制板厂。
- 产品易变化和变质，如制冰厂、食品厂。
- 大多数服务业，如商店、消防队、医院等。

（5）劳动力条件

劳动力素质对技术密集型和劳动密集型企业产生不同的影响，构成不同的劳动力成本。应考虑地区的人口状况，重点考虑专业技术人员、熟练工人和其他劳动力的来源及其数量、质量要求是否能满足本企业的需要。要考虑当地条件是否能就近解决这些人员的生活供应和居住问题。还要考虑当地的人事劳动工资政策是否能吸引数量和质量符合要求的劳动力。

（6）建筑成本

指土地征用、赔偿、拆迁、平整的费用，并注意应尽量少占用农业用地。

2）非经济因素

（1）政治因素

政治因素包括政治局面是否稳定、法制是否健全、税赋是否公平等。建厂，尤其是在国外建厂，必须要考虑政治因素。主要包括政局的稳定性和当地政府的相关政策和法规。

（2）社会因素

投资建厂要考虑的社会因素包括居民的生活习惯、文化教育水平、宗教信仰和生活水平。

（3）自然因素

地形地貌、气候条、水文地质、工程地质、给水排水等条件都要与所建企业设施的要求符合。

6.2.3　设施选址方法

在进行设施选址的综合分析比较时，可根据条件采用定性的、定量的或定性定量相结合的方法。常用的设施选址方法有优缺点比较法、加权因素分析法、和德尔菲分析模型等。

1. 优缺点比较法

优缺点比较法是一种最简单的设施选址的定性分析方法，尤其适应于非经济因素的比较。该方法的具体做法是：罗列出各个方案的优缺点进行分析比较，并按最优、次优、一般、较差、极坏五个等级对各个方案的各个特点进行评分，对每个方案的各项得分加总，得分最多的方案为最优方案。

当几个场址方案在费用和效益方面近似时，非经济因素即可能成为考虑的关键因素。此时，可采用优缺点比较法对若干方案进行分析比较。

2. 加权因素分析法

加权因素分析法也许是常用的选址方法。因为它以简单易懂的模式将各种不同因素综合起来。加权因素分析法的具体步骤如下：

(1) 决定一组相关的选址决策因素。

(2) 对每一因素赋予一个权重以反映这个因素的重要性。

(3) 对所有因素的打分设定一个共同的取值范围一般是 $1 \sim 10$ 或 $1 \sim 100$。

(4) 对每一个备择地址，根据所有因素按设定范围打分。

(5) 获得每个备选方案的加权均值。

(6) 选择得分前几位的地址，再进行综合考虑后，决定最终方案。

3. 德尔菲分析模型

典型的布置分析考虑的是单一设施的选址，其目标有供需之间的运输时间或距离极小化、成本的极小化、平均反应时间的极小化。但是有些选址分析涉及多个设施和多个目标，其决策变量复杂，不方便定量分析。解决这类选址问题的一个方法是使用德尔菲分析模型，即专家法。

6.3　生产计划与生产控制

6.3.1　生产计划的内容与主要指标

1. 生产计划系统的层次

生产计划就是企业为了生产出符合市场需要或顾客要求的产品，所确定的在什么时候生产，在哪个车间生产以及如何生产的总体计划。企业的生产计划是根据销售计划制定的，它又是企业制定物资供应计划、设备管理计划和生产作业计划的主要依据。这方面的内容在第12章有论述。

广义的生产计划工作包括：调查和预测市场对产品的需求、核定企业的生产能力、确定目标、制定策略、选择计划方法、正确制定生产计划、库存计划、生产进度计划和计划工作程序、以及计划的实施与控制工作。按不同性质划分，生产计划主要有以下各种类型。

2.生产计划的主要指标

制定生产计划指标，是企业生产计划的重要内容之一。企业生产计划的主要指标有：产品品种、产品质量和产品产量。

企业生产计划的主要指标从不同的侧面反映了企业生产产品的要求。

1）产品品种指标

产品品种指标包含两方面的内容：①企业在计划期内生产的产品名称、规格的规定性；②企业在计划期内生产的不同品种、规格产品的数量。品种指标能够在一定程度上反映企业适应市场的能力。一般来说，品种越多，越能满足不同的需求。当然单品批量越大越具有规模效益，然而现代生产系统必须具有多品种、低成本的排产能力。确定企业产品线宽度和深度，一般属于企业战略层次的问题。狭义的生产计划主要是如何经济、准时、按照要求的质量把订单产品完成。

2）产品质量指标

产品质量指标，是指企业在计划期内生产的产品应该达到的质量标准。这包括内在质量与外在质量两个方面。内在质量，是指产品的性能、使用寿命、工作精度、安全性、可靠性和可维修性等方面；外在质量，是指产品的颜色、式样、包装等方面。在中国，产品的质量标准分为国家标准、部颁标准和企业标准三个层次。产品的质量标准是衡量一个企业的产品满足社会需要程度的重要标志，是企业赢得市场竞争的关键因素。

3）产品产量指标

产品产量指标，是指企业在计划期内应当生产的合格的工业品实物数量或应当提供的合格的工业性劳务数量。产品的产量指标常用实物指标或假定实物指标表示。如钢铁用"吨"，发电量用"千瓦·时"等表示。产品产量指标是表明企业生产成果的一个重要指标，它直接来源于企业的销售量指标，也是企业制定其他物量指标和消耗量指标的重要依据。

4）产品产值指标

产值指标，是指用货币表示的企业生产产品的数量，它解决了企业生产多种产品时，不同产品产量之间不能相加的问题。企业的产品产值指标有商品指标、总产值和净产值三种表现形式。

商品产值，是指企业在计划期内生产的可供销售的产品或工业劳务的价值。其内容包括用自备原材料生产的可供销售的成品和半成品的价值，用定货者来料生产的产品的加工价值，对外完成的工业性劳务价值。总产值，是指用货币表现的企业在计划期内应该完成的产品和劳务总量。它反映企业在计划期内生产的总规模和总水平，其内容包括商品产值、定货者来料的价值、在制品、半成品、自制工具的期末期初差额价值，它是计算企业生产发展速度和劳动生产率的依据。净产值，是指表明企业在计划期内新创造的价值。净产值的计算方法有两种：一是生产法，即从工业总产值中扣除物质消耗价值的办法；二是分配法，这种方法从国民收入初次分配的角度出发，将构成净产值的各要素直接相加求得净产值，这些要素主要包括工资、职工福利基金、税金、利润、利息、差旅费、罚金等。

在实践中，商品产值和净产值一般用现行价格计算。

6.3.2　生产能力及核定

1. 企业生产能力的概念

生产能力是指在计划期内，企业参与生产的全部固定资产，在既定的组织技术条件下，所能生产的产品数量，或者能够处理的原材料数量。

生产能力是反映企业所拥有的加工能力的一个技术参数，它也可以反映企业的生产规模。在企业内部影响生产能力的因素有很多，主要包括：生产性固定资产、劳动对象、劳动力、资金等，其中生产性固定资产包括机器设备、厂房、库房和场地等。对于大多数行业而言，采用机器设备是现代工业企业的主要标准。

2. 企业生产能力的核算

1）产出量为计量单位

调制型和合成型生产类型的制造企业生产能力以产出量表示十分确切明了。如钢铁厂、水泥厂都以产品吨位作为生产能力，家电生产厂是以产品台数作为生产能力。这类企业它们的产出数量越大，能力也越大。若厂家生产多种产品，则选择代表企业专业方向，产量与工时定额乘积最大的产品作为代表产品，其他的产品可换算到代表产品。换算系数 k_i 由下式求得：

$$k_i = \frac{t_i}{t_0}$$

式中：k_i——i 产品的换算系数；

t_i——i 产品的时间定额；

t_0——代表产品的时间定额。

2）以原料处理量为计量单位

有的企业使用单一的原料生产多种产品，这时以工厂年处理原料的数量作为生产能力的计量单位是比较合理的，如炼油厂以一年加工处理原油的吨位作为它的生产能力。这类企业的生产特征往往是分解型的，使用一种主要原料，分解制造出多种产品。

3）以投入量为生产能力计量单位

有些企业如果以产出量计量它的生产能力，则会使人感到不确切，不易把握。例如发电厂，年发电量几十亿度电，巨大的天文数字不易比较判断，还不如用装机容量来计量更方便，这种情况在服务业中更为普遍。例如航空公司以飞机座位数量为计量单位，而不以运送的客流量为计量单位；医院以病床数而不是以诊疗的病人数；零售商店以营业面积，或者标准柜台数来计量，而不能用接受服务的顾客数；电话局以交换机容量表示，而不用接通电话的次数。这类企业的生产能力有一个显著特点，就是能力不能存储，服务业往往属于这种类型。

6.3.3　生产作业计划

1. 生产作业计划内容

生产作业计划是指企业生产计划的具体执行计划。它把企业的年度、季度生产计划具体规定为各个车间、工段、班组、每个工作地和个人的以月、周、班以至小时计的计划。它是组织日常生产活动、建立正常生产秩序的重要手段。生产作业计划的作用是通过一系列的计划安排和生产调度工作，充分利用企业的人力、物力，保证企业每个生产环节在品种、数量和时间上相互协调和衔接，组织有节奏的均衡生产，取得良好的经济效果。生产作业计划编制工作的主要内容包括：收集为编制计划所需要的各项资料，核算、平衡生产能力，制定期量标准和编制生产作业计划。

为编制生产作业计划，主要应有以下的各类资料：①生产任务方面的资料，包括企业的年度、季度生产计划、各项订货合同、新产品试制计划等；②技术资料，包括产品图纸、工艺文件、产品技术检验规范、外协零件清单、按车间编制的零件明细表等；③生产能力方面的资料，包括各工种生产工人情况，生产设备负荷情况、生产面积利用情况、工作定额和生产能力查定情况；④生产准备工作方面的资料，包括工艺装备准备情况和原材料、外协件、配套库存及供应情况等；⑤各种期量标准和生产资金定额；⑥前期预计生产完成情况和在制品结存及分布情况等。

2. 生产作业计划的编制方法

生产类型的企业选择不同的编制方法，主要有在制品定额法、提前期法、生产周期法和定货点法。随着科学技术的迅速发展，各种企业生产的品种日益增多，系统分析、运筹学等原理和计算机越来越多地用于企业管理，又出现了成组技术计划法、网络法等新的生产作业计划编制方法。

1）在制品定额法

在制品定额法是指根据生产计划的要求将预先制定的在制品定额与预计可能结存的在制品数量作比较，使期末在制品数量保持在规定的定额水平上，并据此来规定各车间的生产任务。这种方法适用于大批量生产的企业。

2）提前期法

提前期法，又称累计编号法，指根据生产计划的要求和预先制订的提前期来规定各车间的某种产品的装配生产提前完成的产量。它通常用累计编号来表示投入出产的产量任务。这种方法通常用于多品种成批生产的企业。

3）生产周期法

生产周期法是指根据生产计划的要求和预先制订的产品生产周期图表，通过生产能力的核算来规定各车间的生产任务。这种方法适用于单件小批生产的企业。

4）订货点法

订货点法是指对于某种物料或产品，由于生产或销售的原因而逐渐减少，当库存量降低到某一预先设定的点时，即开始发出订货单（采购单或加工单）来补充库存，直至库存量降低到安全库存时，发出的订单所定购的物料（产品）刚好到达仓库，补充前一时期的消耗，此一订货的数值点，即称为订货点。订货点法适用于安排生产产量大、品种稳定、价值低、结构简单的小型零件。

5）成组技术的计划方法

成组技术的计划方法打破产品界限，把工艺相似的零件组织成组生产，适用于多品种、中小批量生产的企业。

6）网络法

网络法是一种逻辑性的计划手段，其典型的方法是计划评审法。这种方法主要用于复杂的一次性产品（或工程）的生产。

7）准时生产制

准时生产制的内容要点是：在必要的时候，按必要的数量，把生产所必要的物料送到必要的地方。它的目的是把在制品储备压缩到最低限度，尽可能地节约流动资金。日本丰田汽车公司的"看板管理"就是准时生产制的一种方式。它要求后道工序的工人凭"领料看板"到前一道工序领取必要数量的零配件。前一道工序的工人根据"生产看板"生产规定数量的零件；搬运工人凭"送货看板"在规定的时间内运送规定数量的零件。这样可以利用"看板"把人力、物力和设备有机地结合起来，组成有节奏的生产，防止过量生产造成在制品的过量储备。

8）混流生产方法

混流生产方法是指在现有生产条件和生产能力的情况下，经过科学逻辑的运算，制订出在同一生产线上最优品种搭配的生产方案，达到品种、产量、工时的均衡，最大限度地节约资源。这种方法主要用于工艺相似的系列化产品的流水生产企业。

6.3.4 生产控制

生产控制主要包括生产作业控制与生产成本控制。

1. 生产作业控制

生产作业控制是在生产计划成本和生产作业计划的执行过程中，对生产活动进行一系列监督检查及纠正偏差等工作，使得因为生产作业执行过程中必然会遇到的、预想不到的、将会影响计划完成的情况和矛盾，通过监督和检查，及时发现及时采取措施纠正，保证生产计划的实现。

生产作业控制过程是一项综合的反复进行的过程，大致可分为三个步骤：①制定控制标准，根据上期标准执行情况的分析和计划期内生产过程各要素和有关生产条件下，拟定出具体工作的计划、目标、各种定额和标准；②对计划执行情况进行检查和比较，根据生产作业统计的各种凭证、报表和现场观察检测的数据等到与标准进行比较，找出偏差；③针对偏差分析查明产生偏差的原因，采取有效措施加以解决，保证生产活动正常进行。

生产作业控制的基本内容主要包括：

1）确定工艺流程

确定工艺流程是生产控制的起点和基础。根据产品的技术要求，结合企业实际的生产技术条件，选择最好的能够保证产品质量，取得最大经济效益的工艺方法和流程。

2）执行生产计划

执行生产计划是生产控制的前提和依据。按照确定的生产周期、批量和交货期限的要求，在生产能力平衡和资源落实的基础上，确定每种产品的投入与产出日程和每道工序完成任务的目标日期，并把计划具体的落实到每一项工作中去。

3）下达生产指令

下达生产指令是生产控制的重要手段。在企业生产运作中，根据产品进度计划规定的投入日程，提前下达生产准备指令，及时把设备调整好，把工艺资料、材料、毛坯成套地送到工作地，然后下达生产指令和检验指令。

4）生产进度控制

生产进度控制是生产控制的关键。工业企业生产活动，从生产准备到每一道工序的完成任务及产品入库全过程，对产品实行追踪检查，及时掌握产品周转和储存的动态和静态方面的信息，采取必要措施消除计划与实际的偏差，保证计划按进度完成。

2. 生产成本控制

生产成本控制是企业为了降低成本，对各种生产消耗和费用进行引导、限制及监督，将实际成本维持在预定的标准之内的一系列工作。

生产成本控制按成本形成过程可分为产品投产前的控制、制造过程中的控制和流通过程中的控制三部分。

（1）产品投产前的控制

产品投产前的控制内容主要包括：产品设计成本、加工工艺成本、物资采购成本、生产组织方式、材料定额和劳动定额水平等。这些内容对成本的影响最大，可以说产品总成本的60%取决于这个阶段的成本控制工作的质量。这项控制工作属于事前控制方式，在控制活动实施时真实的成本还没有发生，但它决定了成本将会怎样发生，它基本上决定了产品的成本水平。

（2）制造过程中的控制

制造过程是成本实际形成的主要阶段。绝大部分的成本支出在这里发生，包括原材料、人工、能源动力、各种辅料的消耗、工序间物料运输费用、车间以及其他管理部门的费用支出。投产前控制的种种方案设想、控制措施能否在制造过程中贯彻实施，大部分的控制目标能否实现和这阶段的控制活动紧密相关。由于成本控制的核算信息很难做到实时，因此会给事中控制带来很多困难。

（3）流通过程中的控制

包括产品包装、厂外运输、广告促销、销售机构开支和售后服务等费用。在目前强调加强企业市场管理职能的时候，很容易不顾成本地采取种种促销手段，反而抵消了利润增量，所以流通过程也要控制。

生产成本控制的基本方法包括以下：

（1）定额制定

定额是企业在一定生产技术水平和组织条件下，人力、物力、财力等各种资源的消耗达到的数量界限，主要有材料定额和工时定额。成本控制主要是制定消耗定额，只有制定出消耗定额，才能在成本控制中起作用。工时定额的制定主要依据各地区收入水平、企业工资战略、人力资源状况等因素。在现代企业管理中，人力成本越来越大，工时定额显得特别重要。在工作实践中，根据企业生产经营特点和成本控制需要，还会出现动力定额、费用定额等。定额管理是成本控制基础工作的核心，建立定额领料制度，控制材料成本、燃料动力成本，建立人工包干制度，控制工时成本，以及控制制造费用，都要依赖定额制度，没有很好的定额，就无法控制生产成本；同时，定额也是成本预测、决策、核算、分析、分配的主要依据，是成本控制工作的重中之重。

（2）标准化工作

标准化工作是现代企业管理的基本要求，它是企业正常运行的基本保证，它促使企业的生产经营活动和各项管理工作达到合理化、规范化、高效化，是成本控制成功的基本前提。在成本控制过程中，下面四项标准化工作极为重要。

第一，计量标准化。计量是指用科学方法和手段，对生产经营活动中的量和质的数值进行测定，为生产经营活动，尤其是成本控制提供准确数据。如果没有统一计量标准，基础数据不准确，那就无法获取准确的成本信息，也无法控制成本。

第二，价格标准化。成本控制过程中要制定两个标准价格：一是内部价格，即内部结算价格，它是企业内部各核算单位之间，各核算单位与企业之间模拟市场进行"商品"交换的价值尺度；二是外部价格，即在企业购销活动中与外部企业产生供应与销售的结算价格。标准价格是成本控制运行的基本保证。

第三，质量标准化。质量是产品的灵魂。没有质量，再低的成本也是徒劳的。成本控制是质量控制下的成本控制。没有质量标准，成本控制就会失去方向。

第四，数据标准化。制定成本数据的采集过程，明晰成本数据报送人和入账人的责任，做到成本数据按时报送、及时入账、数据便于传输和实现信息共享；规范成本核算方式和明确成本的计算方法；对成本的书面文件实现国家公文格式，统一表头，形成统一的成本计算图表格式，做到成本核算结果准确无误。

（3）制度建设

在市场经济中，企业运行的基本保证，一是制度，二是文化。没有制度建设，就不能固化成本控制运行，就不能保证成本控制质量。成本控制中最重要的制度是定额管理制度、预算管理制度、费用审报制度等。在实际中，制度建设有两个问题：一是制度不完善，在制度内容上，制度建设更多地从规范角度出发，看起来像命令。正确的做法应该是制度建设要从运行出发，这样才能使责任人找准位置，便于操作。二是制度执行不力，老是强调管理基础差、人员限制等客观原因，一出现利益调整内容，就收缩起来，导致制度形同虚设。

6.4　项目管理与项目物流

6.4.1　项目管理概述

1. 项目

项目是为完成某一独特的产品或服务项目所做的彼此相关联的任务或活动的一次性过程。项目是一件事情、一项独一无二的任务，也可以理解为是在一定的时间和一定的预算内所要达到的预期目的。

传统的基于职能的管理容易产生职能分裂，忽略过程，导致顾客要与企业的多个部门接触，甚至需要顾客来集成整个服务过程。当市场竞争越来越激烈，服务质量变成重要竞争手段时，项目管理或者特别委员会制度成为服务重点项目、重点顾客、重要的服务活动的主要管理形式。

项目侧重于过程，它是一个动态的概念。例如我们可以把一条高速公路的建设过程视为项目，但不可以把高速公路本身称为项目。那么到底什么活动可以称为项目呢？安排一个演出活动，开发和介绍一种新产品，设计和实施一个计算机系统，进行工厂的现代化改造，主持一次会议等这些在我们日常生活中经常可以遇到的一些事情都可以称为项目。

一般来说，项目管理具有一次性和组织的临时性、开放性特征。

1）一次性

这是项目与日常运作的最大区别。项目有明确的开始时间和结束时间。项目在此之前从来没有发生过，而且将来也不会在同样的条件下再发生，而日常运作是无休止或重复的活动。

2）组织的临时性和开放性

项目开始时需要建立项目组织。项目组织中的成员来自不同职能部门，甚至不同机构。成员及其在项目组织里的职能，在项目的执行过程中将不断地变化，项目结束时项目组织将会解散。一个项目往往需要多个甚至几百上千个单位共同协作。它们通过合同、协议以及其他的社会联系组合在一起，可见项目组织没有严格的边界。

2. 项目管理

项目管理，就是项目的管理者，在有限的资源约束下，运用系统的观点、方法和理论，对项目涉及的全部工作进行有效的管理。即从项目的投资决策开始到项目结束的全过程进行计划、组织、指挥、协调、控制和评价，以实现项目的目标。

项目管理一般包括以下内容：

1）项目范围管理

是为了实现项目的目标，对项目的工作内容进行控制的管理过程。它包括范围的界定、范围的规划、范围的调整等。

2）项目时间管理

是为了确保项目最终的按时完成的一系列管理过程。它包括具体活动的界定，如：活动排序、时间估计、进度安排及时间控制等工作。

3）项目成本管理

是为了保证完成项目的实际成本、费用不超过预算成本、费用的管理过程。它包括资源的配置，成本、费用的预算与执行工作。

4）项目质量管理

是为了确保项目达到客户所规定的质量要求所实施的一系列管理过程。它包括质量规划，质量控制和质量保证等。

5）项目人力资源管理

是为了保证所有项目关系人的能力和积极性都得到最有效的发挥和利用所做的一系列管理措施。它包括组织的规划、团队的建设、人员的选聘和项目的班子建设等一系列工作。

6）项目沟通管理

是为了确保项目的信息的合理收集和传输所需要实施的一系列措施，它包括沟通规划、信息传输和进度报告等。

7)项目风险管理

项目可能遇到各种不确定因素。它包括风险识别、风险量化、制订对策和风险控制等。

8)项目采购管理

是为了从项目实施组织之外获得所需资源或服务所采取的一系列管理措施。它包括采购计划、采购与征购、资源的选择以及合同的管理等工作。

9)项目集成管理

是指为确保项目各项工作能够有机地协调和配合所展开的综合性和全局性的项目管理工作和过程。它包括项目集成计划的制定、项目集成计划的实施、项目变动的总体控制等。

6.4.2 项目物流

项目物流是为特定项目实施所提供物流服务活动总成,是一种新的运作模式。随着物流业发展,项目管理方式也被引进到物流领域中。项目物流的诞生物流业面向对象的服务理念已经变成现实,也表明社会分工的进一步深化。

1. 项目物流概述

项目是一次性的。随着项目竣工,该项目就结束。所以项目物流是以项目为对象的物流活动。项目是为了达到一定目的的资源组合。项目需要在限定的时间、成本费用、人力资源及资财等项目参数内完成的。典型的项目物流有工程项目物流、大件项目物流、会展物流等。不同的项目物流在运作技术、方式和组织等方面各不相同。项目物流经营和运作过程具有一定的特殊性,需要有创新意识地进行工作。

工程建设、会展等活动的物流,既可以以项目物流的形式全部打包委托第三方物流公司,也可以由项目主办单位自己按照材料种类分别以订单形式委托同一个或不同物流商负责。

项目管理的目的是使工程项目在约定的时间和预算内,按照要求的质量实现最终的目标。项目管理的核心内容包括项目界定、项目计划、计划执行、项目控制、项目结束(结算)等内容。

2. 项目物流与运作主体

项目物流是项目管理的一部分,是服务于特定项目的后勤保障服务系统。大型项目物流可以利用公路运输门到门优势,与铁路运输、水路运输和航空运输形成多式联运体系,为大型工程、厂家等提供专项设备全程物流服务,可以提高服务质量,有利于项目开展。例如,为某铁路线工程施工用大型进口掘进设备组织的项目物流,就包含从报关、港口接运、铁路装车方案策划、上线运输到目的地转运配送、交验安装等全程物流服务。

项目物流的运作主体是工程项目的总承包方。总承包商也可以将项目物流的全部或某一段委托给第三方物流企业来完成。承揽项目物流的主体必须具有对项目物流所需资源的调度、组织和运作以及监控的能力，其具体实务运作可以自己完成，也可以委托其他主体来完成。实际运作主体必须利用自己的或租用相应的设备完成实务运作。项目进展的各个阶段，对物流管理各有侧重，如土方工程主要涉及土方作业及其工程车辆，设备工程涉及大件运输过程及其吊装、运输装备和特种车辆，以及设备安装，公路施工项目中的，地料、建材等的采购、运输、保管、领用的管理和有关制度建设，计划方案的组织实施等是很重要的内容，是工程进度控制和成本控制的关键。在大型设备工程项目中，比较典型的是大件运输项目，涉及专用车辆设备，装载加固，都需要有专业技术人员进行组织。

项目物流要求承担企业能够提供包括方案设计、项目管理、综合运输、清关和码头作业的一站式的服务。项目物流虽然根据项目不同有所差别，但仍然可以通过技术创新改进物流运作效率，提高服务水平。可以通过开发计算机模拟系统的方式，进行车辆纵向和横向的受力分析，通过桥梁、弯道半径的受力分析等，避免了在运输过程中一些不必要的拆迁。变纯粹的经验操作为科学的程序化操作，以提高货物运行的安全性和可靠性，降低成本。

3. 项目物流外包

项目物流要外包的理由，首先是因为专业技术方面的需要。有些设施、材料的运输需要专用设施设备。市场上有较多的通用项目物流供应商，也有一些特殊领域的项目物流供应商。由于建设工程项目、会展项目数量多、市场需求大，使用通用运输设备能满足大部分需求，但是危险品、超大超重设施物流，则要求承运单位具有专业技术团队与专门设备。这就需要专门的项目物流服务商来承担。

除了专业技术需要利用专门供应商外，项目物流外包的另一个理由是经济因素。项目物流对物流资源的使用是阶段性的，甚至一次性的。为了节约的原则，使用外包方式。并且物流企业提供解决方案、控制和管理，即除了物流服务，还要提供相关组织、管理服务。物流企业把握核心技术提供一体化物流解决方案，是的项目物流外包成为经济、高效和可靠的运作模式。

项目物流管理处于从属地位，应当支持项目管理。项目管理的质量、进度和成本目标就界定了项目物流管理的主要内容，即进度控制、质量控制、成本控制、合同管理、采购管理、安全管理和组织协调。

复习思考题

1. 什么是生产与运作管理？谈谈你对运输企业生产运作管理的内涵的理解。
2. 试分析运输企业的生产过程。
3. 请结合实际，谈谈运输企业与制造企业生产运作管理的不同点在哪儿。
4. 试分析运输企业选址的制约因素有哪些。
5. 什么是生产作业控制？简述运输企业生产作业控制的基本方法有哪些。
6. 请以运输企业为例，谈谈服务型企业如何进行生产能力核定。

第7章　运输企业流程再造

20 世纪 90 年代以来，在经济全球化的推动下，以 Hammer 和 Davenport 提出的业务流程再造理论为基础，美国的企业在管理上进行了重大的变革。业务流程再造受到普遍关注，欧美等国家的企业掀起了"以业务流程再造"为核心的企业管理革命浪潮。流程再造的核心是面向顾客满意度的业务流程，而核心思想是要打破企业按职能设置部门的管理方式，代之以流程为核心，面向顾客，重新设计企业管理过程，使企业的作业流程追求全局最优，而不是局部最优。

7.1　企业流程再造的理论

7.1.1　流程再造的概念

流程，根据《牛津英语大词典》，是一个或一系列连续有规律的行动。这些行动以确定的方式发生或执行，导致特定结果的实现。Michael Hammer 把流程定义为"把一个或多个输入转化为对客户有价值的输出的活动"。其他还有一些不同的定义。各种不同的定义，不存在本质上的区别，多依据各自关注的焦点不同而有所变化。

业务流程再造是 Michael Hammer 博士在 1990 年首先提出来的。迄今为止，已经有许多学者对 BPR 做了不同的定义。Davenport 提出了企业流程创新的概念。他认为流程创新是一种革新的新方法，即通过使用信息技术和人力资源管理技术对企业的流程进行创新，可以极大地降低企业成本。Marrow 等人提出了企业流程再设计的概念，即通过检查和简化企业关键流程中的活动和信息流，达到降低成本、提高质量和增大柔性的目的。Loewenthal 出版专著《改造企业——再生策略的蓝本》，在此书中对流程再造的定义是："业务流程再造就是对企业的业务流程进行根本性的再思考和彻底性的再设计，从而获得可以用诸如成本、质量、服务和速度等方面的业绩来衡量的戏剧性的成就。"

综上所述，企业流程再造(Business Process Reengineering/Redesign，BPR) 指的是使企业绩效实现大幅度改进而对实现产出最关键的流程进行批判性的再思考、再设计的一种方法与过程。这里所说的企业绩效大幅度改进，是指企业在成本、品质和服务等方面的绩效取得根本性改进，区别于质量管理中强调的渐进性改进。企业流程再造不仅重构了内部价值链，也不同程度地影响到所在行业的价值链。而价值链改造的载体是无形的企业文化、管理制度和有形的技术设施重构。

总结上述业务流程再造的概念表述，可以发现尽管存在文字上的差异，但实质内容是一样的：首先，业务流程再造都是在分析现有流程基础上进行的；其次，业务流程再造都需要使用一些特定方法和技术来实现；最后，业务流程再造的目的都是降低企业成本和提高客户服务质量。

7.1.2　业务流程再造的原则

1. 以客户导向为原则

以客户为导向，意味着企业在判断流程的绩效时，是从供应商的根本利益出发，但是站在客户的角度，考虑客户的经验与感受。企业存在的理由是为客户提供价值，而企业的价值实现关键是客户满意。价值由流程创造。只有改进为客户创造价值的流程，企业的改革才有意义。客户要的是流程的结果，过程与客户无关，所以任何流程的设计和实施都必须以客户标准为标准，以客户为中心，这是企业再造的成功保证。

2. 以成本导向为原则

再造不仅是机构调整，不仅是减员增效，还需要通过对特定的流程进行效用、成本分析，来识别并减少那些无效环节、低效高成本环节和诱致资源投入增加或成本上升的环节。

3. 以时间导向为原则

流程再造需要对流程中各环节占用时间以及各环节间的协同时间进行深入的量化分析，并加以改进。

7.1.3　业务流程再造的过程与方法

1. 流程再造过程

通过以下6个阶段来对业务流程实施再造：

第一阶段：战略决策，寻找流程再造的机会，评估信息技术的需要，以决定再造的流程。

第二阶段：再造思路，通过实地调研，获取一手资料，制定项目实施计划。

第三阶段：流程诊断，记录并分析原有流程。记录流程涉及的活动、资源、控制机制、作业制定、信息流动的方向，探讨病源，作为改进流程效率的目标。

第四阶段：重新设计，在分析原有流程之后，接下来就是重新设计流程，推出新流程原型。

第五阶段：重新构建发展和构建新信息系统以有效完成新流程的目标，并重建人事与组织。

第六阶段：评估成效，在实施新流程后，评估得失与效率亦是十分重要的课题。因为流程再造是一个持续不断的过程。评估项目包括新流程的表现、信息系统的表现以及生产效率等。

2. 流程再造方法

流程再造中通过清除(Eliminate)、简化(Simplify)、整合(Integrate)、自动化(Automate)来减少流程中非增值活动以及调整流程的核心增值活动，简称为ESIA。

清除主要指通过价值链分析，清楚企业现有流程内的非增值活动，同时又不给流程的产出带来负面影响。这是重新设计流程的主要问题。非增值的活动主要体现在过量产出、活动时间的等待、不必要的运输、反复加工、重复活动、反复的检验、跨部门的协调。通过回答问题"这个环节是不是导致最后的结果的必经之路"，来判断和消除无效环节。

简化是指在尽可能清除非必要的非增值环节后，对剩下的活动仍需进一步简化。

整合是指对分解的流程进行整合，以使流程顺畅、连贯、更好地满足客户需求。对内，整合的主要内容主要是活动、团队；对外，主要是整合组织所在供应链活动，与供应商、供应链协作者和客户的界面流程一体化，最终目的是提供一体化流程服务。

自动化是在对流程任务的清除、简化和整合基础上应用自动化。适宜自动化的工作内容主要是结构性问题，借助于人工智能系统，自动化技术还可以代替人处理一些半结构性问题。

表7-1 BPR模型和改进原则 (Harbour, 1994)

BPR的7步法	流程改进的9个原则
(1)定义流程边界	(1)消除浪费
(2)观察流程步骤	(2)最小化浪费
(3)收集流程的相关数据	(3)简化
(4)分析流程相关数据	(4)流程步骤的整合
(5)识别流程改进的领域	(5)用不同路径设计流程
(6)改进流程	(6)平行思维
(7)流程再造并监督执行	(7)从源头收集数据
	(8)用一定的技术改进流程
	(9)让客户协助流程改进

7.2　运输企业业务流程

整个铁路货运流程再造是一个庞大的系统工程，很难在一章的篇幅里全面介绍。这里只选取几个关键环节的流程再造加以分述。

铁路货物运输服务流程，按照功能可分为与客户、与供应链协作者的界面流程、内部生产流程。铁路具有大规模运输的成本优势，但是常常因为客户界面的商务流程和作业流程繁杂、机械，使铁路提速效应不能完全转化为市场竞争力。要改变这种情形，必须对货物交接流程、商务流程进行根本性的思考与再设计。

7.2.1　铁路货运客户界面流程再造

流程再造首先要关注关键问题。占中国铁路货运发送量的80%以上的专用铁路和铁路专用线结合部作业环节多，效率低，是绩效改进主要目标。"路企直通"运输是我国铁路部门对铁路货运大客户的客户界面交付流程进行再造的一个成功案例。所谓"路企直通"运输，指由铁路本务机车牵引，组织列车在铁路与客户企业间直入直出，不在接轨站办理列车交接技术作业的运输组织模式。

"路企直通"运输主要是解决大宗货运产品交付环节流程效率低的问题。通过对货物交付作业中的调度指挥、行车组织、技术作业，以及专用线管理和安全管理的流程进行全新设计，对本务机车在铁路与年运量100万t以上的"三厂"（电厂、钢厂、石化及炼油厂）、"两矿"（煤矿、金矿非金矿）、"一港"（主要港口）、"一路"（合资及地方铁路）间的直入直出、运输作业全过程贯通和结合部的无缝衔接。实施"路企直通"的企业也同步装备了匹配的大型装卸设施设备，使服务供应链全程各个环节的能力都能一致。

"路企直通"运输将客户界面集成方式从机械化方式转变为有机式集成方式，达到简化作业流程、加快交付速度、降低作业成本的目的。

系统或组织之间的集成方式可以按照交互关系分为机械式和有机式。机械式集成的两个组织之间界限分明，企业之间保持着距离的纯粹经济联系。其协调主要通过交易完成，接触界面是有距离的、刚性的，被称为机械式关系。有机式集成的两个组织之间有嵌入，就是双方互相有不同程度地嵌入或渗透到对方组织中，又称嵌入式集成。嵌入式集成使组织之间距离为零，可以使供应链成员之间的协调性更好。

供应链管理提供了集成和管理组织之间沟通的功能与资源的思想，是一种面向整个供应链的经营管理业务模式和供应链成员之间的协调方式。供应链伙伴间（战略联盟者）的协调主要通过建立面向业务流程的嵌入型协作关系完成，接触界面是无缝的、柔性的，所建立的是一种有机型关系。许多学者研究表明，嵌入性联系通过优质服务、信息共享及共同解决问题等机制，带来嵌入双方行为的改变，并能提高企业绩效。事实上，路企直通运输减少了大部分交接技术作业，路企双方成立联合办公制度，进一步加快沟通速度。图7-1是实施路企直通运输前后的交付作业流程。

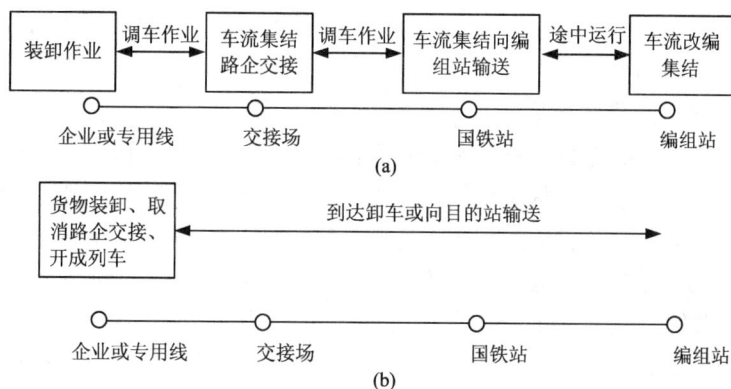

图7-1 "路企直通"实施前后作业流程比较
（a）实施"路企直通"前的交付作业流程；（b）实施路企直通后的交付作业流程

通过路企直通运输，铁路的机车车辆直接通到企业装卸车作业终端，大幅度减少货车在铁路站场、路企交接场和企业内部的停留时间，取消非必需的机车换挂、列检作业、车号作业，从而压缩货车停留时间、加快车辆周转，与此配套的路企合署办公制度加快了双方信息沟通速度，从多方面提高作业效率、降低成本。

7.2.2 铁路货运商务流程再造

计划经济时代形成的铁路货运商务流程形成于运输能力严重短缺的条件下，无法满足现在的市场经济环境下以顾客为导向的要求。所以，借助新兴信息技术与电子商务模式，再造、简化流程，创新商务模式与售后服务模式，是铁路货运提高市场竞争力的一个关键步骤。

中国铁路以"集中受理，优化装车"系统为载体，"以开辟客户网上受理绿色通道为纽带，以加强运力资源优化配置为依托，以实现网上受理、一次提报、全程服务为目标，为广大客户提供公开、公平、便捷、高效的货运服务，不断强化路局市场营销职能，全面推进货运组织改革"。

该系统对客户进行分级管理，重要的签约客户"比照铁道部大客户相关政策，可通过互联网接入系统，直接办理相关货物运输业务，并由铁路指派专人负责对客户个性化设置信息等进行日常维护。铁路多经企业和专业运输公司等具备内网接入条件的客户，也可通过内网直接访问系统，进行运输业务办理"。铁路局根据受理的运输需求，结合铁路局实际运力情况，通过合署办公方式，即实施货运计划与日计划合署办公机制。这是一种典型的委员会制，由运输处负责，组员来自货计、货工、技术计划、货调、车流的职能部门，兼顾了复杂铁路运输系统的职能型组织效率与快速跨职能协调要求。由这个"委员会"性质的办公室共同编制路局货运工作计划，优化制定旬日历装车运输方案，并由客户网上提报日请车，由调度部门组织执行。

该系统基本满足签约客户对铁路货运业务服务的需求，对内实现了铁路货源、车源及装卸作业能力等铁路运力资源的高度集成，提供了辅助决策的运力优化配置功能，实现了铁路货运组织流程的再造，并提供了全面多维度的统计分析功能，将铁路货运服务贯穿到售前、售中、售后的全过程。售前服务：主要包括签约客户运输需求提报，运价、办理限制等信息查询，客户发到站及品类等个性化设置，相关铁路运输信息下载等功能。售中服务：主要包括计划审批信息公开，货车动态信息追踪查询，旬日历装车运输方案编制及与客户的对接，合署办公流程签认管理，方案兑现分析，日常生产经营辅助决策等功能。售后服务：售后服务评价信息反馈，统计分析以及其他增值服务等功能。向客户提供全程查询、咨询及其他服务。

从该系统投入使用来看，分步对非签约客户开放，也符合客户关系管理的精神。未来客货分线运输后，铁路可用于货运的能力将大幅度增加，服务水平也会提升。

对签约客户货运业务从业务办理到支付的电子化。而对零散客户，经过身份认定程序，确认运输需求有效性，由铁路局汇总签约和零散客户全部网上受理有效运输需求后，结合铁路局实际运力情况，通过合署办公方式，优化制定旬日历装车运输方案，并由客户网上提报日请车，由调度部门组织执行。这是对原有铁路货运商务流程的一次革命性变革。

7.3 运输企业流程再造的评价

企业流程再造被证明是一个广泛适用的、能提高企业整体绩效的好方法。其中最重要的方法就是画流程图。流程图帮助我们理解业务流程，也可以帮助我们分析业务流程中问题所在。再联合其他步骤，就可以达到消减不合理流程、改进企业绩效的效果。

我们知道，各种货物和材料必须从一个地方移动到另一个地方，才能满足顾客需求。例如，一名顾客到商店购买电视机。电视机通过货运飞机从另一个国家运进来。大多数人都意识不到运输，对于一家商店货架上像电视机那样多的琳琅满目的商品来说多么重要。那么让我们看看那台电视机是怎么来的。

一台电视机由数百个零部件组装，每个零部件又由世界上不同国家的厂家生产。这些零部件通过运输送到总装厂，由总装厂装配成电视机并送到位于不同地方的成千上万的批发商、分销商和零售商。那么运输就在将零部件和成品安全、准时地输送到具有特定需求的地点中扮演重要角色。

众多运输企业，虽然采用不同运输方式，但都是为了满足不同的运输需求。整个物流系统是一个跨越国界的、非常复杂的系统。物流管理是任何行业的关键工作之一。

7.3.1　评价指标体系设计原则

铁路货运业务是一个庞大的、复杂的系统，而且构成铁路货运系统的各个因素也相互作用相互制约。对这样大的系统的运作流程很难找到一个或者两个指标就能客观地、全面地、科学地评价其绩效。因此需要系统工程的原理和方法，以整体效益目标为基础，建立一个既能够反映本质特征又能反映实际效果的指标体系。确定流程评价指标体系时应遵循如下原则。

1. 综合性原则

指标体系所包含的指标不能仅局限于反映流程的某方面的特征，必须把能够反映诸如经营效益、客户满意度、业务办理复杂度、组织灵活性等反映货运企业本质特性的促进价值增长的因素作为评价范围，建立一套面向客户的全面的多层次评价指标体系。

2. 定量指标为主、定性指标为辅原则

不论是从全路的角度还是客户的角度来评价铁路货运流程，很多统计指标已经定量化并在日常统计工作中使用。这些指标可以通过统计计算得出确定的数值更具有说服力，力求避免评价时的主观臆断、怀疑以及可能产生的测量偏差。

3. 可比性原则

在确定评价指标和标准时，必须考虑时间和成本的变化影响，合理选用相对指标和绝对指标，以保证铁路货运流程再造前后指标的可比性。

7.3.2　铁路货运业务流程评价指标体系构建

根据这些原则并结合铁路内部效率与客户角度来构建评价指标，将这些指标分成两大类：一类是铁路货运流程效率指标；第二类是客户满意度指标。

1. 铁路货运流程效率

从铁路内部系统出发来考察铁路参与的整个服务流程（包括货物集结、运输、分拨配送等）的效率，可以用以下指标进行衡量。

货车周转时间：货车周转时间是指运用货车在一次周转中平均花费的时间，

即每完成一个工作量平均消耗的货车日数。从全路范围看，货车周转时间就是运用货车从第一次装车完了时起，到下一次装车完了时止，所费的全部时间。货车周转时间通常包括5部分：途中各区段运转总时间、途中中间站停留总时间、途中中转站有调中转总时间、途中中转站无调中转总时间和货物作业站停留总时间。

订单兑现率：订单兑现率是指在规定的期限内完成客户运输需求的数目占总的订单的比例。

单位价值货物人工时：单位价值货物人工时是指流程运行时所占用的人力资源。

货物发送准时率：指在一定时期内，准时发送货物与该时期所有发送货物的比率。

货物运到准时率：指在一定时期内，准时运到货物与该时期所有运到货物的比率。

单位价值货物服务费用：单位价值货物服务费用是指维护流程正常运行运营管理层所需要付出的管理成本与流程运行时占用的硬件资源成本分摊到单位价值货物上。

门到门服务可达范围：在一定区域内铁路或运输联盟所提供货运门到门服务辐射范围。

2. 客户满意度

从客户的角度出发来考察铁路货运在周围的竞争环境中被认可的程度，可以用以下指标进行衡量。

客户运输需求平均响应时间：客户运输需求平均响应时间是指客户产生运输需求向铁路下达订单到订单完成审批回到客户手中一次周转中平均花费的时间，包含了传递与等待时间。

服务不及时率：服务不及时率即客户服务不能及时响应的概率。例如请求车数超过现车数时就会出现货物不能及时装车的现象，假设车站冷藏车请求数为100车，但是配空数只有95车，那么服务不及时率即为5%。

信息服务支撑力度：信息服务支撑力度是指信息化程度信息系统装备度，反映各种信息设备综合装备的程度。信息设备综合利用度，反映各种信息设备综合利用的程度。信息共享度指标是指，该流程中的活动执行者对流程中产品与服务的主要信息的平均了解程度。

货损货差率：指在一定时期内，损坏货物与该时期整个运到货物的比率。

客户投诉率：指在一定时期内，投诉的客户与该时期所有客户的比率。

延伸物流服务范围：在一个流程周期内，铁路满足客户所需要的物流服务程度。

综合这些因素，铁路货运业务流程评价指标体系可以用图 7-2 来表示。

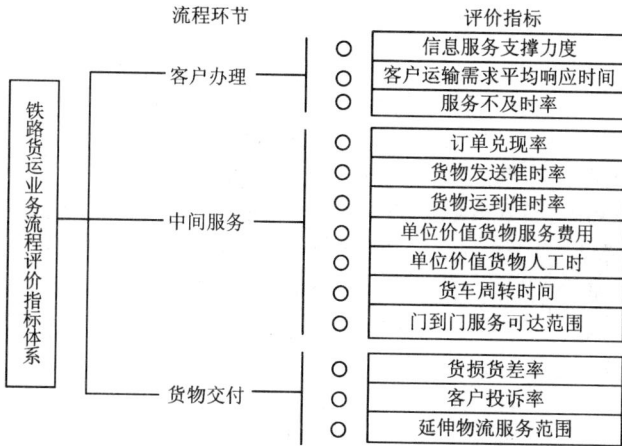

图 7-2　铁路货运业务流程评价指标体系

3. X 公司原有的铁路货运业务流程 Petri 网模型

分析 X 公司货运业务流程，得到铁路货运业务流程 Petri 网模型，如图 7-3 所示。

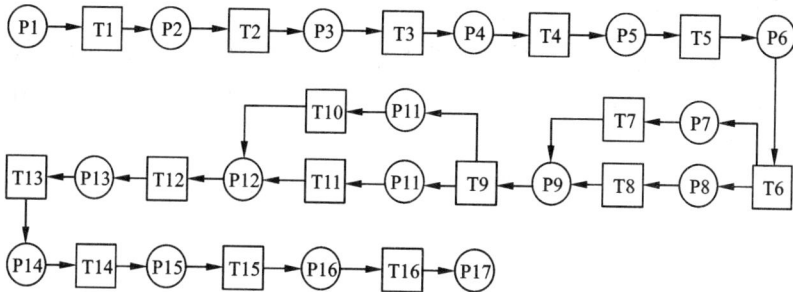

图 7-3　X 公司原有的铁路货运业务流程 Petri 网模型

在利用 Petri 网所描述的采购业务流程中，每一项业务活动的开始和完成由"令牌"从一个位置向另一个位置的转移来实现，当"令牌"由开始位置(P1)到达结束位置(P17)时，则标志着整个业务流程的完成。图中库所和变迁变量的含义见表 7-2。

表 7 - 2   Petri 网模型中库所与变迁的含义表示

P	库所内容	T	任务变迁	消耗时间（min）
P1	X 公司	T1	提报月编计划	—
P2	铁路局	T2	上报月度计划建议方案	—
P3	铁道部	T3	下达月度轮廓计划	—
P4	铁路局	T4	下达月编计划	—
P5	X 公司	T5	提报旬计划	—
P6	铁路局	T6	制定旬计划	—
P7	最近车站	T7	核对旬计划，制定配空计划	—
P8	X 公司	T8	提报日请求车	10 ~ 40
P9	铁路局	T9	通知承认车信息，制定装车计划	1000 ~ 1200
P10	最近车站	T10	向湘钢配送空车	60 ~ 120
P11	X 公司	T11	取车，装车作业	240 ~ 300
P12	企业机车	T12	调车作业至交接场	60 ~ 90
P13	路企交接场	T13	车流集结、货检、列检、路企交接	30 ~ 60
P14	国铁机车	T14	调车作业至湘潭东站	90 ~ 100
P15	最近车站	T15	制票、车流集结、货检、列检、挂机	60 ~ 70
P16	编组站	T16	车流集结、技术作业	30 ~ 50
P17	长距离运输			

4. X 公司原有的铁路货运业务流程的仿真及评价

Petri 网理论除了为业务流程管理提供了丰富的语义描述外，还能够提供强大的仿真模拟手段。目前比较成熟的 Petri 网仿真软件有很多，这里采用了荷兰 Deloitte & Touche Bakkenist 研制的 ExSpect 软件包对前面所构造的 Petri 网进行了分析，得到仿真模型如图 7 - 4 所示。

仿真结果如表 7 - 3 所示。

表 7 - 3   X 公司原有的铁路货运业务流程仿真结果

分组	完成流程托肯数	平均周期（min）	样本方差
1	10	1750	150
2	20	1761	132
3	50	1801	140
4	100	1790	165

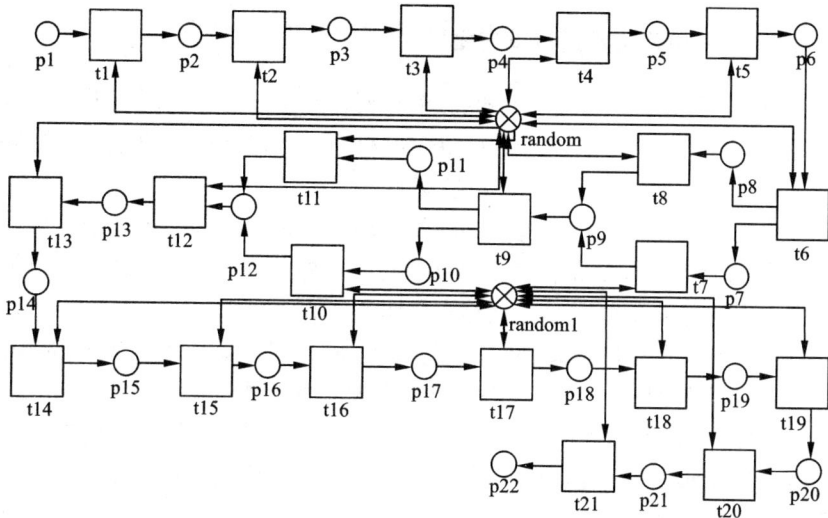

图7-4 基于 ExSpect 的湘钢原有的铁路货运业务流程的仿真模型

7.4 X 公司"路企直通"业务流程分析与评价

2007 年底,X 公司与铁路局合作进行了路企直通改造。投资 2.8 亿元对区间范围内 13.5 km 专用铁路进行了电气化改造,接发站场新建 7 条 1050 m 铁路线路,线路等级和信号系统全部按铁路正线Ⅱ级标准加以改造。2009 年底技术改造工程已完成。

7.4.1 X 钢铁公司原有的铁路货运业务流程分析

X 公司属于铁道部货运大客户。厂内设工厂站一个,距离最近车站 10 km,有到发线股道 17 股。工厂站货物年到达量 1000 多万 t,年发送量 300 多万 t。工厂站到达货物主要以金属矿、煤、焦炭为主(占到达货物总量的 92%以上),这些原材料装车站相对集中于蛇口港、妈湾港的港口站,少量位于铁路局管内车站。发送货物以钢铁、矿建为主(占发送货物总量的 95%以上),发往全国各地。过去几十年,铁路在 X 公司货物到发的运输组织方面,将到达的待卸车列利用最近的货运站的简易驼峰解编后,由国有铁路的专用调车机送入公司的工厂站,再将公司装车后的发送货物从工厂站取回附近车站后进行编组作业。由于厂内点多线长,作业流程多,到发车辆要经过取样、过磅、解体、送车、卸车、配空、装车、取车、集结、技检等诸多作业环节,加上装、卸品类繁杂,装车点分散,待出发的钢材类货物都需装载加固,造成厂内车辆停留时间高达 29.7 h。

7.4.2 X公司路企直通运输方案

X公司采购部门在年初制定年度需求计划,再在每个月底制定下一个月的月度需求计划。按照直达、成组的要求组织原材料,运输部门按直达、成组装车要求及时提报运输计划、请求车并组织装车。

路企直通取消了最近车站这个中间作业环节,而是由该最近车站派出助理站调与X公司物流中心调度联合办公,负责与铁路局调度所、编组站调度及最近车站的联系,共同完成X公司日常铁路运输组织工作。

X公司直入列车在最近车站解、编和集结取送时间即线前时间全部变为零,对X公司的厂内停时没有影响。X公司直出列车在最近车站取出、解、编、集结始发、待发时间,即线后时间全部变为零。由于车辆装车完毕后,最近车站内集结变为在工厂站集结,待发时间(含列检技术作业时间)由最近车站内变更到工厂站,因而减少了车辆停留时间。

7.4.3 X公司"路企直通"业务流程Petri网模型

路企直通业务流程Petri网模型见图7-5。图中库所和变迁变量的含义见表7-4。

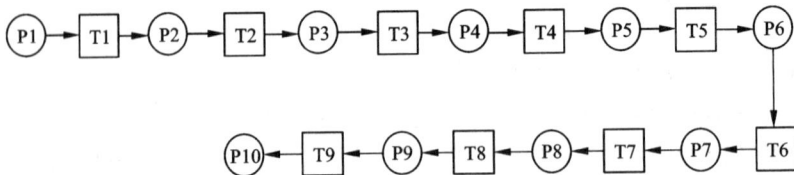

图7-5 湘钢路企直通业务流程Petri网模型

表7-4 Petri网模型中库所与变迁的含义表示

P	库所内容	T	任务变迁	消耗时间(min)
P1	湘钢	T1	网上提报年度运输需求	—
P2	铁道部	T2	制定大宗物资重来重去运输方案	—
P3	湘钢	T3	签订运输合同	—
P4	广铁集团	T4	制定月度运输方案	—
P5	湘钢	T5	提报日请求车	10~40
P6	广铁集团	T6	通知湘钢承认车信息,制定装车计划	600~900
P7	湘钢	T7	整列装车作业	240~300
P8	合署办公室	T8	制票、货检、列检、路企交接	120~150
P9	编组站	T9	技术作业	60~120
P10	长距离运输			

7.4.4 X 公司"路企直通"业务流程的仿真及评价

采用 ExSpect 软件包对前面所构造的 Petri 网进行分析,得到仿真模型如图 7-6 所示。

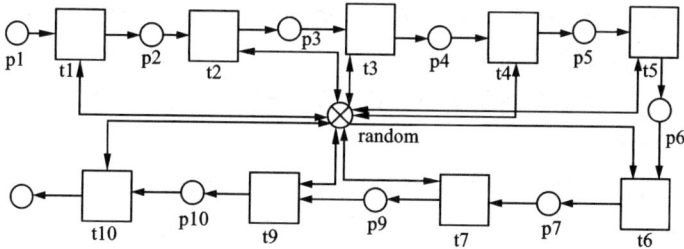

图 7-6 基于 ExSpect 湘钢路企直通业务流程的仿真模型

仿真结果如表 7-5 所示。

表 7-5 湘钢路企直通业务流程仿真结果

分组	完成流程托肯数	平均周期(min)	样本方差
1	10	1153	40
2	20	1161	53
3	50	1201	64
4	100	1185	55

最后经过整理得出流程再造前后的综合比较见表 7-6。

表 7-6 路企直通流程再在前后比较表(单位: min)

	再造前	再造后
平均周期	1777.5	1 175
缩短时间		602.5

通过对优化流程模拟可以发现,周期时间减少了 10 h,从而大大地提高流程效率。

复习思考题

1. 比较职能型组织与流程型组织的优缺点。

2. 请分别画出乘客乘坐汽车、高速铁路列车、普通铁路列车和民航班机的流程图，并对各交通方式的各流程环节的平均耗时与费用进行估算(或测算)，分析在不同距离段最具竞争力的方式。

3. 请绘制普通铁路货物运输业务的分析流程图。试问，它还可以进一步优化吗？如可以，请优化。

4. 一个企业如何识别并营建关键流程以确保能创造客户价值，使公司成功且获得适当的利润率？

第8章 运输企业人力资源管理与企业文化

人是生产力中最积极、最活跃的因素,人力通过其实现形式——劳动而发挥作用。人力资源管理就是通过人力资源的合理配置和开发,充分发挥人力资源的主体作用,调动人力资源的潜力,促进人力资源与非人力资源的有机结合来实现企业的战略经营目标。在运输企业中与劳动力及与劳动力有关的支出是运输成本的重要组成部分,运输生产效率的高低与员工素质密切相关。因此,运输企业人力资源管理是提高运输生产效率、降低运输成本的一项重要工作。本章主要介绍人力资源的概念、特征和人力资源管理的范围,对运输行业人力资源管理的模块做了详尽的分析,最后介绍如何建设一套适合于运输企业的、使企业人力资源管理效用最佳的企业文化。

8.1 人力资源管理概述

1. 人力资源的概念和特征

人力资源是指一定范围内人口总体所具有的劳动能力的总和,是指在一定范围内具有为社会创造物质和精神财富、从事体力劳动和智力劳动的人们的总称。对人力资源概念可从宏观和微观两个角度来理解:从宏观角度来理解,人力资源是指一个国家或地区所有能够推动国民经济和社会发展的、具有智力劳动能力和体力劳动能力的人的总和;从微观角度来理解人力资源是指能够推动整个企业发展的劳动者的能力的总称。无论对国家对企业,人力资源都是一种战略性资源。

人力资源与自然资源、物质资源等相比,有以下基本特征:

(1)主观能动性。人力资源在经济活动中是居于主导地位的能动性资源。作为主体的人既是被开发、被管理的对象,又是自我开发、自我管理的主体。劳动者的劳动力是被开发的对象,开发的主体是社会、企业和单位。而作为自我开发的主体,劳动者可以根据自己的意愿、目的和要求,按客观规律去安排生产和生活,最大限度地提高其他资源的利用效率,以争取更好的经济、社会和生态效益。正是由于人力资源本身所具有的主观能动性,因此才能通过自身经验和知识的积累,通过不断深化对客观世界的认识,推动生产力的进步,促进人类社会发展与繁荣。

(2)再生性。人力资源是一种可再生资源,人力资源的可再生性基于人口的再生产和劳动力的再生产,通过人口总体内各个个体的不断替换,以及"劳动力耗费—劳动力生产—生产力再次耗费—劳动力再次生产"的过程得以实现。在运输活动中，劳动者的体能不断被消耗，而在闲暇和食物消费过程中，所失去的体能又能得到补充，进而可在下一轮活动中保持旺盛的体能和精力。运输业劳动者的知识、技能和经验，亦可在劳动和不断学习、训练中得到增殖和更新，即因伤病或其他原因暂时退出劳动过程的劳动力人口，或因采用新技术致使知识过时、技能落后的劳动者，其知识、技能和经验均可在以后学习、训练和劳动实践中得到恢复、更新和提高。

（3）时效性。人力资源存在于人的生命中的劳动能力，它的形成和开发、利用都受到时间方面的限制。从人的生命周期来说，人处在生命周期的不同时期（如青年期、壮年期和老年期等），其特点和潜能不同，劳动能力也是不尽相同的；而从人力资源的开发上来说，人力资源只有使用才能发挥其作用，只有合理使用，才会使人在不同阶段的潜能得到最大限度的发挥。所以，人力资源时效性的特征要求管理者通过有效的管理手段能够长期使人力资源发挥最佳功效，无效的管理则会导致人力资源的浪费和流失。

（4）两重性。两重性是指人力资源既具有生产性，又有消费性。从生产和消费的角度来看，人力资源的投资、开发、维持是一种消费行为，往往是一种先于人力资源使用和收益的必需性消费行为。人力资源的使用和创造财富则是一种生产性行为。人力资源与其他资源一样具有投入与产出规律，需要先期的各种投入才能获得后期的收益。事实证明，人力资源开发程度与人力投资的多少及投资方向和利用效率是存在较强相关性的，即在投向正确的前提下，投入越多、利用效率越高则人力资源开发得越好；在有效利用（指在社会经济活动中配置合理，利用和管理适当）时，其带来的经济收益也越高。因此，任何组织在投资、开发、利用和管理人力资源时，应当充分重视平衡人力资源的"两重性"，正确处理好人力资源的投入与产出、开发和使用、数量和质量的相互制约的多重关系。

（5）社会性。人力资源是一种社会资源，它既是人类社会的主体又是人类社会活动的结果。从宏观上看，人力资源的形成要依赖社会，它的分配（或配置）要通过社会，它的使用要处于社会经济的分工体系之中。从微观上看，人类劳动是群体性劳动，不同的人一般在社会经济运动中都分别出于各种劳动组织之中，承担各种社会分工的劳动，于是便构成了人力资源社会性的微观基础。从社会性角度上讲，管理者要通过精神文化、价值观、人际关系、团队建设、利益整合等方式，促进人力资源的有效开发与管理。

（6）连续性。人力资源是一个可连续开发的资源，尤其是智力型人力资源，其使用过程本身也是开发过程。在知识更新周期缩短，社会经济日趋国际化的时代，人力资源管理者应把自己管理的对象视作需要不断开发的资源，不断地加以有效开发利用，才能使人力资源价值不断增值。

2.人力资源管理

（1）人力资源管理的概念。人力资源管理是指组织为了实现既定的目标，运用现代管理措施和手段，对人力资源的取得、开发、保持和运用等方面进行管理的一系列活动的总和。其主要任务是以人为中心，以人力资源投资为主线，研究人与人、人与组织、人与事的相互关系，掌握其基本理念和管理的内在规律，为充分开发、利用人力资源，不断提高和改善职业生活质量，充分调动人的主动性和创造性，促使管理效益的提高和管理目标的实现。

从以上可知，人力资源管理的内涵至少包括以下内容：

一是任何形式的人力资源开发与管理都是为了实现一定的目标，如企业经营效益最大化、社会人力资源配置最优化。

二是人力资源管理必须充分有效地运用计划、规划、组织、指挥、监督、协调、激励和控制等现代管理手段才能达到人力资源管理目标。

三是人力资源管理主要研究人与人之间的利益调整、个人利益取舍、人与事的配合、人力资源潜力的开发、工作效率和效益的提高以及实现人力资源管理效益的相关理论、方法、工具和技术。

四是人力资源管理不是单一的管理行为，必须是相关管理手段的相互配合才能取得理想的效果。例如薪酬必须与绩效考核、晋升、流动等相配套。

（2）人力资源管理与人事管理的区别。人力资源管理与传统的人事管理绝不是仅仅称谓的变换和职能部门名称的改变，从传统的人事管理发展到现代的人力资源，一方面表明人力资源管理范围扩大了，另一方面表明企业对人力资源的认识提高了。所以，他们既有历史上的渊源关系，又有本质区别：

首先，管理的视角不同。传统的人事管理把人力看成是成本。人力资源管理把人力看成是资源。从成本的角度出发，管理活动追求的必须是人员的减少、人力成本的节约；从资源的角度出发，管理活动就会重视对人力资源的开发和利用。

其次，工作的性质不同。人事工作属于行政管理的范畴，主要是一些事务性的工作。人事部门负责执行上层的决策。人力资源管理则包含战略性的工作和事务性的工作。吸纳和开发人力资源成为人力资源管理工作的重中之重。人力资源管理部门既是人事行政管理的办事机构，又是领导层制定、实施人才战略的参谋部。

再次，管理的重点不同。人事管理以事为核心，强调的是"因事设人、因事评人"。工作任务是否完成，是一切管理活动的出发点。人力资源管理则是以人为中心，注重人事相宜。在某些企业中，为了留住人才，充分发挥其才能，甚至出现了"因人设事"的现象。

最后，对管理人员的要求不同。承担人事管理工作的人，通常是人事方面的专门人才。人力资源管理则要求其工作人员是通才，不仅要懂人事工作，还要了解企业各方面的经营管理状况。

3.人力资源管理的范围

人力资源开发与管理涉及的范围很广，其主要内容可以分成四个方面，即人员的录用、人员的开发、人员的维持和人员的使用。

(1)在企业人员的录用方面，主要内容有：职务分析与职务设计、招聘与选拔、调动与晋升和劳动合同管理。

职务分析与职务设计。研究企业的工作描述及怎样让人在企业已经固定的工作流程中更好地发挥主观能动性，包括组织设计、岗位描述、动作分析、任务流程、责任流程、权利流程、职务设计和目标管理等。

招聘与选拔。研究怎样为企业寻找到合格的员工，包括招聘的来源、招聘的程序与方法、能力评价技术。

调动与晋升。研究如何处理企业内部合理的人员流动，包括人员平调、管理人员的选拔及降级。

劳动合同管理。研究国家有关劳动合同的法律、法规，包括劳动合同的订立、变更、终止和解除。

(2)在企业人员的开发方面，主要内容有：培训与教育、民主管理、企业文化和职业管理与员工发展。

培训与教育。研究在企业发展和变化的同时怎样保障人力资源的配套，包括学习原理、培训的组织与内容、培训的设计与方法、培训的形式、管理人员的开发等。

民主管理。研究对人的管理怎样代表广泛的职工意愿，包括民主管理的动因与前提、民主管理的形式、团队管理等。

企业文化。研究怎样从精神层面管理和引导员工，包括企业文化的构成、企业文化的实施和发展等。

职业管理与员工发展。研究怎样有效的协调员工的个人发展和企业发展的对立统一关系，包括员工的个体空间、个人职业生涯发展、组织的职业计划等。

(3)在企业人员的维持方面，主要内容有：绩效考评、薪酬管理、交流与沟通等。

绩效考评。研究怎样准确的评价员工的工作表现和提高员工的工作能力，包括考核制度的设计、考核的方法与形式、沟通与改进。

薪酬管理。研究怎样建立一套既体现公平又具激励性的工资制度，包括工资制度的设计与管理、奖励制度、福利制度等。

交流与沟通。研究怎样保障企业信息的正确和迅速传递，包括对人的认识、沟通的艺术、人际交往等。

（4）在企业人员的使用方面，主要内容有：激励、劳动条件和合作与冲突等。

激励。研究怎样维护和调动员工的积极性，包括激励理论、激励手段、奖励与惩罚、领导艺术与方法。

劳动条件。研究怎样充分合理地满足劳动者的各种生活需求，包括劳动保护、劳动安全、劳动时间、休息与休假、劳动纪律、女工的保护、医疗与健康。

合作与冲突。研究人与组织的关系，包括组织行为、领导艺术与方法、不满情绪及其处理、劳动争议与纠纷及应对处理。

8.2　运输企业人力资源管理

由于运输企业的生产具有联动性，由多专业、多工种、多岗位协同配合完成整个生产过程，所以运输企业的人力资源管理的难度就会增加。在企业战略指导下，运输企业的人力资源管理在"选人、用人、留人、育人"上，不仅要有一般企业人力资源管理的基本做法，还有其独特的行业特点。

8.2.1　运输企业人力资源战略规划

人力资源战略是企业为适应外部环境变化的需要和人力资源开发与管理自身不断发展的需要。而制定的人力资源与开发的纲领性的长远规划，它对人力资源开发与管理活动具有重要的指导作用，是企业战略的重要组成部分，也是企业战略的有效保障。

1. 运输企业人力资源战略规划的目标

人力资源战略规划是为实现企业总体战略服务的，因此，必须以企业总体战略的要求，来确定人力资源战略规划的目标。这些目标包括：

（1）根据企业中长期发展的要求，保证其对人力资源总量的需要。例如根据2008年调整的《中长期铁路网规划》中所述：到2020年，我国时速在250 km以上的铁路里程将达1.6万 km，新增营业里程将达4万多公里，煤运通道年运输能力将达25亿 t以上。铁路运输企业必须根据这个规划要求做好人力资源数量和胜任能力上的保证。

（2）优化人力资源结构，形成合理的人才结构，满足企业各层次、各专业对人才的需要。例如根据《中长期铁路网规划》的要求，铁路运输企业应做好人力资源质量上的保证。

（3）提高每个劳动者的素质，使之与其岗位工作的要求相适应。例如铁路企业就牵扯车、机、工、电、辆等多专业、多工种、多岗位，每个职工都与运输生产全局密切相关，所以提高职工队伍的整体素质，发挥人力资源的整体效能就显得格外重要。

(4)努力把人力转化为人才，促进每个劳动者都能成才，发挥他们的积极性、进取性和创造性，为企业发展和进步做出应有的贡献。

2.运输企业的人力资源战略规划制定

制定人力资源战略规划首先要确定人力资源战略规划总体目标。人力资源的总体目标是根据组织的发展战略目标、人力资源现状与趋势、员工期望与理想综合确定的。运输企业人力资源总体目标是对未来企业内部人力资源所要达到的数量与结构、素质与能力、员工士气与工作态度、企业文化与价值理念、人力资源政策措施、开发与管理成本、人力资源开发与管理的方式和途径等提出更高层次的具体要求。人力资源战略规划的总体目标确定后，要根据子公司、部门和个人的自身条件和能力层层分解和落实，分解后的目标应为具体明确的任务，具有可操作性、可监控性。

8.2.2 运输企业人力资源计划

人力资源计划是组织为实现其发展目标，对所需人力资源进行供求预测、制定系统人力资源政策和措施，以满足自身人力资源需求的活动。人力资源计划是一种将人力资源管理与组织宏观战略相结合，并最终实现组织目标的途径。

1.运输业职工定员计划管理

根据规定的生产任务、组织机构、设备数量与技术水平等情况，应该配备的各类人员数量标准称为定员。运输企业的定员，是根据有关管理部门的有关规定，结合运输企业的具体情况，为保证运输工作的需要而配备的各类人员的数量。

(1)运输企业的人员分类与定员

其方法有两种：按职工类别分，可分为固定职工、合同制职工、临时工、计划外用工等；按人员职能分，可分为生产工人、学徒工、工程技术人员、管理人员、服务人员等。

运输企业定员的范围应该包括所有部门和岗位，即包括从事生产、技术、管理和服务工作的全部人员。其中与生产经营和职工生活无关的其他人员、临时性生产和工作所需的人员、不能独立定岗的学徒工等都不列入定员范围。定员工作包括确定企业总人数、各部门的人数、各岗位的人数、掌握各种技能的人员的人数，以及他们之间的比例关系。

(2)定员的确定方法

首先应合理确定直接生产人员的定员。因为他们是完成运输任务的基本力量。非直接生产人员则应从需要出发，按照节省人力的原则合理确定。确定定员的方法主要有以下几种：

凡是有劳动定额或工效标准的，均可根据产量(任务量)的大小进行定员。计算公式是：

$$定员人数 = \frac{计划期应完成的任务量}{计划期每人产量定额} \times (1 + 预备率)$$

或

$$定员人数 = \frac{计划期任务总量 \times 单位任务量工作定额}{计划期每人工时定额} \times (1 + 预备率)$$

预备率是指职工因病、因事或参加社会活动等所占用的时间比率，一般为5%～10%。预备率使基本计算数据适当扩大，所以又称扩大率。

根据工作岗位(或设备)的数量、每岗位人员配备标准及每日工作班次确定人员。计算公式是：

定员人数 = 岗位总数量 × 每岗位应配备人员数 × 每日班次 × (1 + 预备率)

运输企业中的卫生保健人员、炊事人员、某些辅助工人数，一般按运输企业职工总人数或某一类人员的总人数的某个比例计算，其公式是：

某类人员定员 = 职工人数(或有关职工人数) × 规定人员数的百分比

运输生产管理人员和工程技术人员可按生产人员的一定比例作为总的定员控制标准，这个比例一般控制在5%～15%之间。

2.运输业职工人数计划

运输业职工人数计划的任务是在挖掘运输行业劳动潜力的基础上，确定完成生产任务所需要的各类人员的数量和培训职工的数量。

(1)运输业职工人数计划的内容。根据运输生产任务和提高劳动生产率计划计算出的完成生产任务所需要的各类人员数量；将计划期内各类人员需要量同现有人员数量加以比较，找出计划期内需要调剂余缺的工种、技术等级和人数；确定各类人员比例和各工种需要培训的人员数量和培训的时间。

(2)运输业职工人数计划指标有：计划期末(年末)职工人数、计划期新增职工人数、计划期平均职工人数、计划期职工的补充需要量。

一般情况下，职工人数需要补有有两方面：一是企业扩大了生产规模，需要增员；二是由于退休、退职、伤残、死亡以及参军、上学、援外、辞退、开除等原因减员较多，需要补充。

(3)运输企业职工人数计划的编制。根据生产计划，按照先进合理的定员计算职工人数需要量，并计算待分配人员和学习、援外、借调、伤病在6个月以上的人员及准备调出的人员等的数量；将职工人数需要量和上级下达的控制指标进行比较，如果需要量超过限度，要进一步挖掘劳动潜力，重新计算需要量；编制劳动力平衡表，一般情况下，运输业职工人数计划都同实际情况有出入，因此，要通过劳动力平衡表进行余缺调剂。

8.2.3 运输企业工作分析

1. 工作分析的含义

又称岗位分析,或职务分析,是指获取并分析企业中某个特定工作岗位的相关信息,以便对该岗位的工作内容和任职资格等做出明确规定的过程。其直接成果是岗位说明书,它把所分析该岗位的职责、权限、工作内容、任职资格等信息以文字形式记录下来,以便管理人员使用。工作分析是现代人力资源管理的基础,只有在客观、准确的工作分析基础上才能进一步建立科学的招聘、培训、绩效考核及薪酬管理体系。

运输企业人力资源涉及的专业多、工种多、岗位多。生产工人岗位如运输企业货运员、客运员、调度员、港口人员、船员、工程人员、司机、理货工、装卸工等;工程技术人员岗位是指在运输生产中担任技术工作的人员的岗位;管理人员岗位是从事生产管理和经营管理的行政管理人员岗位;服务人员岗位是指从事警卫、消防、住宅管理和维修、生活福利等工作的人员以及后勤人员岗位。

运输企业工作分析的主要内容有:岗位名称分析、岗位任务分析、岗位职责分析、岗位关系分析、劳动环境与劳动强度分析及岗位要求(如对员工知识、技能、经验、身体条件、文化程度等方面的要求)分析等。

2. 工作分析的方法

(1)观察法。是一种传统的职务分析方法,指有关人员在工作现场,对一个或多个工作人员的操作进行观察,记录有关工作内容、与其他工作的关系、人与工作的关系以及工作环境和工作条件等信息。采用这种方法事先应做好充分准备,并取得工作者的配合。

(2)问卷调查法。是工作分析中最常用的一种方法,具体来说,由有关人员事先设计出一套职务分析的问卷,再由随后工作的员工来填写问卷,也可由工作分析人员填写,最后再将问卷加以归纳分析,做好详细的记录,并据此写出工作职务描述。

(3)面谈法。是一种应用最为广泛的职务分析方法。是指工作分析人员就某一职务或者职位面对面地询问任职者、主管、专家等人对工作的意见和看法。在一般情况下,应用访谈法时可以以标准化访谈格式记录,目的是便于控制访谈内容及对同一职务不同任职者的回答相互比较。

(4)工作日志法。又称工作写实法,指任职者按时间顺序详细记录自己的工作内容、程序、方法、权限、时间等信息,然后经过归纳、分析,达到工作分析的目的的一种方法。采用该方法时,为保证信息的完整与客观,工作日志记录必须持续一定时间。

3.岗位说明书的编制

岗位说明书是工作分析的成果。岗位说明书没有固定的格式，但一般应包括以下三方面基本内容：

岗位简介：岗位工作的名称、编号、所属单位、等级；

岗位规范：岗位的特征、主要工作责任范围、工作要求、与其他岗位的关系、使用的机器设备、工作环境；

任职条件：担任此岗位工作的人员应具备的基本条件，主要是受教育水平、经验、资历、年龄、性别、身体状况。

4.岗位说明书实例(见表8－1)。

表8－1　站务员岗位说明书

岗位名称	地铁车站站务员

岗位职责
1.站台、厅巡岗
(1)车站的道床清扫工作；
(2)自动扶梯、照明设施、屏蔽门、环控设备、FAS及消防设施、BAS、卷帘门、导向标志、乘客候车椅、广播、紧急停车按钮等设备、设施的巡视、简单故障处理及监控设备的维修情况；(厅巡)
(3)负责乘客引导及安全乘降；
(4)主动向需要帮助的乘客提供服务；(厅巡)
(5)监视乘客客流情况，巡查出入口、站厅和站台；(厅巡)
(6)负责站台站厅的安全防护，及时处理乘客突发事件。
(7)完成非正常情况下接发列车工作；
(8)根据行车值班员命令，做好夜间施工的监护工作；
(9)填写日常工作报表、日志。
2.票务岗
(1)正确操作AFC系统进行售检票工作；
(2)进行收集票款、收票及更换票盒、清点金额和张数等日常现金和票卡管理工作；
(3)处理坏票、补票及问询等乘客事务工作；
(4)填写日常票务工作报表、日志。

工作要求
(1)独立完成票务、厅巡、旅客引导和安全防护；
(2)配合值班站长和值班员处理突发事件；
(3)配合车站值班员完成非正常情况下接发列车工作；
(4)配合客运值班员完成AFC的日常使用和维护；
(5)大多数时间在地铁车站的站厅、站台工作；
(6)配备统一制服、服务牌和肩章、安全防护器具。

任职条件
中高职城市轨道交通运营管理专业毕业；身体健康；矫正视力不低于5.0,辨色力正常。组织纪律性强，能吃苦耐劳，思想品质良好，具有良好的沟通能力、团队协作意识，有较强的服务意识和细心的工作态度。

8.2.4 运输企业员工招聘

员工招聘是企业"获得"人力资源过程的具体实现,是企业按照人力资源计划和工作分析要求,将合格的人员招聘进企业,并安置在合适的岗位上的行为。

1. 员工招聘的途径

员工招聘的途径有两条:外部招聘和内部选拔。外部招聘就是组织根据制定的标准和程序,从组织外部选拔符合空缺职位要求的员工。内部选拔是指组织内部成员的能力和素质得到充分确认之后,填补组织中由于发展或其他原因而空缺了的职务。外部招聘与内部选拔的优缺点见表8-2所示。

表8-2 外部招聘与内部选拔的优缺点

招聘途径优缺点	外部招聘	内部选拔
优点	具备"外部竞争优势"; 有利于平息并缓和内部竞争者之间的紧张关系; 能够为组织输送新鲜血液	有利于调动员工的工作积极性; 有利于吸引外部人才; 有利于保证选聘工作的正确性; 有利于被聘者迅速开展工作
缺点	难以准确判断他们的实际工作能力; 容易造成对内部员工的打击; 费用高	易造成"近亲繁殖"; 在组织内部容易形成错综复杂的关系网; 内部备选对象范围窄

2. 员工招聘的程序

第一,制定并落实招聘计划。当运输企业中出现需要填补的工作职位时,有必要根据职位的类型、数量、时间等要求确定招聘计划,同时成立相应的选聘工作委员会或小组。选聘工作机构要以相应的方式,通过适当的媒介,公布待聘职务的数量、类型以及对候选人的具体要求等信息,向企业内外公开"招聘",鼓励那些符合条件的候选人积极应聘。

第二,对应聘者进行初选。当应聘者数量很多时,选聘小组需要对每一位应聘者进行初步筛选。内部候选人的初选可以根据以往的人事考评记录来进行;对外部应聘者则需要通过简短的初步面谈,尽可能多地了解每个申请人的工作及其他情况,观察他们的兴趣、观点、见解、独创性等,及时排除那些明显不符合基本要求的人。

第三,对初选合格者进行知识与能力的考核。在初选的基础上,需要对余下的应聘者进行材料审查和背景调查,并在确认之后进行细致的测试与评估,其方式主要有:智力与知识测试、竞聘演讲与答辩、案例分析与候选人实际能力考核等。

第四，选定录用员工。在上述各项工作完成的基础上，需要利用加权的方法，算出每个候选人知识、智力和能力的综合得分，并根据待聘职务的类型和具体要求决定取舍。对于决定录用的人员，应考虑由用人部门再一次进行亲自面试，并根据工作的实际与聘用者再作一次双向选择，最后决定。

第五，评价和反馈招聘效果。最后要对整个选聘工作的程序进行全面的检查和评价，并且对录用的员工进行追踪分析，通过对他们的评价检查原有招聘工作的成效，总结招聘过程中的经验与教训，及时反馈到招聘部门，以便改进和修正。

8.2.5 运输企业员工培训与开发

员工培训与开发是一个为组织员工灌输组织文化、道德，提供思路、理念、信息和技能，帮助他们提高素质和能力，提高工作效率，发挥内在潜力的过程。

1. 企业员工培训与开发的意义

做好企业员工培训与开发工作，对企业、员工都有极其重要的意义。首先，从企业发展角度来看，运输业是一个资本密集型和技术密集型紧密结合的产业。在运输生产过程中，通过不断的培训与开发可以向员工传授新技能、新方法、新思路，使员工适应科学技术和不断发展变化的运输市场；并且通过培训开发来强化企业文化，使员工明确企业的发展战略和目标，对企业有更高的认同感，增强企业的凝聚力。

其次，从员工职业生涯发展角度上来看，处于不同职业生涯发展阶段的员工，培训开发的侧重点也不同。对于新员工的培训，以企业理念、企业文化和岗位技能为主，目的是使员工尽快适应企业，进入工作角色；对于在职员工的培训，应结合各类员工的工作绩效，对其影响绩效实现的不足方面进行查遗补缺式培训，目的是提升其工作绩效，使员工的发展目标与企业的要求相一致。

2. 培训与开发的类型和方法

根据运输企业的经营特点和实际情况，对员工的培训与开发可具体分为以下五类：

(1)新员工导向培训。向新聘用员工介绍企业情况和企业文化，介绍工作任务和规章制度，使之认识必要的人，了解必要的事，尽快按组织要求安下心来开始上岗工作的一种培训。新员工入职培训以采用讲授法、视听法、情景模拟法等方法为主。

(2)员工岗前培训。包括新员工岗前培训——新员工导向培训，以及老员工工作变动，走上新岗位之前所接受的培训教育活动。

(3)员工岗上培训。企业围绕工作需要，对从事一定岗位工作的员工开展各种知识、技能和态度等形式的教育培训活动，为员工提供思路、信息和技能，帮助他们提高工作效率的各种培训活动。运输企业员工在岗培训可以按员工类别不同分为生产操作人员培训、工程技术人员培训、管理人员培训和后勤服务人员培训等。员工岗上培训的方法多种多样，例如除了常规的讲授法、视听法外，还有工作指导培训、远程教育、行为模仿、团队培训等方法。

（4）管理人员开发。主要对象是管理人员和一部分后备管理人员。通过研讨、交流、案例研究、角色扮演、行动学习等方法，使他们建立正确的管理心态，掌握必要的管理技能，学习和分享先进的管理知识和经验，进而胜任管理职责。

（5）员工职业生涯开发。是以企业所有成员（重点是企业中的关键人才和关键岗位的工作者）在企业中的职业发展为开发对象，通过各种教育、训练、资讯、激励与规划工作，帮助员工开展职业生涯规划与开发工作，使个人目标与企业目标结合起来，培育员工的事业心、责任感、忠诚感与献身精神。

8.2.6　运输企业员工绩效考核

员工绩效考核是指企业按照员工的岗位说明，对员工的工作业绩，包括工作行为和工作效果进行定期的考察与评估。绩效考核可以是管理者及时了解员工的情况，了解管理政策、工作标准和培训的有效性，帮助管理者及时调整管理政策、工作标准和培训内容，更好地指导员工，使他们进一步提高绩效。

1. 绩效考核的程序

员工的绩效考评过程一般可以分成以下若干阶段：第一阶段是建立绩效考评标准。建立绩效考评标准是企业的一项基础工作。绩效考评标准的确定也是以工作分析为基础，工作分析的结果决定了绩效考评的标准。第二、第三阶段分别为确定绩效考评的内容和实施绩效考评。一般来说，员工绩效考评的内容主要侧重于工作实绩和行为表现两个方面，由有关人员对被考评员工的实际成绩和表现做客观的记录，并确定在不同的指标上的成绩水平。绩效考评的第四阶段是确定评语及改进措施。该阶段对被考评员工工作综合评定，确定最后的评价等级，并指出其优缺点和制定改进方案。

在运输企业中的员工定性定量的绩效考核指标有很多种，在这里主要介绍与运输生产有关的劳动定额指标和劳动生产率指标。

2. 运输企业员工劳动定额指标的制定

运输企业为了正确贯彻按劳分配的原则，合理地组织工资和奖励，必须对职工进行全面考核。在生产过程中，劳动定额完成程度的好坏，集中反映了工人的技术水平、劳动态度和实际贡献。因此，无论实行何种报酬制度（计时工资或计件工资），都必须以劳动定额作为工人的主要考核标准。

劳动定额是指在一定的生产和技术条件下，生产合格的单位产品或工作量应该消耗的劳动量（一般用劳动或工作时间来表示）标准或在单位时间内生产产品或完成工作量的标准。如果没有劳动定额，工资和奖励缺乏必要的科学依据，企业就难以对工人的劳动绩效做出准确的评价。劳动定额与劳动报酬之间具有非常密切的联系。这种联系越密切，越能更好地贯彻按劳分配原则，促进劳动者从物质利益上关心生产的发展，从而推动劳动生产率的提高。

（1）劳动定额的表现形式。定额的表现形式主要有四种：以时间表示的工时定额，即规定生产单位合格产品或完成某项工作所必须消耗的时间；以产量表示的产量定额，即在单位时间内应完成合格产品的数量；以看管机器设备的数量表示的看管定额，即在单位时间内一个工人或一组工人同时看管机器设备的台数；以服务量表示的服务定额。即规定在单位时间内应完成服务项目的数量。

（2）劳动定额的制定方法。劳动定额制定的基本原理是泰勒的科学管理原理。定额水平是对劳动者的劳动量大小的要求，也是企业的技术水平、管理水平等方面的综合反映，它是定额工作的核心。定额水平过高，职工经过努力达不到，不仅会挫伤积极性，也会对职工身心健康产生不利影响，最终定额难以贯彻；定额水平过低，职工不经过努力就轻而易举地超额，对生产也没有促进作用，导致人力资源绩效低下。为了制定先进合理的定额，要选择恰当的制定定额的方法。常用的定额方法有：

第一种：经验估工法。经验估工法是由定额员（必要时可以有技术人员、老工人参加），依照产品图纸和工艺技术要求，并考虑生产现场使用的设备、工艺装备、原材料及其他生产条件，根据过去的实践经验，对产品劳动量进行估工的一种方法。

第二种：统计分析法。统计分析法是根据过去生产同类产品或零件工序的实耗工时或产量的原始记录和统计资料，经过整理和分析，考虑以后企业生产技术组织条件的变化来制定或修订定额的方法。

例如，维修厂修理机车零部件，有 8 名工人分别完成同一道工序，其单件实耗工时分别为 10，12，14，15，18，23，25，27min，根据上述资料求出平均单件实耗工时。）然后将大于平均数的单耗工时删除，求出二次平均数，即平均先进的数值：

$$每人平均单件实耗工时 = \frac{耗用工时总数}{工人总数}$$

即　　$$\overline{X} = \frac{10+12+14+15+18+23+25+27}{8} = 18(min/件)$$

企业在制定修订定额时，可根据所得到的结果，参考其他各种因素的变动情况以及生产技术组织条件可能改善的程度，最后确定出新定额。在已知数据较多的情况下，还可以采用分组方法求出平均先进值。

第三种：类推比较法。类推比较法是以现有同类型产品的零件或工序的定额为依据，经过分析、比较，推算出另一种产品、零件和工序的定额方法。

第四种：技术定额法。技术定额法是通过对生产技术组织条件的分析，在挖掘生产潜力以及操作合理化的基础上，采用分析计算或实地测定来制定定额的方法。它是一种比较先进和科学的方法。技术定额法的步骤是：分解工序—分析设备状况—分析生产组织与劳动组织—现场观察和分析计算。

不论在国外还是在国内，上述几种方法都反映了定额制定由粗到精、由低级到高级的发展过程。由于企业生产类型不同，生产技术条件不同，加工制作产品的复杂程度和加工工艺不同，以上几种方法又各有其不同的适应范围和条件，在不同的企业或在同一个企业中，可同时被采用。

（3）制定劳动定额的基本要求

制定先进合理的劳动定额，要符合"快、准、全"的要求。

在制定的时间上要求"快"，即能够及时满足生产和管理上的需要。

在制定的质量上要求"准"，即制定的劳动定额要符合先进合理的原则，同时要在不同的车间、工种和工序之间保持水平的均衡，防止高低不一。

在制定的范围上要求"全"，即凡是需要和可能制定劳动定额的工种和项目，都要有定额，即使是临时性的工作，也要尽可能制定定额。

在"快"、"准"、"全"三个方面，"准"是关键，如果定额准确性差，那么制定得再快、再全，也发挥不了定额的积极作用。因此，制定定额时，要注意提高定额的质量，以满足生产和管理的需要。

3.运输企业劳动生产率指标

劳动生产率是在一定时间内生产出来的有用产品（或完成工作）的数量与相应的劳动消耗量之间的比率。

（1）运输企业劳动生产率指标分类

按人员范围的不同，劳动生产率可以分为全员劳动生产率、全部工人劳动生产率、运输人员和运营人员劳动生产率等。不同的指标，作用与意义也不一样。全员劳动生产率反映定员计划落实的情况、非生产人员比重的影响、经营管理状况等。单独计算工人劳动生产率与运营人员劳动生产率，可以反映直接从事运输生产人员的生产效率，并消除在人员范围上不一致的因素，对本单位，它也是分析全员劳动生产率发生变化的一个重要依据。

另外，根据时间范围的不同，可以分为年度、季度、月度、工日，甚至小时劳动生产率。小时劳动生产率是指以每小时内纯工作时间所占比率，表示的劳动效率，常在分析新技术新工艺时使用。与劳动产量定额类似，计算工日劳动生产率时，还要包括工作日内部中断时间，如部分停工、工作开始与结束时间及工人是否迟到、早退等因素，反映工作日利用情况。计算月度、年度的劳动生产率时，不仅有工时、工日的利用情况，还包括节假日、全日停工、工人整日缺勤等劳动力使用情况等因素的影响。

从劳动角度分析，运输企业运量的增长变化主要有两方面原因：一是增加劳动力数量，二是提高劳动生产率。因此必须先分析劳动力数量变化对产量的影响，再分析劳动生产率变化的影响。如某运输企业人员数量、劳动生产率及换算周转量情况如表8-3所示。

表8-3　某运输企业职工人数、劳动生产率及换算周转量情况

项目	计划	实际	实际相当于计划的百分数(%)
运输职工人数(单位：人)	10000	10500	105.0
换算周转量(单位：万换算吨公里)	600000	672000	112.0
劳动生产率(单位：万换算吨公里/人)	60	64	106.7

由表中的资料看出，该企业换算周转量实际比计划增加12%，这是由于职工人数及生产率变化的结果。职工人数变化的影响(M)，可以通过计划职工人数(m)、实际职工人数(m')及计划劳动生产率(R)确定。

$$M = (m' - m)R$$
$$= (10500 - 10000) \times 60$$
$$= 30000(万 t \cdot km)$$

由于劳动生产率变化对完成运量的影响(E)，可以通过计划及实际劳动生产率(R、R')及实际职工人数(m')计算。

$$E = (R' - R)m'$$
$$= (64 - 60) \times 10500$$
$$= 42000(万 t \cdot km)$$

$$42000 + 30000 = 72000(万 t \cdot km)$$

该企业运量增加72000万 t · km，其中42%是由于增加人员，58%是由于提高了劳动生产率。对于劳动生产率动态，可以从人员构成的变化，运量增长的情况，运输类别构成的变化新技术设备的采用等方面作一些补充分析计算。

（2）影响运输业劳动生产率指标的因素。运输企业劳动生产率的水平受很多因素的影响，包括与经济体制有关的因素、与产品特点和构成有关的因素以及与技术和组织有关的因素等。

首先，在社会主义市场经济条件下，职工的生产积极性是提高劳动生产率的首要因素。

其次，产品的构成特点也是影响劳动生产率的重要因素。在换算周转量中，各种货物所占比重是不同的；不同企业和同一企业的不同时期也不一样；有的货

物要占用较多人力，如果这种货物比重大，会使劳动生产率偏低，反之偏高。

第三，各企业所处的地理环境，对劳动生产率也有不同影响。如有的企业要完成生产任务，必须防风、沙、雨、雪，抗高温、严寒，这些都要占用更多人力，但产量并不见得增加。

第四，技术设备的数量增加与质量提高，有利于减轻职工的劳动强度，提高劳动生产率。如使用大型车辆及装卸机械可以替代部分劳动，或提高劳动生产率。

第五，合理的生产组织和劳动组织。采用新的生产工艺，改进经营管理，开展劳动定额定员工作，在明确分工的基础上建立责任制，开展劳动竞赛，充分利用设备，提高劳动生产率。

第六，提高职工文化技术水平。在现代化生产中，新技术与新工艺的采用要求职工有更高的文化技术水平。

第七，贯彻"按劳分配"原则。把广大职工的劳动成果与集体和个人物质利益联系起来，才能更好地调动广大职工的生产积极性。

另外，影响劳动生产率的因素从人力资源角度来分析，还有员工的缺勤率和离职率、员工工作生活质量、管理者提高对劳动生产率的认识等，在做绩效考核数据分析时要统一考虑进去。

8.2.7 运输企业的薪酬管理

薪酬管理是指一个企业针对所有员工所提供的服务来确定他们应当得到的报酬总额以及报酬结构和报酬形式的一个过程。

1. 运输企业薪酬的基本形式

运输企业的总薪酬包括以现金支付的工资和间接以货币支付的福利两个部分，有基本工资、绩效工资、奖金、津贴和福利等。

(1)基本工资，是运输企业为员工所承担或完成的工作，而定期支付的固定数额的基本现金薪酬，它的常见形式为月工资、日工资、小时工资和班工资。

月工资是根据劳动者的月标准工资来计算工资。企业职工全月满勤，即按月标准工资的金额支付工资；缺勤或加班加点时，则以月标准工资为基础计算出日工资或小时工资，再按缺勤或加班加点的日数或小时数相应减发或加发工资。

日工资是根据劳动者的日标准工资和实际工作日数来计算工资。日标准工资的计算方法有以下几种：

$$日标准工资 = \frac{月标准工资}{全年平均月标准工作天数}$$

$$日标准工资 = \frac{月标准工资}{全年平均月日历天数}$$

$$日标准工资 = \frac{月标准工资}{当月标准天数（即当月日历天数 - 法定、公休日数）}$$

$$日标准工资 = \frac{月标准工资}{当月日历天数}$$

小时工资是根据劳动者的小时标准工资和实际工作的小时数来计算工资，即当月应得工资等于当月实际工作小时数与小时标准工资的乘积。

小时标准工资有以下两种计算方法：

$$小时标准工资 = \frac{月标准工资}{全年平均月标准工作小时数}$$

$$小时标准工资 = \frac{月标准工资}{当月标准工作小时数}$$

班工资是根据劳动者的班标准工资和当月实际工作班次数来计算工资。按此办法，计算公式如下：

$$当月应得工资 = 当月实际工作班次数 \times 班标准工资$$

$$班标准工资 = \frac{月标准工资}{当月按轮班作息时间表应工作的班次数}$$

（2）绩效工资，是运输企业出于对员工已经取得的成就和过去工作行为的认可，在其原有基本工资之外另行增加的定期支付的固定数额的现金薪酬。绩效工资与员工在组织中的长期表现和努力成果相联系，是一种增加员工稳定收入部分，不会带来收入风险的薪酬形式，它有利于"稳住人"，调动员工长期工作的积极性。例如：职务工资、工龄工资都属于绩效工资范畴。

（3）奖金，是对劳动者的超额劳动所支付的报酬。实际上，同工种、同等级的职工在同一时期内，由于各自发挥主观能动性的程度不同，他们实际付出的劳动量和所得到的劳动成果是不同的。这种超过平均劳动量的超额劳动量，只有通过奖金这种分配形式来加以体现。

奖金的种类和形式是多种多样的，通常有以下几种：

生产奖。这是一种经常性的奖金形式，也是职工的主要奖金形式。它的奖励条件均是生产上的主要指标，而且适用面较广。生产奖按计算方法不同，又可分为综合指标奖和单项指标奖。单项指标奖按其所要达到的目的，又可分为超额奖、质量奖、安全奖、增收奖和节约奖等。

劳动竞赛奖。这是对在劳动竞赛中获得优异成绩的单位、车间、班组、个人，除给予荣誉奖外，并给予奖金。

一次性奖。这种奖区别于经常性的生产奖，是不定期的，事先也没有规定具体的奖励办法，而是根据《企业职工奖惩条例》的规定，对那些在生产、工作和保卫国家资财、同坏人坏事作斗争等方面成绩显著、事迹突出的人员给予荣誉奖和物质奖。

（4）津贴，是补偿职工在特殊劳动条件和工作环境下，额外或特殊的劳动消耗和生活费用的额外支出的劳动报酬或补助，是一种辅助工资形式。目前，津贴名目很多，有些是国家制定的，有些是部门、行业制定的，有些是企业自行制定的。大体上可归纳为以下几类：

岗位性津贴是指为了补偿职工在某些特殊劳动条件下劳动的额外消耗而建立的津贴，例如高温津贴、岗位津贴、工班长津贴等。

地区性津贴是指为了补偿职工在某些特殊的地理自然条件下劳动和生活的额外支出而建立的津贴，例如地区生活费补偿、高寒山区津贴、海岛津贴等。

保证生活性津贴是指为了保障职工实际收入和补偿职工生活费用额外支出而建立的津贴，例如副食品价格补贴、肉价补贴、粮价补贴等。

保健性津贴是指为了维护在有毒有害岗位上工作的职工身体健康，增加营养，提高抵抗职业性毒害的能力而建立的津贴，例如保健津贴、医疗卫生津贴。

福利性津贴是指为了照顾部分职工在生活上的特殊开支，减轻其个人经济负担而建立的津贴，例如交通费补贴、房租补贴、回民伙食补贴等。

（5）福利，是指运输企业为员工提供的除金钱之外的各种物质待遇，它多以保险、服务、休假、实物等灵活多样的形式支付，主要包括法定员工保险（医疗保险、失业保险、养老保险、工伤保险、生育保险等）、休假（带薪节假日等）、服务（员工个人及家庭享受餐饮、托儿、培训、咨询等服务）等。福利主要费用是由企业支付，有时也需要员工个人承担一些项目的部分费用。

2. 薪酬分配的基本原则

（1）公平性原则。这是薪酬系统建立和运行的最主要原则，主要体现在外部公平、内部公平和个人公平上。外部公平是指组织间同等职位薪酬水平比较的公平性问题；内部公平是指组织内部不同职位或技能之间薪酬水平比较公平性问题；个人公平是指组织内同样工作岗位的员工，由于他们的工作成绩、技能、资历等贡献存在差异，所分配的报酬也应当有所差异的公平性问题。

（2）竞争性原则。即本组织的薪酬水平或标准在社会上和人才市场中要有竞争力，能够吸引和留住所需人才，特别是在一些关键人才、稀缺人才或岗位的薪酬标准上应当等于或高于市场平均水平和竞争对手的水平。

（3）激励性原则。报酬系统应把短期激励和长期激励、外在激励和内在激励结合起来设计和实施，保持薪酬对员工的激励作用，提高员工工作的积极性和能动性。

（4）经济性原则。即薪酬支出应当进行成本控制，必须在组织成本或组织财力许可的范围内设计和执行薪酬制度。在贯彻这一原则时注意：人力成本对组织的总成本的影响与行业性质和成本构成有关；另外，考察人力成本不仅要看薪酬高低，还要看员工的产出水平。

（5）合法性原则。薪酬制度和分配必须符合所在国、所在地的法律法规，尤其是要遵守有关劳动工资立法和调控企业薪酬时间方面法规，做到依法行事。

（6）平衡性原则。报酬体系的经济报酬与非经济报酬、直接货币报酬与非直接货币报酬、基本工资、奖金、福利等各个方面应该统筹兼顾，动态平衡，力争使有限的资产产生更大的合力，满足员工的多种需要，满足报酬的各项功能要求。

8.3 运输企业文化建设

企业人力资源管理的终极目标就是优化企业中员工的结构，使之最大效率地服务于企业。但企业管理员工行为是有条件的，这些条件制约着什么样的人才适合聘用到企业中，对企业产生最大的效益；企业又可以根据自身发展的需要教育和培训什么样的人才为企业服务。就在这样的企业文化背景下的人，一个个拥有共同认同感、共同价值观念和行为标准的企业员工，为企业文化的积累和发展提供了载体和源源不断的动力。

8.3.1 运输企业文化的内涵

运输企业文化是运输企业员工在从事运输生产和经营中所共同持有的理想信念、价值观念和行为准则，是外显于运输企业形象、内隐于人们心中的、以价值观为核心的一种意识形态。

企业文化的以上定义说明了运输企业文化是观念形态文化、制度形态文化和物质形态文化的复合体，但其核心是观念文化。也就是说，从本质上讲，运输企业文化归根结底是一种意识形态，是运输企业全体员工在从事运输生产和经营过程中形成的意识形态。虽然从企业文化的构成看，它既包括内隐部分，也包括外显部分，但后者是前者的载体和具体表现。如运输企业文化中的产品并不是指企业产品的本身，而是指产品的特色；技术也不是指技术本身，而是指人们创造和运用该技术过程中的观念、态度、精神等。总之，运输企业文化的外显部分，是指从企业的物质形态中折射出来的企业的生产经营特色、管理特色。

8.3.2 运输企业文化的构成

运输企业文化和其他企业文化一样，其构成可以分为 3 个层次：深层的企业文化（观念层文化）、中层的企业文化（制度层文化）和表层的企业文化（物质层文化）。

1. 深层的企业文化

深层的企业文化也叫企业文化的观念层，它不是人们能直接体察到的，而是渗透于企业全体成员思想和心灵中的意识形态。关于企业深层文化的内容，理论界的看法各不相同，实践中企业深层文化的建设也各具特色。但一般说来，企业深层文化包括企业最高目标、企业精神、经营管理风格、企业风气和企业道德几方面。它是交通运输企业文化建设的智力支柱和精神食粮，它直接影响和决定着运输企业文化的风格和品位。

（1）企业最高目标。它反映了企业全体成员的最高理想和追求，也是企业文化建设的出发点和归宿。崇高而又符合客观条件的目标可以为企业的发展指明发展的方向，可以激发职工的积极性和创造性。例如，某出租汽车公司将自己的最高目标表述为"以人为本，开拓创新，科学管理，追求卓越"。其内涵是：将以人为本落到实处，企业内部以广大员工为本，服务社会以乘客为本，实现企业的持续健康稳定发展。这是该企业向世人的庄重宣言，它指明了该企业发展的总体目标，深刻体现了该企业全体员工的崇高精神境界。这一企业发展最高目标一旦为广大员工理解和接受.就会激发出巨大的精神力量，鼓舞和鞭策员工为实现崇高、美好的追求而努力奋斗。

（2）企业精神。它是企业全体成员所共同信守的基本信念和思想境界。企业精神不是凭空产生的，而是对企业原有的观念意识、行为方式中的积极因素加以提炼、整合、提升形成的。例如，北京市公交集团的李素丽精神，就凸现了市场经济条件下，公共交通运输企业在弘扬为人民服务精神、坚持集体主义价值导向的可能性与重要性，最终成为全体公交系统员工所追求的思想境界和共同坚守的基本信念。

（3）经营管理风格。它是企业为实现目标在整个经营管理活动中坚持的基本信念，是企业领导者对企业经营方针、管理风格的哲学思考和抽象概括。企业经营管理风格的形成离不开企业客观的内外条件，但与最高领导者的价值观、知识水平、工作作风、经验有着密切关系。例如某运输企业的经营理念是"追求最佳业绩，追求最佳效能，追求最佳服务"，其内涵是将"最佳"作为企业和员工永远追求的目标；其管理理念是"服务中管理，管理中服务"，其内涵是将管理与服务融为一体，相互促进。就是这些企业各具特色的经营管理风格的高度概括，同时也体现着这些企业的领导者对于如何才能办好企业的深层思考与经验总结。

除以上三个方面之外，企业的深层文化还包括企业风气和企业道德。企业风气是指企业职工在长期的生产经营活动中和共同的工作生活中，所形成的一种精神状态和精神风貌。而企业道德则是调整企业内部人与人之间、各部门之间、个人与企业之间，以及企业与社会之间关系的准则和规范。企业风气和道德包括两层含义：一方面，从一般意义上讲，企业都必须提倡符合社会道德规范的良好风气；另一方面企业还必须形成自身有别于其他企业、独具特色的风气和道德。

2. 中层的企业文化

中层的企业文化也叫企业文化的制度层或制度文化。它主要指企业文化中对企业职工和企业组织行为产生规范性、约束性影响的部分，在运输企业具体体现为运输部门的组织纪律、规章制度、行为规范和管理机制等，对运输企业文化起到调控和制约的作用。

制度层文化的内容一般包括三个方面：一是一般制度，即所有企业都有的、带有普遍性的规章制度，如经理负责制、岗位责任制、职代会制、法人治理结构等。二是特殊制度，指企业所特有的、区别于其他企业的规章制度，如有的企业制定的职工民主评议干部的制度、庆功会制度、企业高层干部定期走访重要客户的制度等，一个企业的特殊制度更能反映企业的管理风格和文化特色。三是企业风俗，这是企业长期沿用、约定俗成的典礼、仪式、行为习惯、节日活动等，如企业的书画比赛、体育比赛、集体婚礼、升旗仪式、厂庆活动等。

3. 表层的企业文化

表层的企业文化也叫企业文化的物质层或物质文化。这是企业文化的外显部分，指的是那些可以通过感觉器官就能直接体察到的视之有形、闻之有声、触之有觉的文化形象，主要包括：①企业标志、标准色、标准字。②厂容厂貌，包括企业的自然环境、建筑风格、车间与办公室的布置、厂区绿化美化情况。③产品的特色、造型、包装、品牌设计。④厂服、厂歌、厂徽、厂旗。⑤企业的文化、体育、生活设施。⑥企业的公关礼品和纪念品。⑦企业的宣传媒体和沟通方式，如网络、广播电台、闭路电视、报纸、杂志、广告牌、宣传栏，等等。

在表层文化中，企业标志、标准色、标准字、产品品牌设计，以及厂服、厂歌、厂徽、厂旗等内容比较稳定，它们是一个企业形象的重要识别标志。而企业表层文化的其他部分，如厂风厂貌、文体设施、宣传媒体等则随企业的发展和技术的进步，表现为较大的灵活性。

8.3.3 运输企业文化建设行业特点

企业文化主要是人本文化，企业文化建设是围绕"人"这个主体展开的。然而，企业文化不同于社会文化。社会文化多数情况下是自然形成的，与自然环境、统治政策有密切关系。企业文化是有意为之，为了更好地达成企业战略目标而有意设计、维持的价值体系。

在交通运输企业文化建设方面，对外突出一个"文明管理文明人、文明服务文明行"的主题，以浓厚的文明氛围为客户提供运输服务，影响和引导客户文明消费行为；对内最大限度地丰富员工的文化生活，经常开展健康有益的文化娱乐活动，为员工营造健康成长和全面发展的心理环境，为企业营造一个有利于企业战略的文化氛围。所以运输企业文化建设离不开运输企业的行业特点。

1. 安全意识是运输企业文化建设的基础

无论是旅客运输还是货物运输，安全是一切其他指标的前提。运输企业文化建设必须以培养和营造一种强烈的安全文化的氛围和高度员工高度安全责任感为目标。

在企业文化建设中,着重培育科学的安全价值观和安全生产理念,激发员工安全生产工作热情,增强安全生产责任感;用安全哲学辩证处理安全与生产、安全与改革、安全与经济效益、安全与社会效益的关系;用珍惜自己和他人的生命安全理念指导生产与管理,把安全生产摆在前提位置;提高安全生产与管理的技能,用正确安全价值观对事故突发瞬间自己行为进行调整和约束,保护生命财产,减少财产损失。通过创建企业安全文化达到提高全员的安全素质,促进实现安全行车的目标。

2.吃苦精神是运输企业文化建设的支柱

运输行业的工种多艰苦,主要连续服务时间长、工作岗位地理上高度分散并远离城市、野外作业岗位多。

运输业是服务行业,不能按照标准的8 h工作制上下班。很多岗位,如铁路运输、长途公路运输、国际长途航空运输、长途水运与大型港口,必须提供24 h服务,或者至少是单班连续超过8 h的服务。如果是与旅客运输相关的岗位,越是节假日越要加班。运输业是网络型行业,如铁路线大部分是远离城市的地区,铁路需要养护、边远车站需要运营,在那些地方工作的员工,生活不如城市多彩,也有诸多不便,如果不能培养员工耐得住寂寞的奉献精神,是没办法留住人才的。运输行业还有很多露天作业岗位,无论多么恶劣的天气,都必须保障交通的畅通,也需要克服很多困难。

3.自律能力是运输企业文化的体现

制造业企业多数情况下是集中、室内作业,这为质量控制提供了便利。运输企业的生产岗位很多都是分散在很大地理范围之内,而且是独立作业的岗位比较多。比如铁路列车司机、长途卡车司机、仓库保管员等工种等。这些工种的共同特点是与相邻岗位距离远,没有互相监督的机会,上级也不能随时检查,如果不能在企业员工中培养严格的自律意识与能力,操作章程很难严格执行,导致产生侥幸心理,最终事故难免产生。

4.服务意识与运输企业文化建设

交通运输业是服务业。我国交通运输业正经历从交通能力严重到结构性短缺与适量宽松过渡中,运输企业文化建设的一个重点难点问题是转变员工的思想观念,加强服务意识。由于市场竞争加剧,旅客的旅行时间价值越来越高、市场有品牌竞争转向供应链之间的竞争,货运服务在供应链的协调过程中起中枢作用。因此,运输若想取得市场竞争优势,必须能够满足货主提出的快速、准时、便利、便宜等要求,一切以满足顾客的需求为工作指南。

企业文化是通过一系列企业内部管理制度、领导行为塑造的。建设凸显行业特点的运输企业文化，要从制度上提倡创新精神，鼓励积极进取、奋斗开拓的拼搏精神，建立符合企业发展需要的行为方式和行动准则，形成企业不同特色的经济发展模式和企业文化。用工制度上，改变"终身制、铁饭碗、大锅饭"，"干与不干一个样"、"干多干少一个样"的现象，使雇佣关系明朗化，但单纯、简单的雇佣关系无法激起人们的工作热情，很难让员工产生敬业精神。塑造现代运输企业文化，要克服赤裸的、单纯的雇佣关系，不断培养员工的敬业和主人翁精神，使员工"爱岗、爱企业"，最大限度地发挥自身的能量。

复习思考题

1. 什么是人力资源？人力资源的基本特征是什么？
2. 人力资源管理的内涵是什么？人力资源管理的内容有哪些方面？
3. 人力资源管理与人事管理有哪些区别？
4. 运输企业确定定员的方法有几种？
5. 简述运输企业工作分析的方法。
6. 岗位说明书包括哪几方面内容？
7. 简述外部招聘和内部选拔的优缺点。
8. 试述员工培训与开发的类型和方法。
9. 简答劳动定额的表现形式和制定方法。
10. 影响运输劳动生产率指标的因素有哪些？
11. 运输企业薪酬的基本形式有哪些？
12. 简述运输企业文化的内涵和构成。
13. 运输企业文化建设行业特点有哪些？
14. 案例分析：

骏达交通运输有限公司是一家有着50多年历史的老交通运输企业，2006年改制成为民营运输企业。几十年来企业一直十分重视并大力进行企业文化建设，初步形成了以"以人为本、安全文明、服务地方经济、创造社会效益"为主要特征的企业文化。其企业文化的目标为：确立公司最高目标和宗旨，形成公司全员共同遵守和坚持的价值观；建设优美的环境；改善公司的行为规范和规章制度；争创公司员工队伍优良作风，展现员工队伍崭新的精神风貌；形成公司的生产经营理念，包括企业的战略观念、竞争观念、效益观念、安全观念、创新意识、风险意识和科学管理观念等；塑造企业的精神与形象。

一是公司形象塑造。公司利用报纸、网路、电视传媒宣传公司形象，制作光盘作为公司简介；利用节日向司机赠送各种卡片；积极开展各种公关活动，树立公司形象，积极宣传公司业绩。二是人的形象塑造。公司坚持"以人为本"的管理，树立起"提高经济效益的关键是人，展现公司形象的关键是员工"的观念。员工上岗前必须经过严格、系统的培训，无论是岗位技能还是礼仪等都经过考核合格才能上岗。三是工作形象塑造。"爱岗敬业"是公司每员工的基本行为准则。每个员工必须自觉完成分内工作，"做不完、做不好不下岗"，并且分工明确、协助配合、积极主动地配合其他部门的工作；坚持文明服务，要求微笑发自内心，文明用语要亲切。四是环境形象塑造。爱护环境保护环境，让每一条线路都成为环境形象大使。

问题：①试分析骏达交通运输有限公司的企业文化构成。
②你从骏达交通运输有限公司的企业文化建设中获得了哪些启示？

第9章 运输企业质量管理

9.1 质量管理概述

9.1.1 质量及产品质量的概念

1. 质量

根据我国国家标准（GB/T19000 – ISO9000：2100），质量的定义是"一组固有特性满足要求的程度"。具体说明如下：定义中"固有的"（其反义词是赋予的）就是指在某事或某物中本来就有的，尤其是那种永久的特性。定义中的"特性"是指可区分的特征，包括各种类别的特征，如：物理的、感官的、行为的、时间的、人体工效的、功能的。特性可以是定性的或定量的。定义中的"要求"是指明示的、通常隐含的或必须履行的需求或期望。通常隐含是指组织，顾客或其他相关方的惯例或一般做法，所考虑的需求或期望是不言而喻的。术语"质量"可使用形容词如差、好或优秀来修饰。

综上所述，质量的定义也可表述为"一组固有可区分的特征满足明示的、通常隐含的或必须履行的需求或期望的程度"。

2. 产品质量

产品是"过程的结果"（GB/T19000 – ISO9000：2100），而过程是"一组将输入转化为输出的相互关联或相互作用的活动"。产品包括服务、硬件、流程性材料、软件或它们的组合。产品分为有形产品和无形产品。有形产品是经过加工的成品、半成品、零部件。如设备、预制构件、建筑工程、市政设施等；无形产品包括各种形式的服务，如邮政、运输、商贸、维修等。

产品质量是指产品满足人们在生产及生活中所需的使用价值及其属性，它们体现为产品的内在和外现的各种质量指标。根据质量的定义，可以从两方面理解产品质量：第一，产品质量好环和高低是根据产品所具备的质量特性能否满足人们需要及满足程度来衡量的。一般有形产品的质量特征主要包括：性能、寿命、可靠性、安全性、经济性等。无形产品特性强调及时、准确、圆满与友好等。第二，产品质量具有相对性，即：一方面，对有关产品所规定的要求及标准、规定等因时而异，会随时间、条件而变化；另一方面，满足期望的程度由于用户需求程度不同，因人而异。

9.1.2　质量管理及相关概念

1．质量管理

质量管理是确定质量方针、目标和职责之前在质量体系中通过诸如质量策划、质量控制、质量保证和质量改进而实施的全部管理职能的所有活动。

2．质量方针

质量方针是由组织的最高管理者正式颁布的该组织总的质量宗旨和质量方向。质量方针是企业总方针的一个组成部分，由最高管理者批准。

3．质量体系

质量体系是指为实施质量管理的组织机构、职责、程序、过程和资源。质量体系是为了达到质量目标而建立的综合体。为了履行合同和法令，或进行评价，可要求供方提供体系中要素的证明。

4．质量控制

质量控制是为了达到质量要求所采取的作业技术和活动。其目的在于监视一个过程并排除质量环上各阶段产生问题的原因，以取得经济效益。

在质量管理工作中质量控制已有特定的含义，为避免混淆，当涉及一项具体的质量控制或当涉及一个更广泛的概念时要注意使用限定词，避免产生歧义。例如："工序质量控制"、"公司范围的质量控制"。

5．质量保证

质量保证是指对某一产品或服务能满足规定的质量要求，提供适当信任所必需的全部有计划、有系统的活动。为了实现有效的质量保证，通常应对那些影响和规范正确性的要素进行评价。此外，还应对生产、安装、检验工作进行验证和审核。为取得对方的信任，可能还需要提供证据。

9.1.3　全面质量管理相关内容概述

1．全面质量管理的内涵

全面质量管理是指一个组织以质量为中心，以全员参与为基础，目的在于通过顾客满意和本组织所有成员及社会受益而达到长期成功的管理途径。

上述全面质量管理定义具体地讲就是企业以质量为中心，全体职工及有关部门积极参与，把专业技术、经营管理、数理统计和思想教育结合起来，建立起产品的研究、设计、生产(作业)、服务等产品质量形成全过程的质量体系，从而有效地利用人力、物力、财力、信息等资源，以最经济的手段生产出用户满意的产品，使企业及其全体成员以及社会均能受益，从而使企业获得成功和发展。

全面质量管理的核心是提高人的素质，增强质量意识，调动人的积极性，人人做好本职工作，通过抓好工作质量来保证和提高产品质量或服务质量。

全面质量管理并不等同于质量管理，它是质量管理的更高境界。质量管理只是作为组织所有管理职能之一，与其他管理职能并存。而全面质量管理则是将所有管理职能纳入质量管理的范畴，具体表现在：强调一个组织以质量为中心，否则不是全面质量管理；强调全员参与；强调全员的教育和培训；强调最高管理者的强有力和持续的领导；强调谋求长期的经济效益和社会效益。

全面质量管理与传统质量管理相比较，其特点是：

把过去的以事后检验和把关为主转变为以预防为主，即从管结果转变为管因素；

从过去的就事论事，分散管理转变为以系统的观点为指导进行全面的综合治理；

突出以质量为中心，围绕质量来开展企业的工作；

由单纯符合标准转变为满足用户需要；

强调不断改进过程质量，从而不断改进产品和服务质量。

2. 全面质量管理的基本思想

全面质量管理是按以下基本思想进行的：

（1）为用户服务

产品是为用户生产和提供的。产品只有受到用户的欢迎才能销售出去，并实现经济效益使生产者获得发展与成长。从经营的角度来看，企业必须牢固树立为用户服务的思想，做到急用户所急，想用户所想，才能永远占有市场。若只重视眼前利益，很快就会被顾客抛弃，所以诸如"用户第一"、"顾客总是对的"等口号并不只是为了宣传而提出的。它有真实的内涵：为用户服务意味着在产品开发设计时要充分考虑顾客的需要，这就要求前期的市场调查研究要能探明用户的真实意图；其次企业在制造过程中为用户制造出品质优良、价格低廉的各种产品；最后在数量交货时间、销售服务中尽量使顾客满意。

（2）从系统和全局出发

在全面质量管理中，对各项指标的协调，对各个过程的协调，对各种工作的协调，对各类人员的协调，都必须从整个系统和全局出发，进行综合性的考察和研究。在一些相互矛盾的要求中，寻求全局最优，而不是个体或局部最优。暂时利益服从长远利益。

（3）以预防为主

预防为主的思想是全面质量管理区别于传统质量管理的标志之一。好质量是设计、制造出来的，不是检查出来的。

（4）用数据说话

体现了按客观规律办事的科学态度，要改变过去那种凭经验、凭印象的做法。不以"大概"、"差不多"为出发点，而是提倡用数据说话。

（5）重视质量成本

提高产品质量水平，成本会相应增加，生产者若一味地不顾成本上升去提高质量，这样可能导致价格上升，市场面缩小，而影响经济效益，当然也不能为了节省成本而不惜降低产品质量，这样很快会失去顾客的信任。重视质量成本意味着要较好地处理质量与成本这对矛盾，为不同层次的消费者生产出适合其需要的产品。

（6）以人为本抓质量

在质量管理诸要素中，人是最活跃、最重要的因素。质量是人设计、制造出来的，一切指导思想的贯彻、落实和方法的应用，均得依靠人才能完成。

9.1.4 全面质量管理的工作程序

全面质量管理工作是按照科学的程序而运转的，其基本形式是 PDCA 管理循环。它通过计划（Plan）、实施（Do）、检查（Check）和处理（Action）四个阶段不断循环，把企业质量管理活动有机地联系起来。

PDCA 管理循环划分为四个阶段、八个步骤：

1. 四个阶段

质量管理的基本思想和工作方法是计划、实施、检查和处理四个阶段的循环，称为 PDCA 循环。

PDCA 循环是美国质量管理专家戴明（W. E. Deming）20 世纪 50 年代初提出来的，它是指提高工程质量和工作质量、改善企业经营管理工作的方法。因此也称 PDCA 循环为戴明循环，如图 9 - 1 所示。

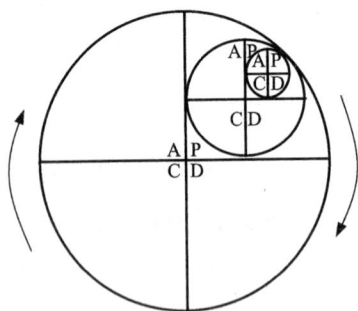

图 9 - 1　大环套小环戴明循环　　　　图 9 - 2　改进提高

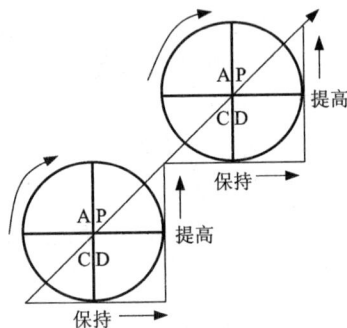

PDCA 循环使企业管理形象化。如果整个企业是一个大循环，各级、各部门都有各自的 PDCA 小循环。如图 9 - 1 所示，大环套小环。四个阶段，周而复始，循环一次，工作改进一步，这样实现螺旋式上升，如图 9 - 2 所示。在这四个阶段

中关键是要抓住 A 阶段，把成功的经验制定成技术或管理的标准、规范，防止以后再出现同样的缺陷、错误，而对遗留的问题则转入下一个循环加以解决。

2.八个步骤

PDCA 循环的四个阶段，可以进一步具体化为八个步骤：

(1)分析现状，找出存在的质量问题，确定方针和目标；

(2)分析这些问题的各种原因和影响因素；

(3)找出影响质量的主要因素；

(4)针对主要因素，制定措施，提出行动计划，并估计效果；

(5)执行措施或计划；

(6)调查、统计所采取措施的效果；

(7)总结经验，制订相应的标准或制度；

(8)提出尚未解决的问题，转入下一个循环。

以上步骤(1)~(4)是计划阶段，(5)、(6)分别是实施阶段和检查阶段，(7)和(8)是反馈处理阶段。PDCA 循环法能使管理工作更切合客观实际，且层次分明，有条不紊。

9.2　质量成本

成本永远是决定企业竞争力的一个关键因素。企业每花出去一分钱都应创造尽可能多的价值。所以质量成本关注的是如何提高企业质量管理工作和产品质量的经济性。从提高效益的角度出发质量成本研究的任务应具有以下几方面内容：建立识别质量经济性薄弱环节的工具；对质量成本的数据结构、来源以及发展趋势作出描述，分析并找出不经济的原因；进行费用－效益分析，对解决问题的多个方案进行评价。

9.2.1　质量成本的概念

质量成本是指为了确保和保证满意的质量而发生的费用以及没有达到满意的质量所造成的损失。国际标准化组织第 196 技术委员会在"9004—1 质量管理和质量保证体系要素——指南"第六节中，把质量成本作为质量体系要素之一，

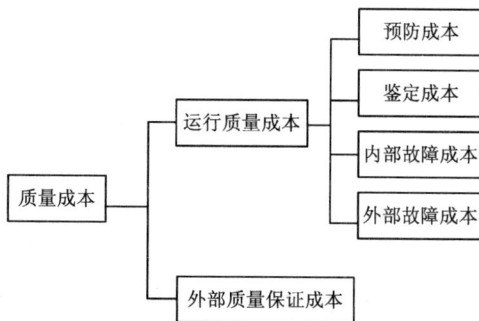

图 9-3　质量成本

指出质量成本分为运行质量成本和外部质量保证成本，如图 9-3 所示。

1. 运行质量成本

企业为达到和保证规定的质量水平所耗费的费用，包括：

预防成本：用于预防不合格品与故障所需的费用。

鉴定成本：评定产品是否具有规定的质量要求所需费用。

内部故障成本：交货前由于产品不满足规定质量要求所造成的损失。

外部故障成本：交货后由于产品不满足规定的质量要求所造成的损失。

2. 外部质量保证成本

应用户提供的有关证据的要求而作的演示和证明所发生的费用，它包括特殊的和附加的质量保证措施、程序、数据、证实实验、评定等的费用，最常见的 ISO 认证。

关于质量成本的内涵，美国质量管理协会主席哈林顿认为，质量成本应是"不良质量成本"，以避免人们误将质量成本理解为高质量产品需要的成本。他将不良质量成本定义为：使全体雇员每次都把工作做好的成本、鉴定产品是否可接受的成本和产品不符合公司和用户期望所引起的成本之和。

9.2.2 质量成本的内容与分析

企业对质量成本的研究，主要集中在运行质量成本，其中包括预防和鉴定成本、故障成本。这些成本与产品合格质量水平之间存在着一定的关系，把这种关系反映在二维平面上就是质量成本特性曲线，如图 9 - 4 所示。图中 C_1 表示预防和鉴定成本，随合格品率的增加而增加；C_2 表示故障成本，即不合格品产生的损失，它随合格品率的提高而减少；C 是 C_1、C_2 之和，表示质量成本；Q 表示合格产品单位质量成本达到最低点 M 时的合格品率。所以寻找 M 点附近的一个合理范围是企业质量成本研究与质量管理的目标。所以探求 M 点附近一个合理范围内是企业质量成本研究与质量管理的目标。

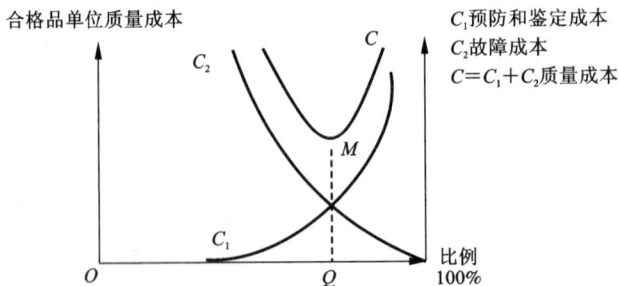

图 9 - 4　质量成本特性曲线

由于各企业的产品类型、规模、企业性质均有差异，质量成本的核算会计科目不可能完全相同，但质量成本的发生仍有一定共性。

1. 内部质量保证成本的内容

预防成本：质量工作费用、奖励费、产品评审费、改进措施费、工资及附加费。

鉴定成本：检测试验费、工资及附加费、办公费、检测设备折旧费。

不良品内部成本：废品损失、返工损失、停工损失、复检费用、故障分析处理费、产量损失、质量降级损失。

不良品外部损失：索赔费用、退货损失、保修费用、诉讼费、降价损失。

2. 外部质量保证成本的内容

提供证据费：按合同要求向用户提供质量保证计划、程序、数据等文件所发生的费用。

专项措施费：按合同要求制定和实施特殊的质量保证措施所发生的费用。

特殊实验费：按合同要求对产品进行附加的证实实验和评定所发生的费用。

质量体系认证费：为满足用户要求而进行质量体系认证所发生的费用。

3. 质量成本分析

质量成本的核算属管理会计范畴，核算项目由质量管理部门与财务部门共同确定，要做到明确定义费用范围，不重复、不遗漏，便于质量成本分析。质量成本分析应从以下两个方面着手：

成本总额目标控制情况分析、各成本项目的构成比例分析，为下一步提高工作质量找出方向。

不良品质量成本分析。由于预防成本、鉴定成本和外部质量保证成本的计划性强，所以揭示产品质量成本和质量管理工作薄弱环节的重点在于不良品质量成本。

在不良品质量成本分析中，最重要的莫过于按责任部门汇总成本，因为控制目标落实到部门既有利于责任部门加强自身的质量管理，又有利于总部对各责任部门进行监督和控制。其次是按产品分类进行汇总分析；结合具体产品的情况制定有针对性的改进措施。前者常用控制图来描述一个部门的质量成本，后者用得最多的方法是 ABC 法。

质量成本分析的结果常以质量成本报告的形式提供给企业管理者和有关责任部门作为制定质量政策、开展质量改进活动的依据。

质量成本报告是一份将计划期内质量成本发生金额的汇总数据、原因分析以及质量改进对策等汇集一体的书面文件。质量成本报告一般包括质量成本数据、质量成本分析和质量改进建议等三个部分。

9.2.3 质量成本控制

质量管理工作的最终目标是要控制质量成本，因此首先必须确定成本控制目标。质量管理工作的最终目标是要控制质量成本，因此首先必须确定成本控制目标，包括质量成本计划和质量成本控制两方面的工作。

1. 质量成本计划

质量成本控制因产品性质、企业质量工作水平、制造水平而异，对质量成本进行控制，就必先制定控制的标准，即质量成本计划。企业为了编制可靠而又积极的质量成本计划，必须首先做好成本预测工作。在预测的基础上，提出质量成本总额和质量成本构成项目的控制目标及保证措施是质量成本计划的主要内容。

2. 质量成本控制

质量成本的控制从两方面着手：首先是各责任部门的自我控制，即部门内部按计划实施质量成本控制措施；其次是监督控制，各部门因为局部利益的限制，还需有一定制度来监督、审核和检查其是否自觉有效地按计划实施质量成本控制措施。

9.3 统计的质量管理方法

质量管理工作中常用的方法和工具有因素分析法、分布分析法、相关图法和管理图法等，其中因素分析法又包含排列图法、因果图法、分层法和调查表法等几种。

9.3.1 排列图法

1. 排列图的概念

排列图又叫帕雷特图，该图首先由意大利经济学家帕雷特用于经济分析，后来由美国质量专家侏兰将它引进到质量管理中。

排列图是不良、缺陷、损失额、事故等按期产生的原因、状况进行分类，根据数据的大小依次排列，画成一个个直方图，并画出累积百分数曲线，这样的图形就称为排列图（如图 9 - 5 所示）。排列图法简单明了，可以找

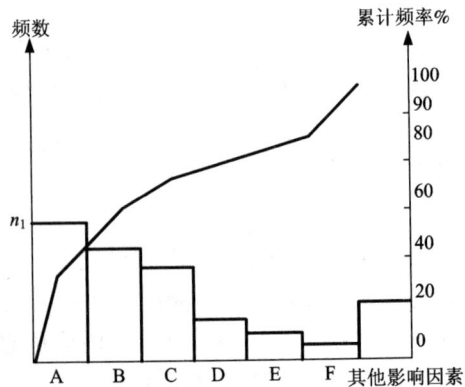

图 9 - 5 排列图

出主要矛盾，因而常应用在企业管理活动的其他领域，如物料管理中的 ABC 法，安全管理中也用到此法，所以掌握排列图是非常重要的。

2. 排列图的绘制

第一步，将用于排列图的数据进行分类。分类的方法多样，可以按品种分、班组分、故障种类分、工艺过程分等，但是最重要的是要考虑按结果和原因分。

第二步，选择样本个数。画排列图需要一定数目的数据，一般 50 个以上，但也非越多越好，100 个左右就较合适。

第三步，按分类项目进行统计并得出频率 f_i，再按频率从大到小的顺序排列，并据此计算累积频率 F_i（见表 9-1，图 9-5）

第四步，在坐标纸上画一横轴，表示分类项目，两侧画纵轴，左纵轴表示各分类项目的频数，右侧纵轴表示累计频率。

第五步，按频率大小作直方图，按累计频率作成排列曲线。

第六步，记载排列图标题及数据简历和其他相关说明。

此外要说明的是若分类项目数较多，就不必每一个都画上影响很小的因素，可以归于其他一项。因为排列图法本来就是为了找出主要矛盾，提供主攻主项，并且对主要因素作进一步分析，画出一系列多层次的排列图，加以分析，以便得到更多具体的情况。

表 9-1　频数计算表

序号	项目	频数	频率	累积频率（100%）
1	A	n_1	$f_1 = (n_1/N) \times 100\%$	$F_1 = f_1$
2	B	n_2	$f_2 = (n_2/N) \times 100\%$	$F_2 = F_1 + f_2$
3	C	n_3	$f_3 = (n_3/N) \times 100\%$	$F_3 = F_2 + f_3$
4	D	n_4	$f_4 = (n_4/N) \times 100\%$	$F_4 = F_3 + f_4$
5	E	n_5	$f_5 = (n_5/N) \times 100\%$	$F_5 = F_4 + f_5$
6	F	n_6	$f_6 = (n_6/N) \times 100\%$	$F_6 = F_5 + f_6$
7	其他	n_7	$f_7 = (n_7/N) \times 100\%$	$F_7 = F_6 + f_7$
	总计	N	$\sum_{i=1}^{7} f_i = 100$	$F_7 = 100$

3. 排列图的应用范围

排列图主要用于分析影响质量成本的主要因素、造成不合格品的主要工序原因、对比采取某项质量控制措施前后效果以及主要缺陷形式。

9.3.2 因果图法

1. 因果图的概念

因果(分析)图又称树枝图或鱼刺图，它是自 1953 年在日本川崎制铁公司开始使用，以后逐渐被介绍到其他国家。这种另有一个别称叫特性要因图，因其对问题有影响的一些较重要的因素加以分析和分类，并在同一张图上把它们的关系用箭头表示出来，以对因果作明确系统整理。因果图是从实际经验中编辑而成的一种类似于穷举法的方法。

因果图的主要内容有三项，即结果、原因与因果关系；

结果：即工作和生产过程出现的问题或质量特性，这些结果(如不合格率、事故率、开动率等)或质量特性(如强度、纯度、光洁度等)是被期望改善和控制的对象。

原因：即对工作结果或质量特性有影响的因素。

图 9-6 因果分析图的基本形式

因果关系：用树枝图的枝干表示上述原因与结果的关系及原因与更具体的原因之间的关系(见图 9-6)，中央横向的是主干，用双箭头较粗的箭线表示，从主干两边依次展开的称为大枝、中枝和小枝，用单箭头较细的箭线表示。

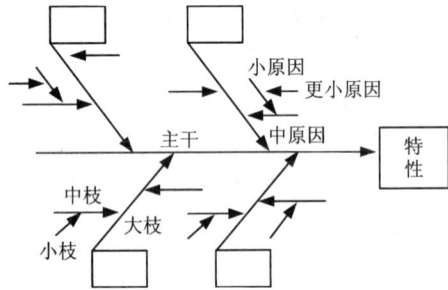

2. 因果图的类型

因果图是通过箭头箭线来表示原因与结果的关系的，因此可以根据从结果追寻原因的思路不同分为以下几类：

(1)原因罗列型

这种近乎穷举的方式是指把能引起这个结果的原因不分层次地全部罗列出来，再整理出因果关系，画出因果图，逐步地一条条淘汰，找到真正的原因。这种方式的优点是集思广益，快捷，如果参与讨论的人都是很有经验的，能提出一针见血的意见，少走弯路。缺点是有时也可能会有遗漏。

(2)工序分类型

按生产或工作的顺序画大枝，再由每一个阶段(大枝)找小原因，这种分类法的优点是简单，便于把责任直接追至岗位责任人，缺点是可能会有小原因重复出现的情况，难以整理出影响结果的真正原因。

(3)结果分类型

这种分类法的基本思路是：任何问题或特性都是下列五个因素综合作用的结果：人的因素，包括技术水平、思想状况、身体状况等；设备因素，包括设备的先进水平、保养的状况等；方法因素，包括工作方法、工艺方法和测量方法等；材料因素，包括力学性能、纯度、形状等；环境因素。

以上五大因素又称 4M1E 因素，质量分析从这五个方面着手找出具体的原因。这种方法的优点是系统性强，有针对性。缺点是网铺得太大，没有目标性，做起来复杂。

9.3.3 分层法

所谓分层法就是将收集来的数据，按不同情况和不同条件分组，每组就叫做一层，所以，分层法又称为分类法或分组法。数据分层法往往是调查分析质量问题的关键，它是质量管理中常用的手段之一。

分层应根据分层的目的，按照一定的标准加以区分，把性质相同、在相同条件下收集的数据归在一起。数据分层的标志多种多样，一般可按照操作者、加工设备、原材料、操作方法、加工时间、缺陷数等分层。

9.3.4 调查表法

调查表又称检查表，它是为了便于收集和整理数据用的一种统计表，其格式多种多样，一般按所调查的质量问题或特性自行设计。

调查表法就是用统计表来进行数据整理并粗略地进行原因分析的一种方法。它是由分层法派生出来的。按使用目的不同，常用的调查表有如下几种：

1.工序分布调查表

这是一种比直方图要简便，但也可用来判断工序加工能力的方法。工序调查时，在已制好的表格里，每测到一个质量特性数据，就在相应栏内加记一个符号，测量完毕，频数分布也就出来了，也可与标准分布相比较。

2.缺陷位置调查表

用于调查产品的缺陷分布情况，多画成章图，不同性质的缺陷采用不同的符号标记在相应位置，一目了然。

3.不良原因调查表

制定一种表格，把引起不良质量的原因分层统计数据，通过统计分析就可以找出引起不良质量的主要原因。

9.3.5 分布分析法

分布分析法又称直方图法。它是将搜集到的质量数据进行分组整理，绘制成频数分布直方图，用以描述质量分布状态的一种分析方法。在学习直方图之前，我们首先应了解一下质量数据的一些特点。

1. 质量数据

质量管理的指导思想中有一条是"用数据说话"。每一种产品都有其质量特性。为了尽量准确地表达产品的质量特性，就需要量化这些特性，从而得到了质量特性值。产品的质量特性有很多都是可以直接衡量的，比如重量、长度、强度、浓度、速度等；但是另一些特性却很难直接衡量，如光洁度、造型美感、舒适性、味感等，这些特性要确定一些技术参数来间接反映。也有一些特性值虽是可以直接衡量，为了方便而选用代用值去间接衡量，如耐用度是金属切削工具的真正质量特性，而规定的硬度 HRC 是代用特性。总之，产品的质量特性绝大部分是以量的形式表示，可以据此制定质量标准。

常用到的质量特性数值有五类：

计量值数据：指可以连续取值的数据，可以出现小数，小数位数根据要求而定，即数据具有连续性，像长度、重量、温度、压力、化学成分等。

计数值数据：指不能连续取值的数据，只能以件数、个数、点数等整数计量，具有离散性。

评分数：有些质量特性值既可为整数值又可为非整数值，如舒适度、美感度等，只是为了方便起见，常将这些数定义为计数值，即只取整数。

顺序数：只能排出顺序的数，多取整数。

优劣值（或等级数）：只能定出优劣程度，表示等级。

2. 直方图

直方图又称质量分布图。它是通过对收集来的数据进行加工、整理，以此来判断生产过程质量水平及不合格品率大小的一种常用工具。根据直方图可掌握产品质量的波动情况，了解质量特征的分布规律，以便对质量状况进行分析判断。

绘制直方图一般需要 50 个以上数据，通过以下步骤进行。

搜集整理数据：用随机抽样的方法抽取数据，一般要求数据在 50 个以上。

计算极差 R：极差 R 是数据中最大值和最小值之差。

对数据分组：包括确定组数、组距和组限。

第一，确定组数 K。确定组数的原则是分组的结果能正确地反映数据的分布规律。组数应根据数据多少来确定。组数过少，会掩盖数据的分布规律；组数过多，使数据过于零乱分散，也不能显示出质量分布状况。一般可参考表 9-2 的经验数值确定。

表 9-2　数据分组参考值

数据总数 N	分组数 K
50～100	6～10
100～250	7～12
250 以上	10～20

第二，确定组距 H。组距是组与组之间的间隔，即一个组的范围。各组距应相等，于是有：

极差 ≈ 组距 × 组数，即：$R \approx H \cdot K$

因而组数、组距的确定应根据极差综合考虑，适当调整，还要注意数值尽量取整，使分组结果能包括全部变量值，同时也便于以后的计算分析。

第三，确定组限。每组的最大值为上限，最小值为下限，上、下限统称组限。

确定组限时应注意使各组之间连续，即较低组上限应为相邻较高组下限，这样才能不致使有的数据被遗漏。对恰恰处于组限值上的数据，其解决的办法有：规定每组上（或下）组限不计在该组内，而应计入相邻较高（或较低）组内；将组限值较原始数据精度提高半个最小测量单位。

编制数据频数统计表：统计各组频数，可采用唱票形式进行，频数总和应等于全部数据个数。

绘制频数分布直方图：在频数分布直方图中，横坐标表示质量特性值，并标出各组的组限值。画出以组距为底，以频数为高的 K 个直方形，便得到频数分布直方图。

绘制出直方图以后，将之与标准分布图比较可以对该批产品质量分布情况作出一个判断。

9.4　过程质量控制

前文介绍的质量管理诸方法如频数分布表、直方图法、相关图法等都是对已经完工的一批产品质量进行评判，属于事后评价，比较适合于批量验收、工作总结，为以后的工作改进找出方向。缺点是因为看不出产品质量特性值随时间波动的情况。任何不良产品的产生若

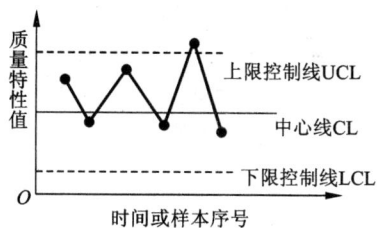

图 9 - 7　质量控制图

在公差范围内是偶然的，若不良产品已超过公差，则这种结果的形成一定有先兆，是有一个过程的。以前介绍的各种方法无法监视这种过程，为了达到监控工序质量的动态状态，人们提出一种新方法——控制图法来实现这个目的，所以管理图又叫控制图，它是反映生产工序随时间变化而发生的质量变动的状态，即反映生产过程中各个阶段质量波动状态的图形。

质量波动一般有两种情况：一种是偶然性因素引起的波动称为正常波动；一种是系统性因素引起的波动则属异常波动。质量控制的目标就是要查找异常波动的因素，并加以排除，使质量只受正常波动因素的影响，符合正态分布的规律。质量管理图（图 9 - 7）就是利用上下控制界限，将产品质量特性控制在正常质量波动范围之内。一旦有异常原因引起质量波动，通过管理图就可看出，能及时采

取措施预防不合格品的产生。

9.4.1 管理图的分类与绘制

管理图分计量值管理图和计数值管理图两大类。计量值管理图适用于质量管理中的计量数据，如长度、强度、质量、温度等；计数值管理图则适用于计数值数据，如不合格的点数、件数等。

管理图的种类虽多，但其基本原理是相同的，现仅以常用的 $\overline{X} - R$ 管理图为例，阐明作图的步骤。

$\overline{X} - R$ 管理图的作图步骤如下。

(1)收集数据(表9-3)

(2)计算样本的平均值

$$\overline{X} = \frac{\sum\limits_{i=1}^{n} X_i}{n}$$

本例第一个样本为

$$\overline{X}_1 = \frac{155 + 166 + 178}{3} = 166$$

其余类推，计算值列于表9-3中。

(3)计算样本极差 $R_i = X_{max} - X_{min}$

本例第一个样本为 $R_1 = 178 - 155 = 23$

其余类推，计算值列于表9-3中。

(4)计算总平均值

$$\overline{\overline{X}} = \frac{\sum \overline{X}}{K} = \frac{4195}{26} = 161$$

式中：K——样本总数本例 $K = 26$。

(5)计算极差平均值

$$\overline{R} = \frac{\sum R}{K} = \frac{407}{26} = 16$$

(6)计算控制界限

$\overline{X}$ 管理图控制界限

中心线　　　　　　　　$CL = \overline{\overline{X}} = 161$

上控制界限　　$UCL = \overline{\overline{X}} + A_2\overline{R} = 161 + 1.023 \times 16 = 177$

下控制界限　　$LCL = \overline{\overline{X}} - A_2\overline{R} = 161 - 1.023 \times 16 = 145$

上式中 A_2 为 $\overline{X}$ 管理图系数(表9-4)。

R 管理图的控制界限：

中心线 $\qquad CL = \overline{R} = 16$

上控制界限 $UCL = D_4 R = 2.575 \times 16 = 41$

下控制界限 $LCL = D_3 R = 0$ （因为 $n = 3$，系数表中为"—"，故下限不考虑）

（7）绘 $\overline{X} - R$ 管理图

以横坐标为样本序号或取样时间，纵坐标为所要控制的质量特性值，按计算结果绘出中心线和上下控制界限。

其他各种管理图的作图步骤与 $\overline{X} - R$ 管理图相同，控制界限的计算公式可参见表9-5。

表9-3 $\overline{X} - R$ 管理图数据表

样本号	X_1	X_2	X_3	$\overline{X}$	R
1	155	166	178	166	23
2	169	161	164	165	8
3	147	152	135	145	17
4	168	155	151	155	19
⋮					
24	140	165	167	157	27
25	195	169	195	193	6
26	163	191	191	168	8
合计				4195	407

表9-4 管理图系数表

n	A_2	$m_3 A_3$	D_3	D_4	E_2	d_3
2	1.880	1.880	—	3.267	2.660	0.853
3	1.023	1.197	—	2.575	1.772	0.888
4	0.729	0.796	—	2.282	1.457	0.880
5	0.577	0.691	—	2.115	1.290	0.864
6	0.483	0.549	—	2.004	1.194	0.848
7	0.419	0.509	0.076	1.924	1.109	0.833
8	0.373	0.432	0.136	1.864	1.054	0.821
9	0.337	0.412	0.194	1.816	1.010	0.808
10	0.308	0.363	0.223	1.727	0.975	0.797

式中 D_3，D_4 均为 R 管理图控制界限系数。

表 9-5　管理图控制界限计算公式

分类		图名	中心线	上下控制界限	管理特征
计量值管理图		$\overline{X}$ 图	$\overline{X}$	$\overline{X} \pm A_2 \overline{R}$	用于观察分析平均值的变化
		R 图	$\overline{R}$	$D_4 \overline{R} \quad D_3 \overline{R}$	用于观察分析分布的宽度和分散变化的情况
		$\tilde{x}$ 图	$\overline{\tilde{x}}$	$\overline{\tilde{x}} \pm m_3 A_2 \overline{R}$	$\tilde{x}$ 代 $\overline{X}$ 图，可以不计算平均值
		X 图	$\overline{X}$	$\overline{X} \pm E_2 \overline{R}$	观察分析单个产品质量特征的变化
		R_S 图	$\overline{R}_S$	$UCL = D_4 \overline{R}_S$	同 R 图，适用于不能同时取得若干数据的工序
计数值管理图	计件值管理图	p 图	$\overline{p}$	$\overline{p} \pm 3\sqrt{\dfrac{\overline{p}(1-\overline{p})}{n}}$	用不良品率来管理工序
		p_n 图	p_n	$\overline{p}_n \pm 3\sqrt{\overline{p} \cdot n(1-\overline{p} \cdot n)}$	用不良品数来管理工序
	计数值管理图	C 图	$\overline{C}$	$\overline{C} \pm 3\sqrt{\overline{C}}$	对一个样本的缺陷进行管理
		u 图	$\overline{u}$	$\overline{u} \pm 3\sqrt{\dfrac{\overline{u}}{n}}$	对每一给定单位产品中的缺陷数进行控制

9.4.2　管理图的观察与分析

正常管理图的判断规则是：图上的点在上下控制限之间，围绕中心作无规律波动连续 25 个点中，无超出控制界限线的点；连续 35 个点中，仅有一点超出控制界限线；连续 100 个点中，仅有两点超出控制界限线。当点子落在控制界限线上时，视为超出界限计算。

异常管理图的判断规则如图 9-8 所示，连续 7 个点在中心线的同侧，有连续 7 个点上升或下降，连续 11 个点中有 10 个点在中心线的同一侧；连续 14 个点中有 12 个点在中心线的同一侧；连续 19 个点中有 14 个点在中心线的同一侧；连续 21 个点中有 16 点在中心线的同一侧；点子围绕某一中心线周期波动。

在观察管理图发生异常后，要分析原因，找出原因，找出问题，然后采取措施，使管理图所控制的工序恢复正常。

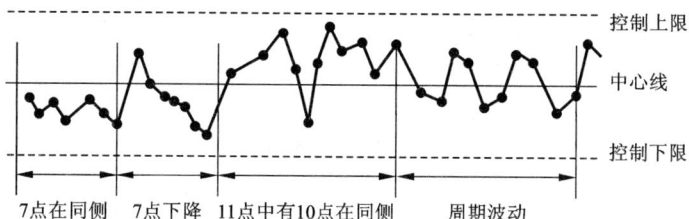

图 9 - 8　异常管理图的判断规则

9.5　交通运输服务质量管理

交通运输业属于服务业。服务质量管理与有形产品质量管理具有不同特点。有形产品的质量如耐久性和瑕疵点，可用客观标准衡量。而服务质量却是一个抽象的、难以把握的结构。又由于缺乏客观的标准，那么一种合适的衡量公司服务质量的办法是衡量顾客感受的服务质量。这是因为服务的无形性、异质性与不可分性。因此服务质量管理强调服务过程质量控制。自 1985 年 Parasurman 等首先提出多维服务质量概念与量表(SERVQUAL)以后，大量相关研究表明，服务质量与企业成本、利润率、顾客满意、顾客留存率和正面口碑传播有密切关系，因此服务质量与公司的市场表现、财务绩效有着广泛联系。

9.5.1　服务质量模型

服务质量的概念是以顾客意见至上为基础的，主要指顾客感知的质量，是顾客对一个实体的全面、综合的评价，属于主观的质量。而客观质量是一个事物或事件的客观特征或性质。Parasuraman 等提出服务质量模型，他们认为消费者对服务的预期以及对服务的实际感受总会有差别的。市场竞争越来越激烈，顾客的意见成为决定供应商市场竞争能力的关键因素，由此开发出服务缺口模型。服务缺口模型主要是探讨服务质量无法满足顾客需求的主要原因是来自服务产生与传递过程中各环节之间有缺口(Gap)的存在，若要能正确地满足顾客需求，必须满足五个服务缺口，而其中有四道缺口是来自供应方，只有第五道缺口是来自顾客，见图 9 - 9。

缺口一：顾客期望和管理者认知的差距。

提供服务的经营者无法了解顾客心中所希望得到的服务，造成管理者所提供的服务不符合顾客需求，且服务质量也和顾客所期待的有所不同而造成的服务缺口。

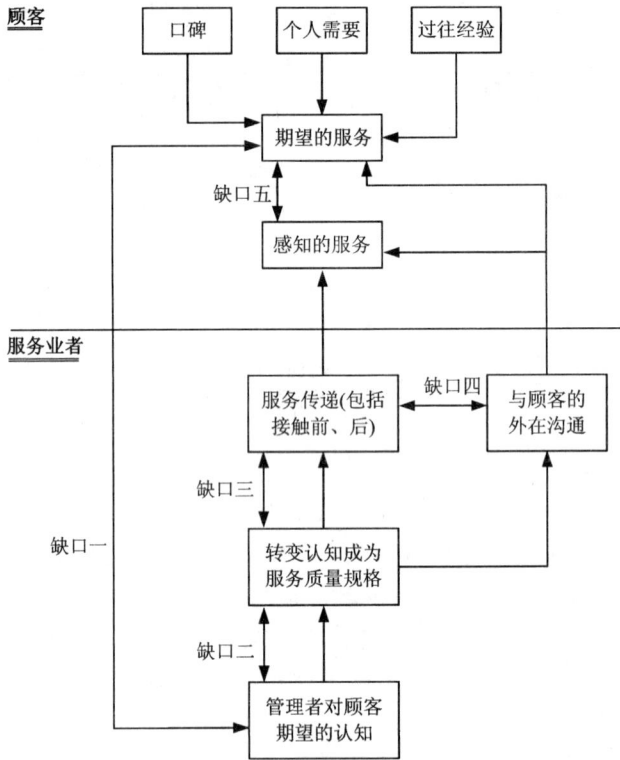

图 9-9 服务质量缺口模型概念性架构

资料来源:A. Parasuraman, Valarie A. Zeithaml & Leonard L. Berry, " A Conceptual Model of Service Quality and Its Implications for Future Research", Journal of Marketing, 1985, 49:44

缺口二:管理者认知的服务质量与实际执行的服务质量的差距。

这个缺口产生,可能是由于相关资源的不足、市场变化太快或计划执行者的理解差错,导致经营者实际执行的服务质量无法与计划的服务质量一致。

缺口三:服务质量与服务传递的差距。

由于服务人员参与服务的过程,对服务质量有影响,致使服务产生异质性。经营者难以建立质量标准,或者即使建立了,但是由于服务人员之间的差异、还有客户本身也参与服务过程,也会对服务质量产生影响,使得服务人员提供服务的质量不一致。

缺口四:服务传递与外部沟通的差距。

此缺口是由于经营者利用媒体宣传与夸大不实广告,或给予顾客过程承诺,造成顾客心中期望的服务质量超过企业能够或者愿意提供的质量水准,而造成服务传递和外部沟通的差距。

缺口五：顾客期望与顾客感知的差距。

此缺口是由于顾客在接受服务前对服务的期望，与接受服务后所感知到的服务有不一致的情形，而这种不一致的情况有可能来自顾客期望服务质量高于、等于或低于顾客所感知到的服务质量。这三种缺口会对顾客对服务质量的满意度带来不同的影响。影响顾客对预期服务质量的主要是自身需求、过往自己的经验和口碑等。

感知服务质量是客户的预期服务质量与其感知的特定供应商的服务质量之差的衡量。SERVQUAL 量表是一个多维结构，在 Parasurman 等的最初设计中，包含10 个服务质量要素：可靠性、响应性、胜任能力、可达性、礼貌、沟通、可信性、安全性、了解客户和可见性。

可靠性（Reliability）指绩效的一致性与可信任性，意味企业诚实地向顾客承诺，并能履行其承诺，总是能提供正确的服务。

响应性（Responsiveness）考量提供服务的员工的意愿与敏捷性，包括提供即时服务。

能力（Competence）指具备履行服务所需的资源、技术和知识。

接近性（Access）表示顾客接触到服务的难易程度。

礼貌（Courtesy）指与顾客接触的服务人员对顾客的礼貌、友善与换位思考。

沟通（Communication）表示以顾客能正确理解的语言沟通并倾听顾客声音。

信用（Credibility）是值得顾客信赖、诚实的程度。

安全（Security）指能为顾客排除危险与不确定因素的能力。

对顾客的了解（Understanding/Knowing the Customer）则是测量公司努力了解顾客真实的、个性化的需求的努力程度。

有形性（Tangibles）是展示服务系统里有形的设施设备、人员外貌等实物形体。

后来，他们将这些要素合并重组为 5 个维度，即可靠性（reliability）、保证性（assurance）、可见性（tangible）、移情性（emapthy）、响应性（responsiveness），其定义见表 9 – 6。

表 9 – 6　SERVQUAL 的结构

维度	定义	在量表中的指标数
可靠性	值得信赖地、准确地履行承诺的服务的能力	4
保证性	员工的知识、礼貌和他们向顾客传递和激发顾客信任感的能力	5
可见性	有形设施设备、人员与沟通资料的外观	4
移情性	关心顾客和对顾客提供个性化关注的意愿	5
响应性	愿意帮助顾客且提供即时服务的意愿	4

9.5.2 货物运输服务质量管理

货物运输服务就是为客户实现在一定时间范围内的空间位移。因此客户衡量货物运输服务质量，在可以承受的价格范围内获得满意的时效性和安全性。货物安全是基本前提，时效性才是货运公司实现卓越业绩的指标。价格是双方博弈的结果。因为市场竞争激烈，货运公司不可能任意定高价。客户虽然希望价格越低越好，然而理性的客户低于成本的价格也是不可行的。在竞争环境中，如何在一定成本下提高服务质量，或者一定服务质量尽可能降低成本是各公司能力高下的试金石。因此，当服务质量无法保证时，公司就不会公开对客户承诺。表9-7是国内几家物流公司的派送时效管理。派送时效还只是物流服务最后一个环节的时效管理。其实，对顾客的承诺时效，应当是自收件开始。

表9-7 物流公司派送时效管理

公司	派送时效管理	备注
1	12点前到达的货物，当日18点前派送完毕；12点后到达的货物，次日12点前派送完毕。驻地派送部以专线交接时间13点为界	内部质量管理制度，未公开承诺
2	12点前可自提的货物，当日17点30分前派送完毕；12点后可自提的货物，华北、华南、华中地区在次日12点前派送完毕，华东地区在次日14点前派送完毕	公开承诺
3	在货物到达后与客户约定时间：上午到达的货物，在当日下午17点30分前送达；下午到达的货物最晚不超过第二天	内部规定，未公开承诺
4	S地区：当天下午17点前卸完的货当天送，最晚可以晚上10点送到。慢车的今天到达联系客户明天送货 T地区：24 h之内送达 U地区：今天到达的明天送货	内部规定，没有统一的标准

货运公司可以选择不对客户公开承诺包括时效性在内的服务质量标准，但是，客户却有选择物流服务商的自由。图9-10是国内某物流公司调查其客户流失原因。其中由于线路无法覆盖、重量/体积超出服务范围和专业技能不能满足要求(有95.2%的客户提及)而流失的客户是因为公司业务定位和所获授权业务范围不覆盖的客户，这些客户走是必然的。而因为服务态度不好和安全性不够而流失的客户则完全可以通过服务质量提高而挽回的客户。速度慢和不够便捷(有54.8%的客户提及)，则不能完全归为质量问题，这是公司战略定位和布局与竞争对手的差距引起的。如果公司需求密度达到一定水平，提高发车频率和上门提送货物的服务水平的成本会降低，服务质量也会提高。价格则是单项提及比例最

高的因素，达 61.5%。

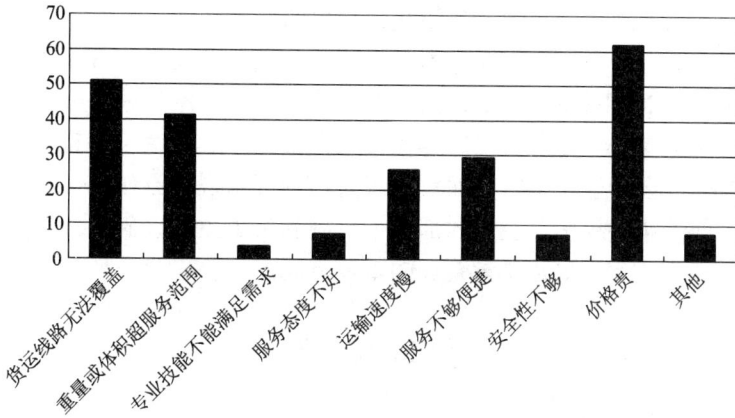

图 9 - 10　某物流公司调查其客户流失原因(可选多项)

　　货运公司能否公开承诺一定的时效水平，关键在于其流程管理。整个物流服务的流程结构并不复杂。从客户呼叫开始到货物送达的全流程，可以分为 3 个主要阶段：收发货经营阶段、到达派送阶段和位于中间的运输运作阶段，如图 9 - 11 所示。中间运作阶段的整个流程完全由物流公司控制，属于内部生产运作环节，是比较单纯内部流程控制。从外部环境来看，只要不遭遇恶劣天气，准时到达率的控制是相对容易的。这一段也称干线运输。公开承诺定日到达，难点在于需求是否均衡、需求密度是否足够开行班车。均衡和足够密度的需求使运输公司载运工具利用率水平高，从而有利于控制运输成本。这是运输企业获得市场竞争力的关键因素之一。

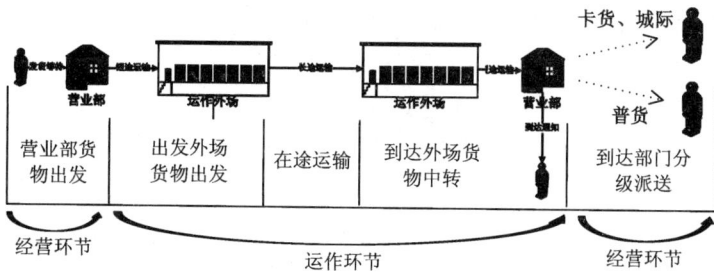

图 9 - 11　物流服务的流程示意图

　　物流服务流程两端的第一公里和最后一公里，流程最复杂、无论地理位置还是去派送量都是分散的，服务承诺与成本控制难度最大。并且流程的完成需要物流公司与客户共同配合才能完成。所以服务质量保证不仅需要内部质量管理，还需要客户行为管理和需求管理，才能获得理想的效果。

除时效性以外，另一个重要方面是可靠性。货物派送差错率、丢失率、破损率与客户利益直接相关的指标，也是影响客户满意度、客户对公司评价的重要因素。这几项负面指标，也是公司成本控制的重点之一，无论是差错、丢失还是因其货物破损，都会产生成本。然而对物流公司内部来说，还有另一项需要控制的负面指标，即工伤事故率。企业内部成本控制和员工生命、企业财产安全管理是企业管理的重要内容，也是质量管理的重要方面。

复习思考题

1. 什么是质量？什么是质量管理？
2. 什么是全面质量管理？PDCA 循环包括哪些阶段和步骤？
3. 何谓质量方针、质量管理、质量体系、质量控制和质量保证？
4. 旅客运输质量管理，关键要控制哪几个方面？
5. 货物运输服务质量的关键控制流程是什么？如何控制？
6. 试比较流程再造与质量管理的异同。

第10章　交通运输企业班组管理

班组是企业的细胞,是企业的基层的组织形式;是企业从事生产、经营活动的前沿阵地;是增强企业活力的源头。因而分析运输企业班组的特点,把握班组工作性质,加强班组建设,对于提高企业效益以及全面管理工作有着十分重要的意义。运输企业具有点多线长的特点,各项运输生产任务均靠最基层的组织班组来实现,班组管理工作要借鉴先进的管理办法,同时要结合自身实际情况,采取切实可行的管理手段,使班组各项工作处于有序可控状态。本章着重介绍了运输企业班组的基础管理、生产管理、安全管理、现场管理及班组长的重要作用。

10.1　班组管理概述

10.1.1　班组

1.班组的概念

班组是根据企业内部劳动分工与协作的需要,而划分的最基本的作业单元;它是为完成某项生产和工作而由一定数量的工作人员组成的正式工作群体。

班组是企业生产经营活动的基层组织;是职工从事劳动,创造财富的主要场所;是企业管理工作的重要组成部分;是企业实现安全有序可控,保持稳定,完成运输经营任务,提高经济效益的坚实基础保证。

2.班组的特点

班组一般具有"全、小、细、实"等特点。"全"是指企业的任何工作都要落实到班组;班组既是生产的基本单位,又是组织管理的基层单位,是一切工作的落脚点。"小"是指班组的结构特点,其规模小,是按一定规划划分的企业基本单位,是企业的细胞。"细"是指生产管理的特点,班组要把企业生产计划变成可实施计划,把生产任务具体落实到人,管理工作细。"实"是指班组就是企业的基石,企业的各项管理工作通过多层次分解,最终都要落实到班组。

3.班组的设置

班组是企业最基层的生产组织和管理组织。班组设置要遵循有利于运输生产,便于运输生产指挥,有利于科学管理,适应协作的原则。班组设置要保持班组基本生产格局相对稳定。其设置方式多种多样,可按工种、工序、班次、工作性质和作业区域等科学划分。凡达不到班组设置标准规定和没有明确班组划分标准的人员可按工种、作业性质和区域组建联合班组。

如铁路企业班组按下列形式划分：

铁路特、一等站：按车间分班次可设行车、调车、调度、客运、售票、行李、货运等班组，编组站可增设货运检查、列尾作业班组；客运特等站可增设候车室班组。货运根据需要可增设内勤班组。铁路二等站：行车、调车、客运、货运等可按班次设班组。铁路三等站：行车、调车、客运、货运等可各设一个班组。铁路四、五等站：每个车站为一个班组。

客运乘务以列车包乘组（含餐车）为一个班组；运转乘务，30人及以下的乘务组为一个班组；30人以上的可根据实际情况，按点按线或按队设班组。列车地勤人员可按餐供、备品、运搬、司机、整备等分别设班组。

机车乘务员，实行包乘制的，以包乘组为一个班组；实行轮乘制的，以20个机车轮乘班为一个班组。救援列车可单独设班组，30人以上时可分班次设班组。机务地勤可按班次或作业场（点）设班组。站检、列检可按班次或作业场（点）设班组。客车库列检按工作性质设班组。检修、设备、修车、修配、整备、客车空调、客车三机、红外线、供热等，可按车间分工种、工序设班组。运器分析、自停、内外勤、消防、保卫巡守可单独设班组。检车乘务可按车底或车次设置班组。

工务、电务、供电、水电、房建系统以工区、维修工队为班组。工务的重点维修车间、电务的中修车间和房建的物业管理、煤气维修车间等按下设的工班组建立班组。工务段设有探伤仪检测中心的，可单独设班组。

各系统中后勤服务部门的工人，按照班组设置的原则，可设汽车班，综合组或服务组。

4. 班组的地位和作用

班组是企业的细胞，是广大职工从事生产和工作的主要场所，又是员工接受日常教育，直接参加民主管理和社会主义精神文明的基本阵地，班组在企业中占有其他各级行政管理组织所不能代替的重要地位和所发挥的重大作用，其作用主要表现在以下三个方面：

班组是企业生产经营活动的基本单位和一切工作的落脚点。生产力三要素劳动者、劳动资料（工具、机器设备等）、劳动对象主要在班组里实现结合，其结合的状态直接关系着企业产品质量的高低，消耗的多少和经济效益的好坏，所以企业要降低成本、提高生产效率，要从班组抓起。

班组是企业最基层的管理单位。企业的经营理念和管理水平最终要通过班组贯彻到每位员工，所以班组是企业管理的基础，离开班组，企业管理就成了一句空话，加强企业管理，实现企业结构优化必须从班组这个基础抓起。

班组是培养优秀队伍，塑造企业文明的前沿阵地。班组既是物质文明建设场所，又是精神文明建设的阵地。班组成员朝夕相处，互相比较了解，便于开展群众性的日常思想教育工作。科学技术的迅速发展，劳动生产力水平的不断提高，对技术素质的要求越来越高，技术素质的提高主要不是靠脱产进行技术培训，而是靠班组结合生产任务，在现场进行日常的技术培训。

5. 班组的工作内容

(1)组织职工贯彻落实党和国家的路线、方针、政策、法规、命令，遵守职业道德和社会公德，坚持社会主义方向。

(2)组织职工严格遵守劳动纪律、作业纪律，认真执行技术标准、作业标准和操作规程，按时保质保量地完成上级下达的运输生产计划。

(3)做好生产现场管理和专业基础工作，实现安全生产、文明生产。

(4)搞好民主管理，开展劳动竞赛、技术革新、合理化建议、努力提高劳动生产率。

(5)全面开展班组经济核算，注意保管与合理使用班组内设备、工具和材料等，不断降低产品成本。

(6)准确、及时地做好各项原始记录，及时为上级职能部门提供准确、完整的资料和数据。

(7)组织职工学习政治和技术业务，做好思想政治工作。

(8)组织职工生活互助，开展健康有益的文体活动，积极参加社会公益活动，增强班组的凝聚力。

10.1.2　班组管理

1. 班组管理的概念

班组管理是指为完成班组各项任务而由班组自身进行的各项管理活动，其目的在于充分发挥班组的主观能动性和积极性，团结协作，合理组织班组中的人、财、物，充分利用各方面信息，使班组工作有效进行，产生 $1+1>2$ 的效应，最终达到保质保量，如期安全的完成上级规定任务。

2. 班组管理的特点

班组管理是企业的终极管理。班组管理是运输生产第一线的管理，是对计划、方案的最终实施管理。企业生产任务要通过班组来完成，是对生产一线人员的管理。

班组管理是计划与实施的双重管理。班组的任务是以生产为中心，具体实施上级的计划、要求。实施前要计划安排：干什么？怎么干？在哪干？谁来干？何时干？实施中还要进行控制、监督。班组管理具有计划与实施的双重性。

班组管理是综合全面的管理。上面千条线，都穿班组这根针。生产、生活、思想、纪律、学习、防火、计划生育等都要管，行政工作和党、团、工会工作都要在班组落实。班组是企业各项管理的落脚点。

班组管理是双重压力下的管理。班组管理既要体现上级领导的意图，贯彻上级的指示，又要代表班组成员的利益，考虑他们的实际情况。班组管理就是处在这种双重压力下的管理。

班组管理是随机应变的管理。班组的事情千头万绪，各个班组的情况千差万别班组管理不可能有一成不变的模式。学习管理理论知识要兼容百家。管理工作要坚持一切从实际出发，随机应变。

班组管理是直接面向人的管理。班组管理主要靠规章、制度、规范来管理，但有时企业中上下级的信任，同事、工友之间的情谊，往往胜过规章制度和行政命令，这就需要把规范化管理和注重人际关系，创造和谐气氛结合起来，增强班组的凝聚力。

3.班组管理的主要内容

班组管理是企业管理的基础，班组管理要以提高班组综合素质为重点，落实岗位标准和作业标准，强化安全生产的管理机制，使班组成为能自我管理、自我控制、自我完善、自我发展的先进班组。为此班组管理要抓好以下几个方面的工作：

（1）生产管理。对生产的全过程进行有效控制和管理，根据上级下达的任务，提出年度奋斗目标，安排好月旬计划和日班计划，做到均衡生产；作好生产记录，并进行阶段性总结分析，及时准确地做好交接班工作，做好班前预想、班中联防和班后总结分析工作；针对生产中的难点，开展攻关活动，确保生产任务的全面完成。

（2）安全管理。牢固树立"安全第一，预防为主"的思想，严格遵守劳动纪律、作业纪律，严格执行作业标准、操作规程，搞好自控、互控、联控，保证安全运输生产。

（3）劳动管理。合理安排生产劳动力，充分利用工时，按定额组织生产，不断提高劳动效率；严格工作实绩考核，奖勤罚懒，激励先进；做好职工劳动保护工作，避免人身伤亡事故发生。

（4）质量管理。增强质量意识，搞好工序质量控制，严格质量检查验收制度，不断提高质量。搞好质量检测，严格质量检查验收制度，积极开展质量攻关活动，实现质量达标，不断提高运输、服务和产品质量。

（5）设备管理。严格设备、工具、备品管理制度，搞好养护维修，保证设备状态良好，并大力开展群众性的技术改造、技术革新活动，提高设备利用率和使用效益。

（6）班组核算。加强班组经济核算，落实班组各项经济技术指标，分析增产节约措施和改进意见。开展"增收节支"活动，节约能源和原材料，努力降低消耗，杜绝浪费，争创良好效益。

（7）现场管理。对现场生产进行合理布置、优化组合，按照作业分工，责任到人，严格执行标准化作业。做到四个到位，即：人员管理到位、制度落实到位、标准执行到位、现场检查到位。对生产现场安全实施全方位控制。实行岗位负责，责任到人，生产现场做到纪律严明、设备完好、物流有序、信息准确、环境整洁，实现文明生产。

（8）职工教育。积极创建学习型班组，结合班组实际，通过日常政治和技术业务学习、岗位练兵、名师带徒、互教互学等灵活多样、行之有效的形式，坚持开展教育培训，不断提高职工的政治素质、技术业务水平和实际操作技能，特别是非正常情况下的应急处理能力。

（9）民主管理。落实民主管理制度，通过民主选举产生政治宣传员、安全质量员、经济核算员、工具材料保管员和生活卫生员，按期召开民主生活会，做到班务公开、考核公开。

（10）日常管理。对班组成员进行劳动纪律和作业纪律教育，严格执行考勤制度，掌握本班组成员出勤情况，准确及时填报职工考勤表。组织职工政治学习和业务学习，提高职业道德水平。严格日常作业计划、作业记录、检查验收记录的填写，确保各种原始资料完整齐全、记录规范、填写真实。

10.2　运输企业班组生产管理

10.2.1　班组生产管理的概念

班组生产管理是指根据企业下达的生产计划，对班组的生产活动进行计划、组织、指挥、协调和控制，合理地组织生产，充分发挥班组全体人员和设备的能力，保质保量、均衡安全地完成生产任务，实现最佳的经济效益。

班组生产管理是对班组生产活动全过程所进行的管理，是班组最基本的日常管理活动。班组生产管理是企业生产管理工作的基础部分。搞好班组的生产管理，对保证完成班组的生产任务和实现企业的生产目标，都具有极为重要的意义。

10.2.2　班组生产管理的内容

班组生产管理一般包括组织、计划、控制三个方面的内容。

1. 组织

组织是指班组生产过程组织与劳动过程组织的统一。生产过程组织就是对运输生产的各个阶段、环节、工序进行合理安排，以最佳的方式将各种生产要素结合起来，使其形成一个协调的系统。劳动过程组织则是要正确处理班组成员之间的关系，以及班组与班组之间，班组成员与劳动工具、劳动对象的关系。班组的生产组织具有相对稳定性，但也要根据运输企业的变化而变化，班组应不断提高其组织形式的应变能力。

2. 计划

计划包括生产计划和生产作业计划。生产计划是指在一定时期内，运输产品的品种、数量、质量、进度等项指标，它是运输企业生产管理的依据。生产作业计划是生产计划的具体执行计划，它是建立正常生产秩序，实现均衡生产，完成生产任务，指导日常生产活动的重要工具。班组的计划管理工作主要是接受上级下达的生产计划任务，据此编制班组的生产作业计划并执行。

3. 控制

控制是指对生产全过程实行全面控制。从范围上来看，控制包括班组生产组织、生产准备和生产过程的各个方面；从内容上来看，控制包括生产进度、产品质量、原材料消耗、生产费用、库存等方面的控制。生产控制是班组生产管理的一项重要职能，它是班组完善生产组织，实现生产计划，提高产品质量，降低生产消耗和产品成本的重要手段。

10.2.3　班组生产管理的要求

1. 计划性

班组要按照企业下达的生产计划来制定班组的实施计划，保证按计划完成班组运输生产任务，满足企业运输生产全过程的需要。

2. 经济性

班组组织生产时，努力降低生产消耗，尽最大努力提高班组生产的经济效益。

3. 科学性

认真制订和执行各项规章制度，加强基础工作；积极地把现代科学技术成果运用到班组管理中，促进管理水平的提高。

4. 均衡性

均衡性又叫节奏性。它是指生产过程要有计划、按比例地进行，克服前松后紧等不正常现象，均衡有利于保持正常的生产秩序，有利于充分利用设备的生产能力。班组要认真执行计划，随时注意生产动向，结合实际加以调整，不打乱仗。

5. 协调性

班组的生产活动是运输生产全过程中的一个环节，生产的连续性要求各班组之间必须协同动作，才能使生产顺利进行。

6. 时效性

在运输生产过程中，对各种原材料、成品和半成品，都应按必要的品种、规格、时间和数量来供应,以避免占用过多的物资和资金。

7. 安全性

班组在生产过程中,必须保证每个成员的安全,防止各类事故的发生,切实做到安全促进生产、生产必须安全。

10.2.4　提高班组生产作业效率的途径

提高班组的生产作业效率是班组管理的根本目的。其途径有很多,归纳起来,主要有以下几个方面:

(1)采用先进合理的定员、定额标准,严格按定员定额组织生产。

(2)不断改进劳动组织,加强劳动纪律,提高劳动出勤率和工时利用率。

(3)加强技术培训,提高班组成员的技术水平、操作熟练程度和劳动效率。

(4)总结推广先进操作方法,开展技术革新、技术改造和群众性的合理化建议活动,不断挖掘劳动潜力。

(5)认真贯彻按劳分配原则,合理实行奖罚,使班组成员增强主人翁责任感,充分发挥其聪明才智、积极性、主动性和创造力。

10.3　运输企业班组安全管理

10.3.1　班组安全管理的意义

运输企业提供的是一种运输服务,其生产和消费具有同步性,生产中的安全问题直接映射到服务对象,反应迅速,影响直接,因此对安全生产的控制尤为重要;另外从大的方面讲,运输安全事关社会稳定、人民的生命和财产安全;从小的方面讲运输安全事关企业、班组的荣誉和利益,事关作业人员的安危及家庭幸福。运输企业时有发生的伤亡事故,无时无刻不在提醒我们安全生产是何等重要。

10.3.2　班组安全管理的分类

1. 运行安全

运行安全是指运载工具在线路上或航道上运行的安全。行车、行船、飞行发生任何差错和事故,直接关系到旅客和货物安全,影响企业的声誉和经济效益,影响国民经济正常发展,意义十分重大。

2. 旅客运输安全

旅客运输安全是指旅客在运输企业班组责任范围内不发生人身和财产安全事故。

3. 货物运输安全

货物运输安全是指货物在运输企业班组责任范围内不发生损坏、丢失、被盗、腐坏、污染、湿损等。

4. 作业人员安全

作业人员安全是指通过改善劳动条件和采取一系列劳动保护措施，保证职工在劳动过程中的健康和安全。

5. 设备安全

设备安全是保证运输企业班组安全生产的物质基础，必须管好、用好、养好设备。

6. 防火安全

防火安全要求在运输企业班组管辖范围内不发生任何火灾事故。

7. 运输企业外部安全

由于运输企业是在一个开放的环境中进行生产，所以要防止运输生产活动给企业外部带来损失、伤亡。

10.3.3　班组安全管理的原则

1. "安全第一，预防为主"的原则

"安全第一"是指在生产经营活动中，始终要把安全特别是人身安全放在首要位置；在处理安全与企业其他各项目标时，实行安全优先的原则。"预防为主"，是指对安全生产的管理，要做到防患于未然，将事故消灭在萌芽状态，而不是将重点放在事后的抢救、调查、堵漏洞，亡羊补牢。"安全第一，预防为主"是相辅相成、相互促进的。"预防为主"，是实现"安全第一"的基础。要做到安全第一，首先要搞好预防措施。预防工作做好了，就可以保证安全生产，实现安全第一，这是经实践证明的重要经验。

2. "生产、安全齐抓共管"的原则

抓生产必须管安全体现了生产与安全的辩证统一关系。企业的各级领导在管理生产的同时，必须负责安全工作，认真贯彻执行国家有关劳动保护的法令和制度，在计划、布置、检查、总结、评比生产的同时，评比安全工作，即"五同时"原则。企业中的生产、技术、设计、供销、运输、财务以及党、政、工、团等部门，都应在各自的业务范围内，有保证安全生产的工作内容。

3. "各负其责"的原则

运输企业的各个班组，在运输生产中都有明确的分工，如：铁路车、机、工、电、辆等部门的班组；各个班组彼此衔接，联合协作，才能保证运输秩序正常和安全生产，各个班组必须各负其责。

4.“以人为本”的原则

以人为本的安全管理有两层含义：一是运输服务关系着千万旅客人身安全，确保安全是重中之重；二是在安全管理中注重提高职工的主动性和创造性，突出职工自身价值，引导职工树立安全新理念，养成安全生产良好习惯，创造安全生产优良环境，增强职工保安全的内动力。

5.“安全具有否决权”的原则

安全具有否决权是指安全工作是衡量企业经营管理工作好坏的一项基本内容，该原则要求，在对企业各项指标考核、评选先进时，必须要首先考虑安全指标的完成情况。安全生产指标具有一票否决的作用。

6.“四不放过”原则

安全工作举足轻重，一定要坚持“四不放过”原则，即：事故原因没有查清不放过；事故责任者没有严肃处理不放过；广大群众没有受到教育不放过；防范措施没有落实不放过。

10.3.4 班组安全管理的内容

1.安全管理责任制

安全生产责任制是企业管理制度的重要组成部分，是企业的一项最基本的安全制度。安全生产责任制是根据我国的安全生产方针“安全第一，预防为主，综合治理”和安全生产法规建立的各级领导、职能部门、工程技术人员、岗位操作人员在劳动生产过程中对安全生产层层负责、各负其责的制度。安全生产责任制将法规赋予企业的安全生产责任由大家来共同承担，使安全工作成为一个整体，各类生产中的事故隐患无机可乘，从而避免或减少事故的发生。安全生产责任制也是企业岗位责任制的一个组成部分，是安全生产、劳动保护管理制度的核心。

现场的每个人都有确保安全的责任，从管理者到作业人员都必须在各自岗位上对安全负责。班组安全生产责任制，明确了班组长和职工在安全生产中应负担的责任，责任制应包括以下内容。

（1）工班长安全生产责任制：全面负责本班组的安全生产，是安全生产法律法规和规章制度的直接执行者，对本班组安全生产工作负直接领导责任；要贯彻执行本单位对安全生产的规定和要求，督促本班组成员遵守有关安全生产规章制度和安全操作规程，切实做到不违章指挥、不违章作业，遵守劳动纪律；要加强对本班组成员的安全生产教育，组织班组成员学习安全技术和安全规章，提高职工安全生产素质；要抓好标准化作业，纠正违章作业、盲目乱干现象，避免简化作业；要认真检查班组设备质量，做到及时发现病害，消灭病害，确保班组安全生产；要组织班前班后安全生产分析会，根据生产任务，结合班组每个成员的特点安排工作；对新职、新岗人员要重点进行安全教育和指导；本班组发生事故，要负责保护好事故现场并及时向领导汇报，积极参加事故的调查分析，参加制订防范整改措施，并组织本班组成员贯彻执行。

（2）作业岗位人员安全生产责任制：对本岗位的安全生产负直接责任；要切实执行安全技术规则和各项规章制度，严格遵守作业纪律和劳动纪律；要自觉接受安全生产教育和培训，努力学习技术业务知识，掌握安全操作技能，增强工作责任心；特种作业人员必须接受专门培训，经考试合格取得操作资格证书后方可上岗；要爱护和正确使用机械设备、工具、按规定正确使用防护用品；发现机械、设备、设施等不安全因素时，应立即采取措施并及时向上级报告；新职上岗必须经过安全教育和考试合格后方可上岗，新职在学习、实习或临时工作期间，应在操作熟练的职工监护指导下作业，严禁单独作业。

2. 安全教育

班组安全教育是班组安全管理的重要内容。班组安全教育主要包括安全思想教育和安全技术教育两个方面。安全思想教育是对班组成员进行安全生产方针、政策、法令和法规的教育，提高班组成员对安全生产重要性的认识。安全技术教育是对班组成员进行安全知识、技术业务的教育，要求班组成员必须掌握安全基本知识，熟悉设备的基本特点和性能，熟练地运用安全操作技术。

3. 安全检查

班组安全检查是班组安全管理的重要内容。安全检查，通俗地说就是"找问题"。其形式很多，一般说除进行经常性检查外，可以分为定期检查和普遍检查、专业性检查和季节性检查。安全性检查主要是查思想，即查班组成员对安全的认识，安全第一的思想牢不牢。查制度，即查安全生产责任制度、安全教育的执行情况，有无违章作业；查劳动纪律、作业纪律的执行情况。查管理，即查安全的计划、教育、考核、奖罚等工作是否认真进行。查隐患，即查生产中存在的各种不安全因素。查现场，即查操作者是否遵守作业表准，是否有责任心，身体健康状况如何，技能是否熟练、能否胜任工作，查机械设备运行是否正常，有无异常现象或故障，人、物、场所的组合或结合是否达到定置管理要求的整洁、文明、有序，查班组作业人员是否穿戴或正确穿戴个人防护用品。

4. 劳动保护

劳动保护是班组安全管理的重要内容。劳动保护主要概括为劳动保护管理、安全技术和劳动卫生三个方面。劳动保护管理是指国家主管部门、产业主管部门和企业行政，为加强劳动保护所颁布的政策、法规，企业为贯彻国家劳动保护方针、政策、法规所采取的一系列管理措施。安全技术是指为了防止工伤、火灾、爆炸等事故的发生，创造良好的劳动安全条件而采取的各种技术措施。劳动卫生也叫工业卫生或职业卫生。它是指为保护劳动者身体健康，预防和治疗职业病和职业性危害，在技术上、设备上、法律上、教育上、组织制度上和医疗卫生上所采取的一整套措施。运输企业班组的劳动保护，主要是防止班组成员人身伤亡事故的发生。

10.4 运输企业班组现场管理

10.4.1 班组现场管理的概念

现场一般指生产场所。现场是企业所有活动的出发点和终结点。班组是生产的第一线，是生产现场管理的重点。现场管理是指用科学的管理制度、标准和方法对生产现场各生产要素，包括人、机、环境等进行合理有效的组织、协调、控制和检测，使其处于最佳状态，为安全生产提供保障。

10.4.2 班组现场管理的内容

现场管理的内容，涵盖了企业管理的各项工作，既包括现场生产组织管理工作，又包括落实到现场的各项专业管理和管理基础工作。

运输企业班组的现场管理工作主要做好以下三方面的工作：

1. 建立良好的工作环境

为现场作业人员创造良好的作业环境是每一个现场管理者的重要工作，也是生产作业不可缺少的前提条件。创建良好的工作环境，就是将生产的三大要素，人员、物资和设备协调到最佳的状态。

人员要素：对于职工来说，工作时的身心健康和安稳的工作状态是很重要的。作业环境的好坏会引起员工在作业时的情绪变化。现场的温度、湿度、照明以及其他的一些环境因素都要符合有关规定，要让职工心情舒畅地工作。

物资要素：作为生产所必需的零部件、材料等物资，必须随时满足作业需要。在作业的现场要有适当的物资储备。防止发生停工待料的现象。

设备要素：设备对企业来说是巨额的投资，所以充分地发挥其应有的作用是非常重要的。应对设备经常进行保养和维护，使设备能正常地运转，如果有异常就要立即排除。设备使用部门和设备维护管理部门要协调一致，确保设备的完好性。

2. 消除不利因素

现场是一个有生命的机体，经常会发生各种变化，现场管理人员及其下属几乎所有的时间都是在应付现场所发生的异常情况。比如：员工旷工、设备突然发生故障、气候异常等等。现场管理最基本的活动就是消除各种各样不利因素，完成生产目标。抓住妨碍正常生产活动进程的异常原因并采取对策，是现场管理人员重要任务，也是现场管理人员水平的重要体现。

3. 解决现场问题

在现场会发生许多各种各样的问题，如生产设备出现了故障、上下级之间的沟通出现了障碍、新进员工缺乏培养、老员工的积极性不足等，这些问题可以说是五花八门，层出不穷。面对接踵而来的各式各样的问题，现场管理人员应明确，哪些问题要立即解决，哪些可以暂缓解决。这需要对问题进行全面的分析，根据轻重缓急的程度来进行安排。但是因各人对问题观察的角度不同，所持的观点不同，在安排上也就存在着差异。班组现场管理者应能迅速解决跟前发生的异常情况，并对未来可能出现的一些问题进行预防，从而更进一步地提高现场的管理水平。

4. 建立合理的组织机构

即使现场的每个人都十分优秀，但如果不将他们有机地组合起来，充分发挥集体的力量，仅凭个人的单兵作战，是不利于完成任务的，也不可能完成任务。这就要求现场管理人员必须要建立起合理有效的现场管理组织机构，发挥现场所有员工的智慧和力量，向着共同的奋斗目标而努力。

10.4.3　班组现场管理的特点

1. 基础性

企业管理一般可分为三个层次，即最高领导层的决策性管理、中间管理层的执行性与协调性管理和作业层的控制性现场管理。现场管理属于基层管理，是企业管理的基础。

2. 整体性

现场管理是从属于企业管理系统的一个子系统。现场管理作为一个系统也具有整体性、相关性、目的性和环境适应性。这个系统管理的员工、机器、材料、规章、环境、物资、能源、信息等生产要素，通过生产现场有机的转换过程，向外部输出各种合格的产品或劳务。整体性的特点要求现场必须实行统一指挥，服从现场整体优化的要求。

3. 群众性

现场管理的核心是人。人与人、人与物的组合是现场生产要素最基本的组合，不能见物不见人。现场的一切生产活动，各项管理工作都要现场的人去掌握、操作、完成。优化现场管理仅靠少数专业人员是不够的，必须依靠所有员工的积极性和创造性，动员广大员工参与管理。

4. 规范性

现场管理要严格执行操作规程，遵守工艺纪律及各种行为规范。现场的各种制度的执行，各类信息的收集、传递和分析利用需要标准化，要做到规范齐全并提示醒目，尽量让现场员工能看得见、摸得着，使人人心中有数。

5. 动态性

现场各种生产要素的组合，是在投入与产出转换的运动过程中实现的。优化现场管理是由低级到高级不断发展、不断提高的动态过程。

10.4.4　班组现场管理的方法

1. 规范制约

职能管理很大程度上是通过规范制约来实现的，它包括严格执行管理标准及其操作规程、劳动纪律等等。通过严格执行制度规范，把违章作业、放任操作、有章不循、管理失控的现象消除在萌芽状态。如果制度不健全，执行不认真，处理不严肃，就会危害生产过程，产生管理的负效率。

2. 以法管理

宣传法律及规章制度，对职工进行法律及规章制度的教育，是现场管理人员的责任和义务，各种责任和义务表现在管理上就是以法管理。现场管理人员必须结合各自的职能对职工进行标准化法、经济合同法、安全生产法、劳动法、环境保护法等等的教育，增强职工的法制观念，提高职工遵守法律的自觉性，用法律来调整人们之间的关系，在生产经营过程中约束职工的行为。

3. 知识启迪

管理人员相对现场生产工人来讲，有较高的文化素养，掌握一定的专业技术知识，具有一定的知识优势。管理人员要利用这种优势进行现场一线管理。在职工教育、专业培训、岗位练兵、技术表演中，通过言传身教、寓教于管，启迪心灵，提高技能，达到强化管理的目的。

4. 榜样示范

喊破嗓子不如做出样子。现场管理人员不论在业务上，还是思想上，都要为人表率，这样职工才会无声服从。

5. 评价激励

现场管理人员可以把现场综合考核测评与奖罚挂钩，激发职工工作热情，调动职工工作积极性。

6. 政策调动

现场管理人员应正确贯彻国家、企业的规章制度，如：工资调整、奖金计算、公基金调整、养老金调整、费用核销等，这更能引发职工心里和行为上的积极响应，比作若干次报告和讲话的作用还要大。

7. 评比竞赛

如开展"一流班组"、"标兵岗位"、"工种能手、"先进班组"等竞赛评比活动，来提高现场管理的水平。

8. 协调关系

现场管理人员在生产管理过程中要经常进行思想交流，消除误解，加强团结，增进友谊，使生产现场的人际关系保持在最佳状态。

9. 热心服务

现场管理人员为生产经营服务、为职工生活服务的意识要强，在生产经营过程中，要热心为职工办事，为职工的工作和生活排忧解难，以热情周到的服务来实现激励效应。

10. 与人为善

现场管理人员直接与班组的职工打交道，应该关怀、信任、尊重职工，从工作、学习及完成生产任务各方面关心职工，用心帮助职工解决技术问题，对职工不冷淡、嘲弄、斥责。绝不可以"要员"自居，冷落职工。要克服"话难听，脸难看，事难办"的作风。

10.5 班组长

10.5.1 班组长的重要性及作用

1. 班组长

班组长是班组的管理者和各项工作的组织者。班组长是班组管理的核心，是搞好班组建设的关键，所有班组必须按照编制定员配备班组长。班组长一般由车间主任任命或由群众推选经车间主任批准产生。

2. 班组长的地位

班组长处于运输企业生产指挥"兵头将尾"的地位。企业从纵向结构上划分为三个层次：经营层、管理层和执行层。班组长处于执行层，是最基层的管理者，即"将尾"；企业的生产经营目标和其他工作，最终都要通过班组的每个成员的努力才能实现，班组长是生产的直接组织者和参加者，即"兵头"。所以在员工中，班组长是"将"，在所有管理者中，班组长又是"兵"。班组长是不脱产的"将"，指挥一班人的"兵"。

班组长处于生产和管理的各种要素相互联系贯通的"枢纽"地位。班组长在组织班组生产中具有领导者和劳动者得双重身份。面对班组成员，其代表上层立场，用领导者的声音说话；面对上级领导，其站在反映部下呼声的立场上，用班组成员的声音说话。一个班组，实现安全生产，完成任务，提高效益，关键取决于班组长的安排、组织和指挥，班组长要把企业领导的意志和决策，变为每个职工的自觉行动。

班组长处于班组的核心地位。班组是企业的"细胞"，班组长则是"细胞"中的"细胞核"。班组要真正形成统一、协调的战斗集体，就必须以班组长为核心，把大家团结在一起，心往一处想，劲往一处使，把班组工作做好。没有好的班组长就没有好的班组，因此班组长是一个至关重要的工作岗位。

3. 班组长的作用

班组长是运输生产的直接指挥者。班组长处于生产最前线，企业的各项生产任务都要分解到各个班组，通过班组长的正确指挥，才能得以完成。班组长的指挥直接影响着企业决策的实施，因为即使领导决策最好，如果执行者不得力，决策也难落到实处。所以班组长影响着决策的实施，影响着整个企业目标的最终实现。

班组长是班组的管理者。班组长是班组的当家人，企业技术经济、生产生活等各项管理都要落实到班组，通过班组管理得以实现。班组管理的方方面面，包括现场作业、安全生产、人员安排、考勤、技术培训、劳动竞赛、工作质量、成本核算、卫生、福利、精神文明建设等，事无巨细，哪一件也少不了班组长，所以说班组长职位不高，决策不少。

班组长是多种关系的协调者。班组长既是企业里承上启下的桥梁，又是员工之间相互联系的纽带。班组长要善于调理上下级之间，班组成员之间以及班组之间的关系，使矛盾不积聚、不上交，解决在萌芽状态，从而把班组成员团结起来，使之紧密联系，精诚合作，和睦相处，促进班组工作蒸蒸日上，生气勃勃。并且按照政治上关怀、工作上支持、管理上严格、生活上关心、待遇上从优的原则，加强班组长管理。

10.5.2 班组长应具备的能力

班组长作为不脱产的企业基层领导，工作千头万绪，任务繁重，往往处于"上挤下压，两头受气"的位置。要搞好班组工作，做一个合格的班组长，应该具备一定的工作能力。

1. 专业技术能力

班组长作为兵头将尾，一定是业务尖子，行家里手，只有如此说话才有分量、有权威，这是开展工作必须具备的能力，班组长作为基层管理人员，这方面的能力特别重要。

2. 组织指挥能力

班组长不是技术标兵，而是基层领导，必须具备管理才能；要能充分发挥班组的一切有利条件，组织完成班组的各项生产任务，实现预定的目标，取得最佳的经济效果。

3. 上传下达能力

上传下达并不是让班组长成为传话筒，而是让班组长能正确理解上级指示精神，准确表达班组成员的思想动态，起到桥梁作用。因而一个企业执行能力如何，关键在于班组长能否做好"下达"工作；班组成员的利益能否得到保障，关键在于班组长能否做好"上传"工作。

4.沟通协调能力

班组长应具有沟通和协调班组内外关系的能力。班组成员人际关系的协调，班组长不能忽视，如果出现内讧，必然影响班组工作效率；此外，班组长要从全局出发，考虑本班工作和其他班组工作、业务部门工作的协调统一，做好班组外沟通工作，使企业成为有机整体。

5.带领引导能力

既然是班组，就是组员的智力、能力互补的一个整体。班组长是"领头雁"、是足球场上的"灵魂人物"，所以，班组长要善于营造一种协作、平等的文化氛围，善于放大集体智能，鼓舞士气，关注班组成员的共同发展和进步。

6.指导帮助能力

为顺利展开日常工作，班组长应指出职工在意识和行动上的不足之处，让职工理解工作的定位和重要性，维护班组成员的工作热情。

7.知人善任能力

班组长要掌握本班每个人的技术水平和业务专长情况，委以适合的工作。通过加强思想政治工作，使本班工人经常、稳定地处于最佳工作状态。

8.激励鼓动能力

要让班组成员充分发挥自己的才能，努力工作，就要把班组成员的"要我去做"变成"我要去做"，实现这种转变的最佳方法就是对班组成员进行激励，激励能使班组成员体会到自己的重要性和工作的成就感。优秀的班组长不仅要善于激励组员，还要善于自我激励，通过自我激励，把工作压力转化成动力，增强信心。

9.创新能力

要想做好一件事，光有热情、信心、毅力还不够，还要讲究策略与方法，面对仅比桥洞高一点的船，你怎样使它安全地行使过去？是拆桥还是降水？答案是这样的：只需搬一定量的石头在船舱里就可以了。打破常规，识别优势，准确定位，扬长避短，勇于创新，这被认为是杰出班组长的成功秘诀。

10.5.3　普遍存在的五种缺陷型班组长

有些班组长缺乏令人满意的管理能力，从而导致一些具有较高价值的领导决策，得不到有效的贯彻和执行，严重地影响了企业的经济、效益，极大地损害了运输企业的良好形象。通过调查显示，目前以下五种缺陷的班组长在运输企业里普遍存在。

1. 生产技术型

生产技术型的班组长往往都是些业务尖子，但缺乏人际关系的协调能力，工作方法通常都比较简单，常常用对待机器的方法来对待人，用对待自然科学的方式对待很多社会现象和人际关系，因此对这一类的班组长有必要进行人际关系方面的培训。

2. 劳动模范型

在工作中，劳动模范型的班组长一般能踏踏实实、勤勤恳恳，但却不适合担任领导工作，因此对这部分人如果不进行管理能力方面的培训是很难胜任领导工作的。

3. 大撒把型

有些班组长并不是积极地担任这一职务，往往采取无为而治的做法，在工作中表现为得过且过，对工作没有责任心。

4. 盲目执行型

盲目执行型的班组长往往缺乏创新和管理能力，常常表现为态度、作风生硬，给人一种官僚主义的感觉，对上级政策理解不够透彻，盲目执行。

5. 哥们义气型

哥们义气型的班组长对待班组成员常常称兄道弟，像哥们一样，在工作中自然也容易讲义气、感情用事，缺乏原则性，实际上早把自己混同于非正式小团体的小头目，没有发挥应有的班组长的作用。

复习思考题

1. 什么是班组？班组的作用和特点有哪些？
2. 班组基础管理工作包括哪些方面？
3. 什么是班组的生产管理？
4. 简述班组生产管理的内容。
5. 简述班组安全管理的分类。
6. 简述班组安全管理的原则。
7. 什么是安全管理责任制？
8. 什么是班组的现场管理？现场管理的方法有哪些？
9. 简述班组长的职责。
10. 简述班组长应具备的能力。

第11章　运输企业物料管理

11.1　物料与物料管理

11.1.1　物料与物料管理概述

物料，是我国生产领域中的一个专业术语。生产企业习惯将最终产品之外的、在生产领域流转的一切材料（不论是生产资料还是生活资料）、燃料、零部件、半成品、外协件以及生产过程中产生的边角余料、废料以及各种废物统称为"物料"。

对于多数企业来说，物料有广义和狭义之分。狭义的物料就是指材料或原料，而广义的物料包括与产品生产有关的所有的物品，如原材料、辅助用品、半成品、成品等。

物料管理概念的采用起源于第二次世界大战中航空工业中出现的难题。生产飞机需要大量单个部件，很多部件都非常复杂，而且必须符合严格的质量标准。这些部件又从地域分布广泛的成千上万家供应商那里采购，其中很多对最终产品的整体功能至关重要，因而需要专门的管理。物料管理是将管理功能导入企业供销活动过程中，以经济有效的方法，及时取得组织内部各种活动所需的物料。物料管理强调从整个公司的角度来解决物料问题，包括协调不同供应商、使不同物料之间的配合性和性能表现符合设计要求、提供不同供应商之间以及供应商与公司各部门之间交流的平台和控制物料流动率。

11.1.2　物料管理的主要目标

物料管理的主要目标有：

(1)物料规格标准化，减少物料种类，有效管理物料规格的变更。

(2)适时供应生产所需的物料，避免停工待料。

(3)适当管制采购价格，降低物料成本。

(4)确保来料品质符合要求，并适当地管制供货商。

(5)有效率地收发物料，提高工作人员之效率，避免呆料、废料之产生。

(6)掌握物料适当的存量，减少资金的积压。

(7)可考核物料管理之绩效。

（8）仓储空间充分的利用。

11.1.3　物料与物料管理的特性

首先是物料的相关性。任何物料总是由于有某种需求而存在。没有需求的物料就没有存在的必要。

其次是物料的流动性。既然有需求，物料总是不断从供方向需方流动。物料的相关性决定了物料的流动性。

物料是有价值的。一方面它占用资金，为了加速资金周转，就要加快物料流动。而另一方面，在物料形态变化和流动的过程中，要用创新竞争，而不仅是削价竞争来提高物料的技术含量和附加值，用最小的成本、最短的周期、最优的服务向客户提供最满意的价值并为企业自身带来相应的利润。这也是增值链（value-added chain）含义之所在。

三种特性相互作用、互相影响。理解物料的管理特性有助于理解物料需求管理的特点。

11.2　生产计划与物料控制

11.2.1　生产计划与物料控制概述

生产与物料控制（Production & Material Control，PMC）通常分为两个部分：

PC：生产控制或生产管制。主要职能是生产的计划与生产的进度控制。

MC：物料控制（俗称物控）。主要职能是物料计划、请购、调度和控制（坏料控制和正常进出用料控制）。

11.2.2　生产计划的主要原则

生产计划排程的安排应注意以下原则：

（1）交货期先后原则：交期越短，交货时间越紧急，越应安排在最早时间生产。

（2）客户分类原则：客户有重点客户和一般客户之分。重点客户订货的生产排程要得到优先安排。有的公司根据销售额按 ABC 法对客户进行分类，A 类客户应受到最优先的待遇，B 类次之，C 类再次之。

（3）产能平衡原则：各生产线生产应顺畅，半成品生产线与成品生产线的生产速度应相同，避免出现生产瓶颈和停线待料事件。

（4）工艺流程原则：工序越多的产品，制造时间愈长，应重点予以关注。

11.3 物料管理与库存控制

11.3.1 准时生产方式

1. 概述

1) 概念及其原理

准时生产方式(Just In Time，JIT)，又称作无库存生产方式(stockless production)，零库存(zero inventories)，一个流(one-piece flow)或者超级市场生产方式(supermarket production)。JIT 准时化生产是指在精确测定生产各工艺环节作业效率的前提下按订单准确地计划和生产，以消除一切无效作业与浪费为目标的一种管理模式。简单地说，就是在合适的时间、将合适的原材料和零部件、以合适的数量、送往合适的地点并生产出所需要的产品。JIT 这一概念有4个要素：无库存、备货期短、高频率小批量补货、高质量和无缺陷。JIT 主要强调：尽量消除所有浪费、在现有基础上持续地改进。

JIT 生产管理方式是 1953 年由日本丰田汽车公司提出的。1961 年在全公司推广，又经过十几年的不断发展和完善，终于使得该公司在生产经营上取得了骄人的业绩。JIT 生产管理方式在 20 世纪 70 年代末期引入我国，在全国范围内宣传推广，并为许多企业采用。其中"看板管理"被视为现代管理方法之一。

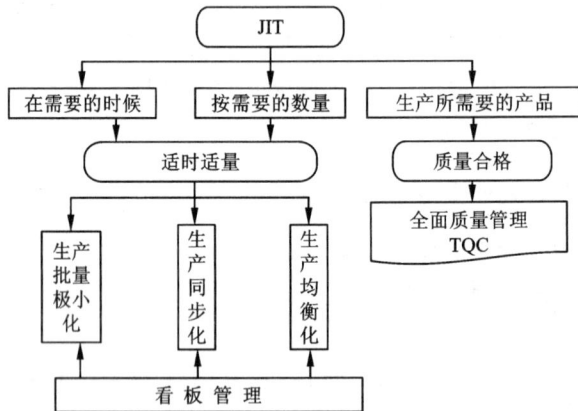

图 11-1 JIT 的构造体系

2) 产生背景

日本汽车工业从技术设备引进阶段就没有全部照搬美国的生产方式。这其中除了当时的日本国内市场环境、劳动力以及二次世界大战之后资金短缺等原因以外, 另一个很重要的原因是以丰田汽车公司副总裁大野耐一等人为代表的日本汽车界意识到, 需采取一种更灵活, 更能适应市场需求的生产方式才能够提高产品竞争力。

在20世纪后半期, 整个汽车市场进入了一个市场需求多样化的新阶段, 而且对质量的要求也越来越高, 随之给制造业提出的新课题即是, 如何有效地组织多品种小批量生产, 否则的话, 生产过剩所引起的只是设备、人员、库存费用等一系列的浪费, 从而影响到企业的竞争能力以至于生存。

日本丰田公司的副总裁大野耐一综合了单件生产和批量生产的特点和优点, 创造了一种可以高质量、低消耗生产多品种小批量产品的生产方式, 即准时生产 (Just In Time, 简称 JIT)。

3) JIT 生产方式的基本目标

JIT 生产方式将"获取最大利润"作为企业经营的最终目标, 将"降低成本"作为基本目标。

(1) 消除生产中断。

(2) 使系统具备柔性。

(3) 减少换产时间与生产提前期。

(4) 存货最小化。

(5) 消除浪费。

2. 主要内容及方法

1) 主要内容

JIT 主要内容包括生产绩效管理、生产计划改善、作业标准化、异常显示看板、生产进度看板、在库量控制、设备利用率和工时管理。其中, 看板管理是 JIT 生产制的核心工具。

2) 看板管理

看板 (Kanban) 就是表示出某工序何时需要多少数量的某种物料的卡片。又称为传票卡, 是传递信号的工具。

看板管理 (Kanban control) 是丰田生产模式中的重要概念, 是在同一道工序或者前后工序之间进行信息传递的载体。准时生产方式中的拉式 (Pull) 生产系统可以使信息的流程缩短, 并配合定量、固定装货容器等方式, 使生产过程中的物料流动顺畅。准时生产方式的看板旨在传达信息: "何物, 何时, 生产多少数量, 以何方式生产、搬运"。看板的信息包括: 零件号码、品名、制造编号、容器形式、容器容量、发出看板编号、移往地点、零件外观等。

准时生产方式的看板按其在生产线上的功能分为两类: 领取看板和生产看板。根据看板的形式, 可以分为五种类型: 工序内看板、信号看板、工序间看板、外协看板和临时看板。

3) 基于 JIT 采购与供应链管理库存

供应链管理库存(VMI)是为了满足 JIT 供应链管理的运作要求而产生的,是企业供应链管理的重大创新。采用这种模式可以减少整个供应链上的库存积压,缩短采购和供应提前期,削弱"牛鞭效应"的负面影响,提高企业对市场需求波动的承受能力。这样就能在行业内构筑起强大的竞争优势。成功实施基于 JIT 的供应商管理库存,基本方法如下:

(1)采购方的库存由供应商管理,仓库设施为供应商所有,但必须建造在采购方周围,以便于满足采购方的及时供货需求。

(2)加强与供应商的关系管理,与供应商在"共赢"机制基础上构筑战略合作关系,供应商对基于 JIT 的供应链管理能够充分理解并积极参与和支持。

(3)采购方需提供未来一段时间的采购需求计划,供应商据此进行持续补充,双方必须在采购数量,最高库存量、最低库存量、存储期限和费用分摊等方面达成一致意见,以保障采购方的采购要求为目标,供应商设定缓存库存量和补给策略。这种由供应商管理库存的方法需要双方具有很高的信任度,能够开放、共享彼此的资源和信息。

(3)企业内部供应链各环节与部门之间不断加强交流与协作,克服并尽量消除供应链中的不合理业务环节以及浪费现象,能够通过流程无缝运作,实现对需求的高效快速响应。

(4)IT 技术的支持。基于 JIT 的供应商管理库存的成功运作离不开具有增值功能的信息网络,这是成功的关键。因此,企业应拥有一套能够满足基于 JIT 的供应链运作要求的信息系统,并且能够实现供应链各节点间信息交流与共享。

11.3.2 物资需求计划

1.物资需求计划概述

1)含义及内容

物资需求计划(Material Requirement Planning,MRP)是一种以信息管理系统为基础的生产作业计划与控制系统。它根据现有存货(on hand)、已下达定单(Released Order)和物料清单(Bill of Material,BOM)的确切信息,将主生产作业计划中的产品或最终项目的需求转换成各个时期的零件和材料的净需求,然后制定出逐日的或逐周的详细作业计划来满足这种净需求。

MRP 的主要内容包括客户需求管理、产品生产计划、原材料计划以及库存记录。其中客户需求管理包括客户订单管理及销售预测是关键。将实际的客户订单数与科学的客户需求预测相结合,得出客户需要。

MRP 是一种推式生产管理体系。根据预测和客户订单安排生产计划。因此,MRP 基于不精确的预测建立计划,"推动"物料经过生产流程,形成最终产品。也就是说,传统 MRP 方法依靠物料运动,经过功能导向的工作中心或生产线(而非精益单元)方法来运作。这种方法是为大批量生产而设计的。它计划、调度并管理生产以满足实际和预测的需求组合。生产订单出自主生产计划(MPS)然后经由 MRP 计划出的订单被"推"向工厂车间及库存。

MRP 发展阶段为初期 MRP→闭环 MRP→MRP Ⅱ→ERP。

本章主要介绍 MRP,闭环 MRP 以及 MRP Ⅱ,ERP 的相关内容我们将在第 14 章进行阐述。

2)特点

(1)需求的相关性:在流通企业中,各种需求往往是独立的。而在生产系统中,需求具有相关性。例如,根据订单确定了所需产品的数量之后,由新产品结构文件 BOM 即可推算出各种零部件和原材料的数量,这种根据逻辑关系推算出来的物料数量称为相关需求。不但品种数量有相关性,需求时间与生产工艺过程的决定也是相关的。

(2)需求的确定性:MRP 的需求都是根据主产品进度计划、产品结构文件和库存文件精确计算出来的,品种、数量和需求时间都有严格要求,不可改变。

(3)计划的复杂性:MRP 要根据主产品的生产计划、产品结构文件、库存文件、生产时间和采购时间,把主产品的所有。零部件需要数量、时间、先后关系等准确计算出来,当产品结构复杂、零部件数量特别多时,其计算量非常巨大,计算也极其复杂。

2. 目标与分类

1)目标

(1)及时取得生产所需的原材料及零部件,保证按时供应用户所需产品。

(2)保证生产需要的前提下,尽可能降低库存水平。

(3)计划企业的生产活动与采购活动,使各部门生产的零部件、采购的外购件与装配的要求在时间和数量上精确衔接。

MRP 主要用于生产"组装"型产品的制造业。在实施 MRP 时,与市场需求相适应的销售计划是 MRP 成功的最基本要素。然而,MRP 也存在局限,即资源仅仅局限于企业内部和决策结构化的倾向明显。

2)分类

(1)再生式 MRP,它表示每次计算时,都会覆盖原来的 MRP 数据,生成全新的 MRP。再生式 MRP 是周期性运算 MRP,通常的运算周期是一周。

(2)净变式 MRP,它表示只会根据指定条件而变化,例如 MPS 变化、BOM 变化等,经过局部运算更新原来 MRP 的部分数据。净变式 MRP 是一种连续性的操作,当指定数据改变时就需要立即运行。

3.基本思想、原理及步骤

1) 基本思想

围绕物料转化组织制造资源,实现按需要准时生产。

MRP 的计算原理是:

从最终产品的生产计划(独立需求)导出相关物料(原材料、零部件等)的需求量和需求时间,根据物料的需求时间和生产(订货)周期来确定其开始生产(订货)的时间。

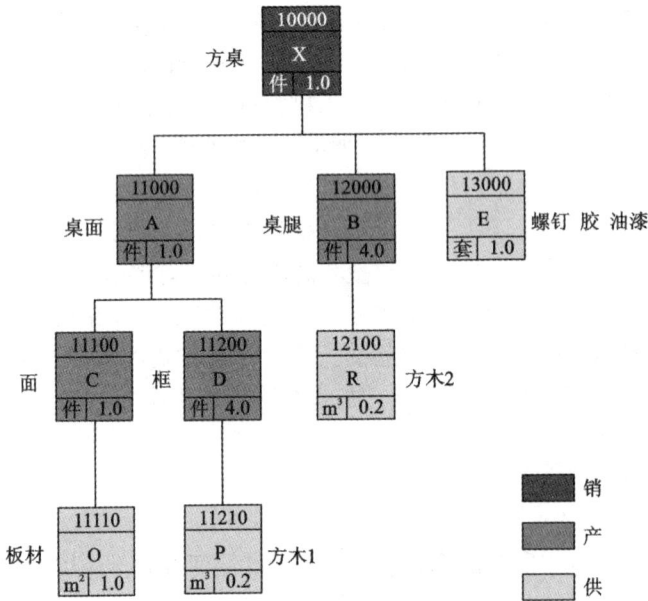

图 11-2 方桌制造 MRP 流程图

2) 基本步骤

(1) 计划前应具备的基本数据

制订物料需求计划前就必须具备以下基本数据:

①主生产计划。某一计划时间段内应生产出的各种产品和备件数量,是物料需求计划制订最重要的数据来源。

②物料清单。物料之间的结构关系,以及每种物料需求的数量,是物料需求计划系统中的基础数据。

③库存记录。反映每个物料品目的现有库存量和计划接受量的实际状态的数据。

④提前期。决定着每种物料何时开工、何时完工的数据。

这四项数据都是至关重要、缺一不可的。缺少其中任何一项或任何一项中的数据不完整，物料需求计划的制订都将是不准确的。因此，在制订物料需求计划之前，这四项数据都必须先完整地建立好，而且保证是绝对可靠的、可执行的数据。

（2）基本计算步骤

一般来说，物料需求计划的制订是遵照先通过主生产计划导出有关物料的需求量与需求时间，然后，再根据物料的提前期确定投产或订货时间的计算思路。其基本计算步骤如下：

①计算物料的毛需求量。根据主生产计划、物料清单得到第一层级物料品目的毛需求量，再通过第一层级物料品目计算出下一层级物料品目的毛需求量，依次一直往下展开计算，直到最低层级原材料毛坯或采购件为止。

②净需求量计算。根据毛需求量、可用库存量、已分配量等计算出每种物料的净需求量。

③批量计算。由相关计划人员对物料生产批量策略决定，不管采用何种批量规则或不采用批量规则，净需求量计算后都应该表明有否批量要求。

④安全库存量、废品率和损耗率等的计算。由相关计划人员来规划是否要对每个物料的净需求量作这三项计算。

⑤下达计划订单。通过以上计算后，根据提前期生成计划订单。物料需求计划所生成的计划订单，要通过能力资源平衡确认后，才能开始正式下达计划订单。

⑥再一次计算。物料需求计划的再次生成大致有两种方式：第一种方式会对库存信息重新计算，同时覆盖原来计算的数据，生成的是全新的物料需求计划；第二种方式则只是在制定、生成物料需求计划的条件发生变化时，才相应地更新物料需求计划有关部分的记录。

11.3.3　闭环 MRP

闭环 MRP 是考虑生产能力的 MRP 计划。闭环 MRP 理论认为主生产计划（MPS）与物料需求计划（MRP）应该是可行的，即考虑能力的约束，或者对能力提出需求计划。在满足能力需求的前提下，才能保证物料需求计划的执行和实现。在这种思想要求下，企业必须对投入与产出进行控制，也就是对企业的能力进行校检、执行和控制。

物料需求计划是一个无限能力计划。然而，现实企业通常都是有能力约束的。由物料管理发展为物料管理＋能力管理，形成了闭环 MRP 系统。

MPS 和 MRP 的运行和执行伴随着能力和负荷的运行，从而保证计划是可靠的；

采购和生产加工的作业计划和执行是物流的加工变化过程，同时又是控制能

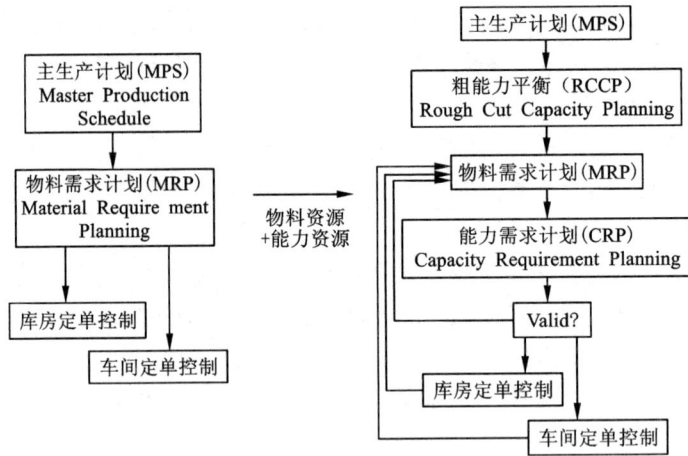

图 11-3　闭环 MRP 示意图

力的投入和产出过程

　　能力的执行情况最终反馈到计划制定层,整个过程是能力的不断执行和调整的过程。

11.3.4　制造资源计划(MRP Ⅱ)

　　制造资源计划(Manufacturing Resource Planning, MRP Ⅱ)是在 MRP 基础上发展起来的一种新的生产管理方式,面向企业的整个系统,涉及企业所有生产经营活动,合理组织企业各种资源。既要连续均衡生产,又要根据实际情况最大限度地降低各种物料的库存量,消除生产过程中的一切无效劳动,提高企业管理水平和经济效益。

　　1977 年 9 月,美国著名生产管理专家奥列弗·怀特(Oliver W. Wight)提出了制造资源计划概念,即 MRP Ⅱ。这是一个围绕企业基本经营目标,以生产计划为主线,对企业制造的各种资源进行统一的计划和控制,使企业的物流、信息流、资金流流动畅通的动态反馈系统。

　　1.基本结构

　　(1)基础数据管理子系统;

　　(2)库存管理子系统;

　　(3)经营计划管理子系统;

　　(4)主生产计划子系统;

　　(5)物料计划子系统;

（6）车间作业计划与控制子系统；

（7）物资采购供应子系统；

（8）成本核算与财务管理子系统。

此外，MRP Ⅱ系统还有设备管理子系统、人力资源管理子系统和供应商管理子系统。

2. MRP Ⅱ系统的特点

（1）管理的系统性；

（2）数据共享；

（3）模拟预见性；

（4）动态应变性；

（5）物流与资金流的统一。

3. MRP Ⅱ的局限性

（1）企业之间竞争范围的扩大，要求企业在各个方面加强管理，企业信息管理的范畴要求扩大到对企业的整个资源集成管理而不单单是对企业的制造资源的集成管理；

（2）企业规模扩大化，多集团、多工厂要求协同作战，统一部署，这已经超出了 MRP Ⅱ的管理范围；

（3）信息全球化趋势的发展要求企业之间加强信息交流与信息共享，企业之间即是竞争对手，又是合作伙伴，信息管理要求扩大到整个供应链的管理，这些更是 MRP Ⅱ所不能解决的。

11.3.5　物料清单

1. 定义

物料清单（BOM）是一种产品结构文件，它主要列出产品的所有物料品目，并指明这些品目之间的结构和数量关系，将通常用图表示的产品组成改用数据表格的形式表示出来，是 MRP Ⅱ系统中计算 MRP 过程中的重要控制文件。MRP 依据 BOM 计算需求数量和需求时间。

2. 结构

BOM 说明一个最终产品由哪些零部件、原材料所构成的，这些零部件的供应时间、数量上的相互关系是什么。从完工日期倒排进度计算的提前期不同，当一个最终产品的生产任务确定以后，各零部件的订单下达日期仍有先后。在保证配套日期的原则下，根据各物料的生产、运输提前期不同制定采购计划，做到各种物料在需用的时候都能配套备齐，不到需用的时候不过早投料，从而达到减少库存量和减少占用资金的目的。

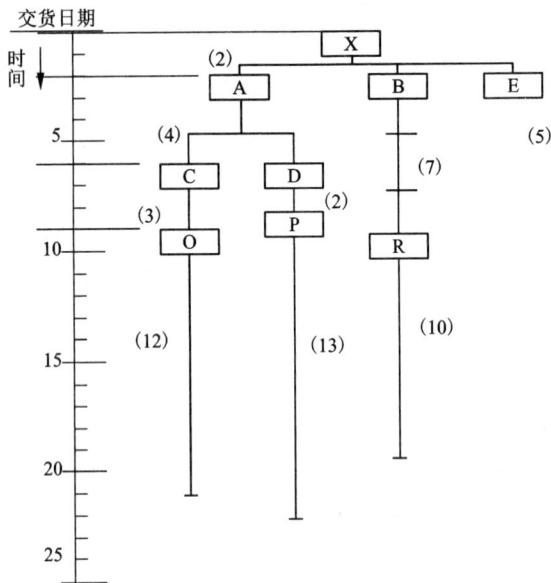

图 11-4 物料清单(BOM)示意图

BOM 与生产企业经常使用的零件明细表有本质的区别,如表 11-1 所示:

表 11-1 BOM 和零件明细表的区别

对比项	零件明细表	BOM
零件顺序	绘图方便,不严格	实际加工装配顺序和层次
内容	限图纸上表达的零件	与产品有关的一切物料
材料定额	不表示	包含在采购件的用量中
零件编码	面向单个产品,唯一性不严格	面向全企业,考虑唯一性
性质	技术文件	管理文件

3.物料清单的主要类型

物料清单可以分为四种类型:标准物料清单、模型物料清单、计划物料清单、选项类物料清单、虚拟件以及公用物料清单。

(1)标准物料清单:标准物料的物料清单。标准物料指包含在物料清单上除计划物料、选项类或模型之外的物料,如采购件、自制件、委外件等。标准物料清单是最常用的清单类型，其列有法定的子件、每个子件的需求数量、在制品控制信息、物料计划等功能。

（2）模型物料清单：模型物料的物料清单。模型物料是指在订购该物料时，其物料清单会列出可选用的选项和选项类的物料。模型物料清单列出了模型所具有的选项类、选项和标准物料，可以在销售系统中按客户要求订购不同的产品配置。模型清单可以是按订单装配（ATO：Assemble-to-order）或按订单挑库（PTO：Pick-to-order）类型的，ATO 与 PTO 模型的区别在于，ATO 需选配后下达生产订单组装完成再出货，PTO 则按选配子件直接出货。

（3）计划物料清单：计划物料的物料清单。计划物料代表一个产品系列的物料类型，其物料清单中包含子件物料和子件计划百分比。可以使用计划清单来帮助执行主计划和（或）物料需求计划。

（4）选项类物料清单：包含一系列相关选项的选项类物料的物料清单。选项类就是物料清单上对可选子件的一个分类。选项类作为一个物料，成为模型物料清单中的一层。

（5）虚拟件：作为一般性业务管理使用。"虚拟件"表示一种并不存在的物品，图纸上与加工过程都不出现，属于虚构的物品。其作用只是为了达到一定的管理目的，如组合采购、组合存储、组合发料。这样在处理业务时，计算机查询时只需要对虚拟件操作，就可以自动生成实际的业务单据。这种组合件甚至也可以查询到它的库存量与金额，但存货核算只针对实际的物料。

为了简化产品的结构的管理，简化对物料清单的管理，在产品结构中虚构一个物品，如图11-5所示。如果对 A 产品 BOM 的定义采用左图的方式，那么，子件 B、C 的 BOM 文件定义过程会重复引用到 D、E 与 F 物料，加大工作量，并且数据库的存储空间也会增加。而采用右图的定义方式，增加一个虚拟件物料 K，并定义 K 的 BOM 文件，而 B、C 的 BOM 中只需要加入一个子件 K，无须重复加入子件 D、E 与 F 物料，简化了 BOM，特别是在多个 BOM 中有大量的相同子件重复出现，这种定义方式的优越性就更加明显。另外，如果当虚拟件的子件发生工程改变时，只影响到虚拟件这一层，不会影响此虚拟件以上的所有父项。

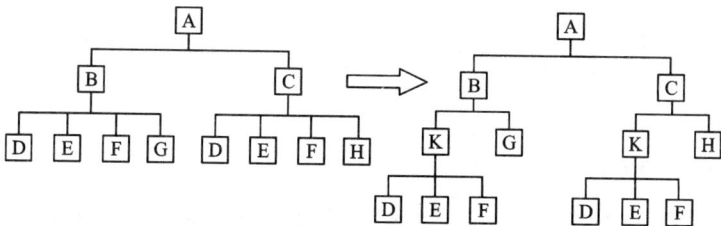

图 11-5　虚拟件示意图

(6)公用物料清单:任何具有同一清单类型的两个物料均可以共享公用物料清单。如果两个不同的物料共享同一清单,那么只需定义好一个物料的清单,可供另一物料公用,但这两个物料应该具有相同的 BOM 类型。定义新的母件的物料清单时,可将另一母件作为公用物料清单来引用,而不需在物料清单中输入任何信息,节省输入时间并方便维护。

4.物料清单表的主要类型

工程 BOM(EBOM):以产品设计资料为依据产生的 BOM。

生产 BOM(PBOM):用于生产计划编制与控制的 BOM,与工艺过程、制造成本等相关。

系列 BOM(GBOM):专门针对一个产品系列构成的 BOM。

成本 BOM(CBOM):在生产 BOM 基础上加入成本分析信息后形成的 BOM,用于计算标准成本。

5.物料清单的基本功能

物料清单是产品结构的技术性描述文件,它不仅列出最终产品的所有构成项目,而且还表明这些项目之间的结构关系,即从原材料到零件、组件,直到最终产品的层次隶属关系,以及它们之间的数量关系。

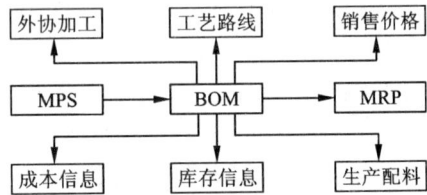
图 11-6 物料清单功能示意图

BOM 是制造企业的核心文件,各个不同的部门和系统都要用到 BOM,从 BOM 中获取特定的数据。设计部门是 BOM 的设计者,也是 BOM 的使用者,需要从 BOM 中获取所有零件的信息以及相互间的结构信息;工艺部门根据 BOM 建立各零件的制造工艺和装配件的装配工艺,以及加工制造过程中应使用的工装、模具等;生产部门根据 BOM 来生产产品;库房根据 BOM 进行发料;财务部门根据 BOM 中每个自制件或外购件的成本来确定最终产品的成本;质量控制部门要根据 BOM 保证产品的正确生产;维修部门通过 BOM 了解最终产品的具体结构,了解需要哪些备件等等。可见 BOM 对于企业各部门的管理工作有着十分重要的作用。

11.4 运输企业物料管理的任务和内容

11.4.1 运输企业物料管理的任务

运输企业自身需要的物料品类和结构都没有制造业企业物料那么多,那么复杂。从物料管理对象来看,运输企业物料管理既包括自身所需物料,也有服务对象的物料管理。运输企业管理为客户保管、配送物料,必须按照顾客的生产节奏供应其生产所需物料。运输企业物料管理的任务是根据经营的需要，在物料管理工作中做到供应及时、周转快、消耗低、费用省，取得良好的经济效益。具体内容包括以下几个方面：

(1)开展调查研究，充分掌握供需信息：一方面要掌握运输企业生产经营中需要什么物资，需要多少，什么时候需要；另一方面要掌握消费品市场、生产资料市场、技术市场等物料供应的数量、质量、价格和品种，以及供应来源和供应渠道等信息。只有全面、及时、准确地掌握物料供需的信息及其变化规律，才能在物料管理工作中提高自觉性，掌握主动性。

(2)保证供应，全心全意为运输生产和企业建设服务：运输企业的物料供应部门要以最佳的服务水平，保质、保量、按品种、按时间、成套齐备，经济合理地满足企业生产经营中所需的各种物料，保证运输企业生产经营活动顺利进行。

(3)合理使用和节约物料：运输企业应在保证生产质量的前提下，尽量选用资源充足、价格低廉的物品和代用品，有效地利用物料和降低产品成本。同时要制定先进合理的物资消耗定额，实行集中下料和限额发料，搞好综合利用和修旧利废，并要督促一切物料使用部门，努力降低物料消耗。

(4)经济合理地确定物料储备：企业在进行库存决策中，应根据物料的供需情况和运输条件，全面地分析哪些物料要库存，哪些物料不要库存。对于需要库存的物料，要运用科学的方法，制定先进合理的储备定额。

(5)缩短物料流通时间，加快流动资金周转：物料流通的时间，主要由产需衔接时间和运输时间所决定，流通时间越短，占用资金就越少，从而物料作为生产资料的功能也越大。因此，运输企业应根据就地就近原则，避免远距离运输，千方百计地缩短流通时间，以利于加速物料周转，节约流动资金。

(6)制定物料管理的岗位责任规章制度：物料的选购、搬运、保管储存、发放和使用等，都要制定标准和工作岗位责任制。并根据工作标准的成绩与失误程度，确定奖惩等级标准，以调动职工的积极性。

11.4.2　物料管理的内容

物料管理的内容主要包括物料供应计划的编制、物料的订购与采购、物料消耗定额的制定与管理、物料储备定额的制定与库存控制、仓库管理、物料的节约与综合利用等工作。

(1)物料的采购工序：物料采购、供应工作是一个关键的管理环节。物料的计划管理建立在对物料消耗定额研究的基础上、制订和修改工作加强管理，物料采购工作是物料管理的基础工作。

(2)做好物料储备定额的研究、制订和修改工作：物料储备定额是进行仓储作业和库存控制的重要参数。要排除仓储过程中的不利因素，使库存保持在科学合理的限额水平内，需要不断研究物料储备定额的原因，制订有效措施，以改进物料仓储与库存控制工作，加速物料周转。由于运输企业物料主要是自身的消耗物料，各种物料的消耗率不似产品配件与最终产品那样存在结构性的关系，所以物料储备定额工作具有更大的难度。

（3）做好物料信息管理工作：做好仓储工作，必须以健全的信息工作为基础，因此，加强物料周转过程的凭证管理，对搜索、积累、整理和分析物料的有关信息、数据有重要的作用。

（4）做好清仓查库工作，及时处理有关问题：要制订有关规章制度、及时检查、分析、处理由于仓储作业、库存控制、物料采购等环节失误造成的物料消耗、物料变质、物料积压等问题，以免造成更大的损失。

（5）运用计算机网络，提高物料管理水平：将物料信息、库存控制等管理工作的程序、内容标准化，实施计算机网络化管理，从而使物料管理手段现代化，从而，简化人工操作，提高工作效率。

11.5　运输企业库存控制

11.5.1　库存的积极作用

（1）防止发生缺货。缩短从接受订单到送达货物的时间，快速满足客户的期望，缩短交货期，以保证优质服务，同时又要防止脱销。

（2）利用经济订货批量的好处，保证适当的库存，节约库存费用。

（3）降低物流成本。用适当的间隔补充与需求量相适应的、合理的库存以降低物流成本，消除或避免销售波动的影响。

（4）保证生产的计划性、平稳性以消除或避免销售波动的影响，并保证各个生产环节的独立性。

（5）储备功能。在价格下降时大量储存，以应付灾难等不时之需，减少损失。增强企业抵御原材料市场变化的能力。

11.5.2　库存的消极作用

反过来，库存也会给企业带来不利的影响，这些影响主要包括以下几个方面：

（1）占用大量的流动资金。

（2）发生库存成本。库存成本是指企业为持有库存所需花费的成本。

（3）增加了企业的产品成本与管理成本。

（4）掩盖了其他一些管理上的问题。掩盖供应商的供应质量、交货不及时等问题。

11.5.3　库存的分类

库存可以从库存的用途、存放地点、来源、所处状态或从生产角度和经营角度等几个方面来分类。

1. 按经济用途分类

(1) 商品库存。指企业购进后供转销货物。其特征是在转销之前，保持其原有实物形态。

(2) 制造业库存。指购进后直接用于生产制造的货物。其特点是在出售前需要经过生产加工过程，改变其原有的实物形态或者实用功能。

(3) 其他库存。指除了以上库存外，供企业一般耗用的用品和为生产经营服务的辅助性物品。其主要特点是满足企业的各种消耗性需要，而不是为了将其直接转销或加工制成产成品后在出售。为生产经营服务的辅助性物品，是指企业进行生产经营必不可少、服务于企业生产经营的物品，如包装物和低值易耗品等。

2. 按存货的存放地点分类

(1) 库存存货。指已经运到企业或加工完成并已验收入库的各种存货。

(2) 在途存货。指企业购入的正在运输途中的或货已运到但尚未验收入库的各种存货。

(3) 加工中存货。指企业自行生产加工以及委托其他单位加工改制中的各种存货。

(4) 委托代销存货。指存放在委托单位，并委托其代为销售的存货。

3. 按存货的来源分类

(1) 外购存货。指企业从外单位购人并已验收入库的材料、商品等存货。

(2) 自制存货。指企业自备材料加工完成并验收入库的材料、半成品、产成品等存货。

(3) 接受捐赠存货。指国外和国内其他单位和个人捐赠的材料、商品等存货。

(4) 投资者投入存货。指投资者投入的材料、商品等存货。

4. 从物品所处状态分类

从库存所处的状态可分为静态库存和动态库存。静态库存指长期或暂时处于储存状态的库存，这是人们一般意义上认识的库存。实际上广义的库存还包括处于制造加工状态或运输状态的库存，即动态库存。

5. 从生产过程所处状态分类

从生产过程的角度可分为原材料库存、在制品库存、产成品库存和维修库存四类。

(1) 原材料库存。原材料库存是指企业储存的在生产过程中所需要的各种原材料和材料，这些原材料和材料必须符合企业生产所规定的要求。有时候，也将外购件库存划归为原材料库存。在生产企业中，原材料库存一般由供应部门控制管理。

（2）在制品库存。在制品库存包括产品生产过程中不同阶段的半成品。在制品库存一般由生产部门来管理控制。

（3）产成品库存。产成品库存是准备让消费者购买的完整的或最终的产品。这种库存通常由销售部门或者物流部门来控制和管理。

（4）维修库存。维修库存包括用于维修与养护的经常小号的物品或备件，如润滑剂和机器零件；不包括产成品的维修活动多用的物件或者备件。维修库存一般由设备维修部门来管理控制。

6. 从经营过程的角度分类

从经营过程的角度分，可以将库存分为以下 7 种类型：

（1）经常库存

经常库存可以被称作周转库存，这种库存是指为满足客户日常的需求而产生的。经常库存的目的是为了衔接供需，缓冲供需之间在时间上的矛盾，保障供需双方的经营活动都能正常进行。这种库存的补充是按照一定的数量界限或时间间隔进行的。

（2）安全库存

为了防止由于不确定因素（如突发性大量订货或供应商延期交货）准备的缓冲库存被称为安全库存。有资料表明，这种缓冲库存约占零售业库存的1/3。

（3）加工和运输过程库存

处于流通加工或等待加工而暂时被存储的商品叫做加工库存。处于运输状态（在途）或为了运输（待运）而暂时处于存储状态的商品叫做运输过程库存。

（4）季节性库存

季节性库存是指为了满足在一定的季节中出现的特殊需求而建立的库存，或指对在特定季节生产的商品在产成的季节大量收存所建立的库存。

（5）沉淀库存或积压库存

沉淀库存或积压库存是指因商品品质出现问题或发生损坏，或者是因没有市场而滞销的商品库存，超额存储的库存也是其中一部分。

（6）促销库存

促销库存是指为了与企业的促销活动相配合而产生的预期销售增加所建立的库存。

（7）时间效用库存

时间效用库存是指为了避免商品价格上涨给企业带来亏损，或为了从商品价格上涨中得到利益而建立的库存。

11.5.4 库存控制与库存管理方法

1.库存控制的概念及意义

1)库存控制的概念

库存控制要考虑下边几个方面，销量，到货周期，采购周期，特殊季节特殊需求等等。库存需要控制利用信息化手段，每次进货都记录下来，要有盘库功能，库存的价值与市场同步涨跌，要有生产计划，根据生产计划和采购周期安排采购。进行单件成本核算，节约奖励，对供货商进行管理，价格和服务，均衡采购，保持公平竞争才能得到优质的服务和低廉的价格。由于每种库存的供应条件不同、生产能力不同，每种库存物都有不同的特点。多疑库存管理必须按照货物类型实施分类管理，不同的库存采用不同的库存控制系统。

2)库存控制的意义

库存控制的意义在于在保证企业生产、经营需求的前提下，使库存量经常保持在合理的水平上；掌握库存量动态，适时、适量提出订货，避免超储或缺货；减少库存空间占用，降低库存总费用；控制库存资金占用，加速资金周转。

2.库存控制方法

1)ABC 分类法

ABC 分类法又称帕累托分析法或巴雷托分析法、柏拉图分析、主次因素分析法 、ABC 分析法、ABC 法则、分类管理法、重点管理法、ABC 管理法、巴雷特分析法，它是根据事物在技术或经济方面的主要特征，进行分类排队，分清重点和一般，从而有区别地确定管理方式的一种分析方法。由于它把被分析的对象分成A，B，C 三类，所以又称为 ABC 分析法。

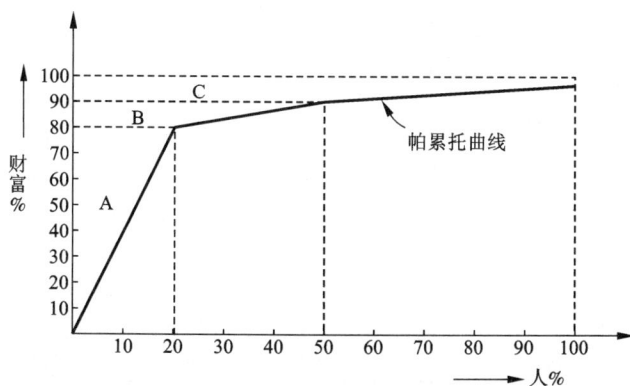

图 11 -7 帕累托图

ABC 分类法是由意大利经济学家维尔弗雷多·帕累托首创的。1879 年，帕累托在研究个人收入的分布状态时，发现少数人的收入占全部人收入的大部分，而多数人的收入却只占一小部分，他将这一关系用图表示出来，就是著名的帕累托图(见图 11-7)。该分析方法的核心思想是在决定一个事物的众多因素中分清主次，识别出少数的但对事物起决定作用的关键因素和多数的但对事物影响较少的次要因素。后来，帕累托法被不断应用于管理的各个方面。

(1) ABC 分析法的原理

20/80 原则是 ABC 分类法的指导思想，即 20% 的因素带来了 80% 结果。人们将价值比率为 65% ~80%、数量比率为 15% ~20% 的物品划为 A 类；将价值比率为 15% ~20%、数量比率为 30% ~40% 的物品划分为 B 类；将价值比率为 5% ~15%、数量比率为 40% ~55% 的物品划为 C 类。

(2) ABC 方法的步骤

第一步，计算每一种材料的金额。

第二步，按照金额由大到小排序并列成表格。

第三步，计算每一种材料金额占库存总金额的比率。

第四步，计算累计比率。

第五步，分类。累计比率在 0% ~60% 之间的，为最重要的 A 类材料；累计比率在 60% ~85% 之间的，为次重要的 B 类材料；累计比率在 85% ~100% 之间的，为不重要的 C 类材料。

(3) ABC 方法的应用

例 11.1 某企业有 3421 种物资，每年占用资金额达 8392 万元。

表 11-2 各种物资的年需要量及价值排序　　　　　　单位：万元

物资金额区域类别	品种数	品种累计数	占全部品种% 累计	物资金额	金额累计	占总金额% 累计
>6 万元	250	250	7.0	5300	5300	63.0
5 万元~6 万元	92	342	10.0	1412	6712	80.0
4 万元~5 万元	230	572	16.7	300	7012	83.5
3 万元~4 万元	75	647	18.9	250	7262	86.6
2 万元~3 万元	185	832	24.0	320	7582	90.4
1 万元~2 万元	505	1337	39.0	390	7970	95.0
≤1 万元	2084	3421	100.0	420	8392	100.0

第一步，根据各种物资的价格和年需要量计算出年需要的价值，并按价值大小分段排出品种序列。

第二步，计算各段品种数和耗用金额，各段品种累计数和金额累计数，以及各段品种累计数占全部品种数的百分比和各段金额累计数占总金额的百分比等。

第三步，根据分类标准进行 ABC 分类。

表 11-3 该企业物资的 ABC 分类表

物资分类	品种数	占全部品种数%	物资金额	占总金额%
A	342	10	6712	80
B	995	29	1260	15
C	2084	61	420	5

第四步，根据表中统计数据绘制 ABC 分析图。

第五步，对于 ABC 三类物资采取不同的管理和控制方法。

对 A 类物资实行重点控制，重点计划；对 B 类物资实行一般管理；对 C 类物资采取简单的控制方法。

2）定期采购法

（1）定期采购法的基本原理

定期采购法是基于时间的订货控制方法，它设定订货周期和最高库存量，从而达到库存量控制的目的。只要订货周期和最高库存量控制得当，既可以不造成缺货，又可以达到节省库存费用的目的。它采取定期盘点，按固定的时间间隔检查库存量并随即提出订购，订购批量根据盘点时的实际库存量和下一个进货周期的预计需要量而定。所以，这种方法订购时间固定，而每次订购的数量不同，按实际储备量情况决定。

为便于对物资的库存管理和采购管理，有必要对各项原料确定标准储存量。标准储存量就是一项物资在库房中储存的最高存量。管理人员要分别估计各项物资在规定时间内的总需要量。但由于对客源量的预测不可能十分精确，同时采购后供应单位发货也会因某些特殊情况而推迟，因而在所需原料的总量上还需加一定的保险储量。

因为库存的品种多，使用频繁，不易对各种原料逐项计算最佳经济订货批量。管理人员可根据库房的储存面积、原料的可得性和流动资金多少确定同类原料（或向同一供货商）采购的间隔天数定期采购，再根据各项原料的预订日需要量算出各项原料的标准储存量：

标准储存量 = 需要量 × 定期采购间隔天数 + 保险储存量

到采购日期时，要清点各种货物的存量，计算出需要采购的数量：

原料需采购量 = 标准储存量 - 现存量 + 日需要量 × 发货天数

利用这种方法来确定原料需购量时，可保证来货后原料正好又达到标准储存量。

（2）定期采购法的优点

同类物资或同一供应商的物资可定期在同一天采购，这样能减少采购次数和人工时。另外，每项物资确定标准储存量后，原料不会过量储存，采购数量容易控制。定期采购法的缺点是某些货物实际用量大大超过预订数时，不易发现货物短缺。为了避免这种缺陷，对每项货物订出最低储存量，当货物减少到最低储存量时，不论是否到定期采购的日子，也要采购。所以，最低储存量也就是再订货点，其计算公式为：

$$最低储存量 = 保险储存量 + 日需要量 \times 发货天数$$

3. 订货点订购法

（1）订货点采购法的基本原理

订货点采购法，又称为定量订货法。定量订货法是一种基于物资数量的订货法，它主要靠控制订货点和订货批量两个参数来控制订货进货，达到既能最好地满足用户需求，又使经营总费用最低的目的。它是以固定订购点和订购批量为基础的一种库存量控制方法。它采用永续盘点方法，对发生收发动态的物资随时进行盘点，当库存量等于或低于规定的订购点时，就提出订购，每次购进固定数量的物资。运用这种方法，每次的订购数量不变，而订购时间由材料物资需要量来确定。

它是通过查阅库存卡上原料的结存量，对达到或接近订货点储存量的原料进行采购的方法。使用这种方法要求在库房中对每种原料建立库存卡。货物收到后必须在卡片上登记正确的数量、单价和金额，发出的货物也要随时登记。库房中还需要有一套检查制度，检查哪些货物已经达到或接近订货点储存量，对这些已达到订货点储存量的原料发出采购通知和确定采购数量。原料订货点储存量也就是该原料的最低储存量，当原料从库房发出使库存数量减少到订货点储存量时，该原料必须采购补充。

订货点基本公式：

$$订货点 = 单位时区的需求量 \times 订货提前期 + 安全库存$$

例 11.2 某物料 A 的需求量为每周 100 件，订货提前期为 6 周，并保持两周的安全库存，则物料 A 的订货点为多少？

解：$100 \times 6 + 200 = 800$

$$订货点储存量 = 保险储存量 + 日需要量 \times 发货天数$$

利用订货点采购法和定期采购法的不同是，订货点采购法的采购数量比较稳定。需采购量 = 标准储存量订货点储存量 + 日需要量 × 发货天数 = 标准储存量 − 保险储存量

（2）订货点采购法的优点

①建立了货品库存卡制度和检查制度。当原料不足时，能及时检查和反映出来并及时采购，能有效地防止货品储量不足或过量储存。

②在确定采购时只需翻阅库存卡即可，能够节省人工时。

③采购数量比较稳定，不需要每次作决策，采购管理比较方便。订货点采购法的缺点是：利用这种方法需要对原料进行不定期的采购，采购和运输的工作量比较大，而且库存卡上要正确登记库存的进货和发货量，卡片登记工作比较费时。

11.6　物料配送管理

这里的物料配送管理是针对客户物料的管理。运输企业为客户提供中长途运输、仓储与配送服务，要根据客户生产特点制定合理的物料保管与配送管理制度。

11.6.1　配送作业方法

配货是配送工作的第一步，根据运输企业各个生产单位的需求情况，首先确定需要配送货物的种类和数量，然后在仓库将所需货物挑选出来，即所谓的分拣。分拣工作可采用自动化的分拣设备，也可采用手工方法。这主要取决于仓库的规模及其现代化的程。配货作业有两种基本形式：分货方式和拣选方式。配货时大多是按照入库时间的"先进先出"原则进行。

1.摘取方式

又叫拣选方式，在物料仓库为每个生产部门拣选其所需货物。特点是仓库的每种货物的位置是固定的，对于货物类型多、数量少的情况，这种配货方式便于管理和实现现代化。

2.播种方式

将需配送的同一种货物，从企业物料储存地集中搬运到发货场地，然后再根据各生产部门对该种货物的需求量进行二次分配，就像播种一样。这种方式适用货物易于集中移动且对用一种货物需求量较大的情况。

3.摘取方式和播种方式的比较

如果出货单数量不多，摘取方式和播种方式的效率与效果都没有什么差别。但是如果在同样是大量出货的情况下比较，播种式配货法在误差控制上占有明显的优势。而且在大多数情况中，处理时间也比摘取式节省。如果转换成人力成本来计算，应可节省 17%～25% 的费用或是相当的工时。

摘取式配货法在出货数量少、频率低，但识别条件多、体积小而单价高的品种，或者牵涉批号管制且每批数量不一定的品种等情况时，仍然有它的适用性。

11.6.2 配送车辆的配装

由于配送作业本身的特点，配送工作所需车辆一般为汽车。由于需配送的货物的比重、体积以及包装形式各异，在装车时，既要考虑车辆的载重，又要考虑车辆的容积，使车辆的载重和容积都能得到有效的利用，配送车辆配装技术要解决的主要问题就是在充分保证货物质量和数量完好的前提下，尽可能提高车辆在容积和载货两方面的装载量，以提高车辆利用率，节省运力，降低配送费用。

1. 车辆配装的原则

具体车辆配装要根据需配送货物的具体情况以及车辆情况，主要是依靠经验或者简单的计算来选择最优的装车方案。

凭经验配装时，应遵循如下原则：

（1）为了减少或者避免差错，应尽量把外观相近、容易混淆的货物分开装载；

（2）重不压轻，大不压小，轻货应放在重货上面，包装强度差的应放在包装强度好的上面；

（3）尽量做到"后送先装"，由于配装车辆大多是后开门的厢式货车，所以先卸车的货物应装在车厢后部，靠近车厢门，后卸车的货物装在前部；

（4）货物与货物之间、货物与车辆之间应留有空隙并适当衬垫，防止货损；

（5）不将散发臭味的货物与具有吸臭性的食品混装；

（6）尽量不将散发粉尘的货物与清洁货物混装；

（7）切勿将渗水货物与易潮货物一同存放；

（8）包装不同的货物应分开装载，如板条箱货物不要与纸箱、袋装货物堆放在一起；

（9）具有突出物的货物应和其他货物分开装载或用木板隔离；

（10）装载易滚动的卷状、筒状货物，要垂直摆放；

（11）装货完毕，应在门端处采取适当的稳固措施，以防开门卸货时，货物倾倒造成货损或人员伤亡。

解决车辆配装量问题，当数据量小时还能用手工计算，但数据量大时，需用数学方法来求解。现在已开发出车辆配装的软件，将配送货物的相关数据输入计算机，即可由计算机自动输出配装方案。在进行配装时，我们可以充分利用此类软件自动安排。

2. 配送路线的优化

1）配送路线的确定原则

配送路线是指歌颂货车辆向各个生产部门送货时所要经过的路线。配送路线合理与否配送速度、车辆的合理利用以及配送费用都有直接影响，因此配送路线的优化问题是配送工作的主要问题之一。采用科学的、合理的方法来确定配送路线，是配送活动中非常重要的一项工作。

2）确定配送路线目标

目标的选择是根据配送的具体要求、物资供应部门的实力及客观条件来确定的。配送路线规划的目标可以有多种选择：效益最高/成本最低、路程最短、吨公里数最小、准确性最高等都可以作为目标函数。

3）确定配送路线的约束条件

一般配送应当满足所有部门对货物品种、规格、数量的要求；满足各部门对货物送达时间范围的要求；在允许通行的时间段内进行配送；各配送路线的货物量不得超过车辆容量和载重量的限制；在物资供应部门现有运力允许的范围内。

4）配送路线优化的方法

随着配送的复杂性，配送路线的优化一般要结合数学方法及计算机求解的方法来制订合理的配送方案，最常用的一种确定优化配送方案的方法是节约法，也叫节约里程法。

1964年克拉克、怀特发表了制订配送计划的节约法的论文，提出了如何从许多挑可供选择的路径中，选出最佳配送路径的方法。

节约里程法的基本思想是为达到高效率的配送，使配送的时间最小、距离最短、成本最低，而寻找的最佳配送路线。其思想是依次将运输问题中的两个回路合并为一个回路，每次使合并后的总运输距离减小的幅度最大，直到达到一辆车的装载限制时，再进行下一辆车的优化。而优化过程分为并行方式和串行方式两种。

复习思考题

1. 简述 MRP 和 MRP Ⅱ 的结构及特点。
2. 简述库存控制的主要方法。
3. 简述看板的功能及分类。
4. 简述物料清单的基本功能。

第12章　交通运输企业设备管理

随着我国国民经济的发展和人民生活水平的提高，人们对交通运输的安全和服务的要求也不断提高。各种原材料和产品的运输以及人们的休闲旅游观光的需要，使交通运输地位日见重要。因此，必须要提高运输设备水平以及设备的管理水平。运输企业设备管理是运输企业管理的重要组成部分。交通运输企业规模庞大而且综合性极强，拥有大量的技术设备，为了保证交通运输的安全、正点和不间断，运输设备必须要有一定的数量和完好的质量，并应经常保持良好的运用状态。运输设备的状况，反映我国运输设备的现代化水平程度，也是编制运输生产计划的重要依据，所以对设备要进行科学的管理。

12.1　运输企业设备管理概述

12.1.1　运输企业设备的概念及其分类

运输企业设备是运输生产活动的主要劳动工具，是完成各项运输生产任务的物质基础。为了满足客户不同的运输需求，完成各种运输活动和任务，需要多种运输、装卸搬运的设备。运输设备主要有以下分类：

1. 按设备实现的运输功能分

存储保管设备——包括货架、托盘、托盘搬运车、叉车、提升机；

装卸搬运设备——包括各式装卸搬运机具、叉车、吊车、单斗车、搬运车；

运输与配送设备——包括各式运输工具、牵引车、平板车、自动化分拣设备、光电识读设备；

运输信息管理设备——包括条码扫描器、电子数据交换设备、货物跟踪设备、运输监控设备等。

2. 按运输方式分

铁路运输设备——包括铁路机车车辆、线路、桥隧、通信信号设备、车站以及各种自动化信息管理系统等；

公路运输设备——包括公路线路、车辆、控制及管理系统等；

水路运输设备——包括船舶、航道、港口、通信及导航等设施；

航空运输设备——包括飞机(航空器)、机场(航空空港)和航路及空中交通管制系统等；

管道运输设备——包括输油管道、天然气管道、固体浆料管道及相关设备等。

12.1.2 运输企业设备管理的重要性及任务

加强设备管理，能保证运输企业正常的生产经营活动，使企业的经济效益最大化；同时，加强运输设备的管理，是保证运输企业安全生产最重要的前提。另外，由于近几年运输业的迅猛发展，使企业的各项设备日趋先进，设备投资越来越高，与设备有关的各种费用在生产成本中所占的比例不断提高，因此，加强设备管理，做好现有设备的挖潜、革新、改造，以及通过各种途径降低设备损耗，增加设备使用寿命，同时利用设备进行有效的节能，是提高运输企业经济效益、完善企业管理的重要环节。

设备管理的任务就是管好、用好、维护好设备，充分发挥设备的效能，减少设备闲置，提高运输经济效益，降低运输过程中因设备而产生的损失。具体任务有：

（1）搞好投资规划，为运输企业提供先进合理的技术设备。

（2）保证运输设备始终处于良好的技术状态，以确保安全运输。

（3）做好现有设备的挖潜、改造、节能，提高经济效益。

（4）做好设备的日常管理和维护工作。

12.1.3 运输企业设备管理的主要内容

运输企业设备管理的内容是对运输设备及辅助设备运行全过程的管理，即从设备选购、安装调试、使用、维护修理、保养、改造、更新、直至报废退出运输生产领域为止的全过程，以及在这个过程中所产生的设备投资、折旧、维护修理、更新改造等各种费用的管理。具体内容有：

（1）选择先进、经济、合理、适用的设备。

（2）合理使用设备，提高设备的利用率。

（3）及时做好设备维护保养工作，并制定相关的管理制度。

（4）做好设备的验收、登记、保管、调拨、报废等日常管理工作。

（5）有计划地进行设备的更新改造工作。

12.2 运输企业设备的选择、购置与评价

12.2.1 运输企业设备选择的一般原则

运输企业选择设备，具有较强的行业行和专业性，是运输设备管理的一个重

要环节，影响运输设备的管理水平和经济效益。运输设备选择的总原则是：技术先进，经济合理，生产适用。在设备选择时，应注意以下几点基本要求。

1. 生产效率

设备的生产效率由设备的理论效率和设备的工作时间决定。理论效率表现为功率、转速、行程、速度等一系列技术参数，针对运输企业而言，主要表现为载重、行程、速度等。设备的大型化、联合化、高速化、自动化、电子化等，是运输生产现代化的重要标志。运输企业的设备选择要与运输企业所承担的运输量配套，即设备的作业能力与实际的运量相适应，既不要因设备能力低而阻碍运输生产，也不要因运量低而虚糜设备能力，造成设备的浪费和闲置。

2. 配套性

设备的配套性是设备生产能力的主要标志。一般来讲，配套性不仅要求基本生产设备和辅助生产设备成套，还要求项目成套，即一个新建项目所需的各种设备必须成套，包括工艺设备、动力设备及其他辅助设备。对运输企业而言，配套性是指运输设备性能、运输作业环节及运输生产能力等相互配套与衔接的程度。因此，运输企业在选择设备时，必须结合企业自身的特点和运输业的发展趋势，合理配置设备，做到运输各环节之间的协调和衔接，消除运输生产中的"瓶颈"，提高运输设备的整体效率。

3. 设备的能耗和物耗

设备对能源和原材料的消耗指标是当今极为重视的问题。能耗指驱动设备的一次能源或二次能源的消耗；物耗是设备对原材料的利用程度。运输企业设备对各种能源的消耗非常大，因此在选择设备时必须考虑该设备的节能性，以及该设备对其他原材料的消耗程度，尽量使设备的能耗和物耗降到最低，节约资源和资金，提高经济效益。

4. 可靠性

可靠性是设备对产品质量或工程质量的保证程度。对运输业而言，可靠性就是指运输设备的稳定性、准确性、使用寿命的长短以及对安全运输的保证程度。

5. 维修性

维修性是设备维修的难易程度。维修性的好坏直接影响到设备维修的工作量和费用。因此运输企业要尽量选择维修性好的设备，即结构简单合理，便于检查拆卸，零部件实行标准化通用化，互换性强。目前国际上都很重视设备的维修性，并广泛开展设备维修性研究，向无维修目标努力。甚至很多国家规定，进入市场的设备必须注明维修费。

6. 环保性

环保性是指噪声和有害物质排放对环境的影响程度。当今环境保护对各行各业都提出越来越高的要求。运输企业在选择设备时，应承担起保护环境的社会职责和义务,同时要配备相应的废气、废渣、污水处理等附属设备和配套工程,并将噪声降低到国家规定标准之内。

除以上应注意的几点外,还要注意设备的使用寿命、设备的灵活性、轻便性、投资费用和投资回收期等等。

12.2.2　运输企业设备的购置

购置设备是把新设备从企业外部经过运输,进入运输企业内部的生产使用过程,同时也是进行设备投资的经济活动过程。因此,设备购置计划要与投资计划同步进行,并且对购置目的进行反复研究论证,避免盲目性,以充分发挥设备投资的效果。例如我国高速铁路技术的引进和设备的购置,就是经过反复研究和多次的谈判商讨,并且经过激烈的竞争,才有了最终的结果,即引进并购置欧洲先进的动车组技术。

运输企业设备购置应按照一定的程序进行,主要包括三个阶段:一是有关部门提出设备购置与投资计划,说明购置设备的理由,进行设备投资概算、技术经济论证;二是召集运输生产、设备、物资、财务等相关负责人,共同研究审查设备购置计划和技术经济论证方案,判断数据的可靠性,选择最优方案;三是经过综合平衡、研究审查和最优化以后,确定设备购置投资计划以及资金的筹措。

12.2.3　运输企业设备的经济评价

在选择和购置设备时,除了考虑上述因素外,还要考虑经济效益,即对设备做出经济评价。因为设备的投资、折旧和维修等费用都要计入到企业成本中,所以设备的经济性就直接影响到企业的经济效益。

运输企业在购置设备时,要测算设备的寿命周期费用,它由两大部分组成:购置费和使用费。购置费是一次支出或集中在短时间内的支出费用,包括设备价格、运输费、安装调试费以及一些研究、设计和制造的费用;使用费或维修费是设备在使用过程为了维持正常运转而支付的费用,主要是能源消耗、维修费、折旧费、保险费及员工工资等。在掌握以上费用的基础上,从经济的角度来对设备进行评价,主要有包括以下几个方面。

1.投资回收期

怎样选择设备是通过分析计算不同设备的投资回收期来综合考虑的。投资回收期 T 的计算公式为:

$$T = \frac{K - r}{R - d}$$

式中:K——设备投资总额;

r——设备残值；

R——设备年净收益；

d——设备年折旧额。

在其他条件相同的情况下，可选用投资回收期最短的设备作为选择设备的最佳方案。

2. 年平均寿命费用

根据不同的设备选择方案，计算出年平均费用，年平均费用最小的方案作为最佳的设备选择方案。这种方法适用于不同的设备在每年的维修费不同、使用费不同的情况下进行的经济评价。设备的平均寿命费用 C_y 计算公式如下：

$$C_y = \frac{I + \sum_{i=1}^{T_e} C_i}{T_e}$$

式中：I——设备购置费；

T_e——设备的经济使用寿命；

C_i——设备在第 i 年的使用费用总额。

3. 费用换算

用以上方法进行设备经济评价时，若涉及的投资额和使用费用额很大，还应考虑所支付资金的时间价值。费用换算法是根据设备最初一次投资费用和设备每年支出的维持费用，按照设备的预期寿命和利率，换算为设备平均每年的总费用或设备预计寿命周期的总费用，然后对不同方案进行比较、分析与评价，选择最优方案。又可以分为年费用法和现值法两种。

(1) 年费用法

这种方法是把设备的原始投资费用，根据设备的预计寿命周期，按一定的年复利率换算成相当于每年的费用支出，然后再加上每年的使用费（运营维持费）得出设备每年支出的总费用，从中选择费用最低的设备。年费用 C_{yt} 计算公式如下：

$$C_{yt} = K \frac{i(1+i)}{(1+i)^n - 1} + C_a$$

式中：K——设备一次投资费用（设备最初购置费）；

C_a——设备每年维持费；

i——年利率；

n——设备寿命周期，年。

例 12.1 有甲、乙、丙三种汽车修理设备，都能以相同的生产效率完成同样的生产任务，使用期按 5 年计算，三种设备的购置费和各年使用费如表 12-1。

表 12 - 1 三种设备的购置费和各年使用费

序号	设备 费用/元			甲	乙	丙
1	期初购置费			6000	8000	10000
2	各年使用费	1		200	200	100
		2		400	300	200
		3		900	600	300
		4		1600	1000	400
		5		2500	1500	600
		合计		5600	3600	1600
		每年平均使用费		1120	720	320
3	总费用			11600	11600	11600
4	换算成期初总费用			9833.70	10494.93	11127.35
5	期初购置费换算成每年费用			1582.78	2094.63	2637.97
6	各设备每年总费用			2702.78	2814.63	2957.30

各设备期初购置费换算成每年费用,见表 12 - 1 中 5,各设备每年的总费用见表 12 - 1 中 6,可以看出,甲设备总费用最低,乙设备其次,丙设备最高,所以选用甲设备。

(2)现值法

这种方法是把设备在预计寿命周期内每年支出的使用费或维修费,按现值系数换算成相当于设备的初期费用,然后再和设备的原始投资费用相加,进行总费用现值的比较。若有几种设备,它们的功能和生产效率基本相同,但是设备的购置费和使用费各有差别,在选择设备时,可以用现值法选择较为经济的设备。

由表 12 - 1 可以看出,甲、乙、丙三种设备 5 年内支付的费用都是 11 600 元,似乎三种设备可以任意选购。但是用现值法将各设备支出费用换算成期初总费用,则甲设备最省,乙设备次之,丙设备最贵。计算公式如下:

$$C_T = K + C_a \frac{(1+i)^n - 1}{i(1+i)^n}$$

式中:K——设备一次投资费用;

C_a——设备每年维持费用;

n——设备使用年限;

i——复利利率。

上述两种方法虽然计算过程不同，但计算后得出的结论是一致的。

12.3 运输设备的使用、养护和维修

12.3.1 运输设备的使用

1. 运输设备合理使用的重要性

正确使用设备是设备管理的一个重要环节。设备的效率、精度、寿命等，在很大程度上与操作者对设备的正确使用有关。正确地、合理地使用设备，可以在节省设备的条件下，充分发挥设备的效率。

运输设备种类很多，涉及的管理和使用部门也比较复杂，对于运输设备的合理使用存在相当大的难度，而且运输设备的维修养护还有一个特点，就是在运用过程中进行。运输设备在使用过程中如果出现使用不当，就会加速设备磨耗、故障、病害等情况的发生，会严重影响正常的运输生产秩序和运输安全。因此要求我们在设备使用当中必须注重合理性。例如，对于限定载重量的车辆，我们在装载货物时必须严格按照标记载重或按允许的增载范围进行装载，否则会对车辆产生损害，并且会对路基、轨道及其他基础设施产生破坏作用，同时超载也会对设备的运行安全造成很大的威胁。另外，运输设备的设备管理部门和使用部门往往并不属于一个系统或一个单位，以铁路供电设备为例，供电段是供电设备的管理单位，供电设备养护维修、日常检查都由供电段来进行，但设备的使用单位是车站。一旦车站操作人员由于误操作将铁路电力机车从带电区段放入停电检修区段，不但会对检修作业人员的人身安全造成极大的威胁，同时也会对相关供电设备造成破坏。所以，我们在操作、使用设备的过程中必须严格按照规定和相关程序来合理使用运输设备。

2. 运输设备的使用方针

运输设备的使用方针是：经常使用，对精密、大型、稀有设备更要经常使用，提高设备的利用率。主要包括两方面的含义：一是制止设备使用中的蛮干、滥用，避免造成设备的过度磨损，影响运输产品质量和运输安全，带来严重事故；二是要防止设备的闲置不用，避免造成设备投资不能及时收回，还要承担必须支出的各种税费以及维护保养费用。

3. 提高设备使用效益的技术经济措施

针对设备的不同特点和要求，应制定一套科学的规章制度，并采取一系列技术经济措施，以提高设备的使用效益。

（1）为各类设备配备合格的操作人员，实行操作证使用设备制度。对于精密的、复杂、关键的和国外引进的设备，应指定具有相应技术的工程师或技术工人

去指导或操作，并固定操作人员，同时颁发上岗证，并定期对操作人员进行技术培训和考核。

（2）为各类设备合理安排生产任务。要根据各类设备的性能、结构和技术经济特点，恰当安排生产任务和设备负荷，避免设备超速、超负荷运转。

（3）合理配齐各种类型设备，保证各种主要运输设备、辅助设备和动力、起重设备具有适当的比例，并使它们有机地结合起来，在生产率上相互协调，才能合理使用设备。

（4）为设备创造良好的工作条件，是保证设备正常运转、延长使用和保证安全生产的重要条件，同时对设备安装必要的防护安全措施，配备必要的测量控制和保险装置。

12.3.2　运输设备的维护和保养

1. 运输设备养护的意义和原则

运输设备是完成运输任务的物质基础，只有经常保持良好的运用状态才能保证正常的运输秩序和各项运输任务的完成，否则会严重影响正常的运输生产秩序和运输安全。例如车辆经过一定时期的运用后，各组成部分不可避免地发生磨耗、锈蚀或损坏断裂等现象，当达到一定限度不及时修理，轻则影响使用，重则危及行车安全。因此，对运输设备的维护和保养就显得尤为重要。

在运输设备的维护和保养过程中，应努力实现机械化、自动化，严格责任制和检验制，坚持以预防为主、检修与保养并重、预防与整治相结合的原则，合理确定检修项目和检修周期，组织定期检查，加强日常维修，提高设备质量。

2. 运输设备维护保养的内容

设备保养的主要内容有：清洁、润滑、紧固、调整、防腐等。目前对一般行业的设备来说，养护比较普遍实行"三级保养制度"，比如普通运输业、机械行业等。

三级保养制是指日常保养、一级保养和二级保养。日常保养，是由操作人员负责，使设备保持清洁润滑。保养的项目和部位较少，大多数在设备外部，它也是交接班检查的内容之一；一级保养，是在专业检修人员指导协助下，由操作人员承担，定期进行的保养。保养的项目和部位较多，而且是由设备外部进入设备内部；二级保养，是由专业检修人员承担，操作人员配合，定期进行的保养。保养的项目和部位最多，主要在设备内部。

12.3.3　运输设备的检查

运输设备检查是指在掌握设备的磨损规律的条件下，对设备的运行状况、工作精度、磨损或腐蚀程度以及工作稳定性等环节进行全面检查。它是设备维修中的重要环节。通过检查，可以及时查明并消除设备的隐患，找出设备存在的问题，提出改进维修工作的措施，有目的地做好修理前的各项准备工作，提高修理质量和缩短修理时间。

设备检查的方法有很多，主要有以下几种：

1. **按检查方式分为：人工检查和状态检查**

人工检查指用目视、耳听、嗅味和触摸等感官和使用简单的工具进行的检查。例如，铁路车辆部门的列检人员，对停车列车进行技术检查，要通过观察车辆的走行部，来判断车辆的正常与否；状态检查指安装仪器仪表，对设备运转情况自动监测或诊断，以便全面准确地把握设备的磨损程度和其他情况。对于大型、复杂、精密、贵重设备尤为重要有益。例如，目前铁路车辆部门采用5T设备，包括红外线轴温探测仪等来检查车辆走行部的状况，从而确定车辆是否能够继续安全运行。

2. **按检查时间间隔分为：日常检查、定期检查和修理前检查**

日常检查是指每日检查和交接班检查，由设备操作人员或维修人员每天例行执行，检查中发现问题及时报告处理。日常检查是预防维修的基础工作之一，贵在坚持。

定期检查是指按计划日程表，在操作人员参加下，由专业检修人员定期执行。

修理前检查是在年终对主要设备进行的较普遍的检查，以摸清设备技术状态的实际情况，作为编制下年度设备修理计划和进行修理准备工作的依据。

以上几种设备检查方法在交通运输设备检查中都会经常用到，为设备的修理提供可靠的依据和保障。

12.3.4 运输设备的修理

设备修理是设备出现故障或技术状态恶化到某一临界状态后，为恢复其功能进行的技术活动，修理恢复各种原因引起的设备损坏，并更换损坏的部位或零件。它实质是设备物质磨损的补偿。修理的基本手段是修复和更换，使设备的效能得到恢复。目前我国企业普遍实行的设备维修制度由一系列相应的设备维修方针、措施和程序组成，是保证设备处于完好状态，提高设备利用率，缩短维修周期，降低修理成本和提高修理质量的主要条件。设备维修制度主要有以下几种：

1. **计划预防修理制度**

计划预防修理制度是根据设备的磨损和故障规律，有计划地进行维修、检查和修理，保证设备经常处于完好的技术状态。

(1) 计划预防修理制度的主要内容有：日常维修、定期检查和计划修理。

计划修理是计划维修制度的核心，分为大修、中修和小修三种。大修，是指对设备进行全面整修和检测,更换和修复不合格或磨损的零件,像安装新设备一样安装和调试,是工作量最大的一种计划修理;中修,是对设备进行一定范围内的检查和修理,更换和修理设备的主要零件,并校正设备的基准,使设备恢复到规定的精度,是工作量较大的一种计划修理;小修,是更换和修复少量的磨损零件或调整设备、排除障碍,以保证设备能够正常运转,是工作量最小的一种计划维修。

(2)计划预防修理制度的实施方法有:标准修理法、定期修理法、检查后修理法。

标准修理法,也叫强制修理法,是对设备的修理日期、类别和内容,都预先规定具体计划。不管设备运转中的技术状态如何,都严格按照计划规定进行。所以,一般用于必须严格保证安全运转和特别重要的设备。

定期修理法,是根据设备实际使用情况和修理定额,规定设备修理日期和大致的修理内容,再根据修理前的检查,确定修理日期、具体的修理内容和工作量。这样便于做好修理前的准备工作,缩短修理时间,并且能合理利用零部件,降低修理费用。

检查后修理法,是先规定检查计划,根据检查结果以及过去的修理资料,确定修理日期和内容。这种方法可以充分延长零件的使用寿命,修理费用较低,但是不利于充分做好修理前的准备工作,修理时间较长,一般用于不重要的设备。

2.保养修理制度

保养修理制度是由一定类别的保养和维修组成的设备维修制度。这种制度最先在交通运输业中推行,以后又在其他行业中实行。这种制度的特点是:打破操作工人和维修人员之间分工绝对化的界限,由操作工人有限度地承担设备的保养,使一线工人直接参加到设备管理和养护维修中,进一步贯彻预防为主的方针。

12.3.5 铁路运输设备的检查、养护和修理

我国铁路运输在交通运输中占有重要的地位,铁路运输的客、货运量都大大领先于其他交通运输行业,而铁路运输设备的保有量也居各种交通运输行业之首。因此,对铁路运输设备的检查、养护和修理是非常重要的。

铁路运输设备在养护和维修上,不仅要严格执行以上的各种养护和维修制度,同时,它还有自己的一些特点和要求。

1.铁路运输设备的定期检查

各铁路局应按下列规定进行检查:

(1)对重要线路的平面及纵断面复测、限界检查,每五年至少一次;技术复杂及重要的桥梁、隧道检定,其他线路的平面及纵断面复测、限界检查,每十年

至少一次；对其他桥梁、隧道检定，应根据实际需要进行。

（2）根据线路的年通过量、线路允许速度制定合理的检查周期，使用轨道检查车、钢轨探伤车对线路进行检查。

（3）使用电务试验车对干线地面信号、机车信号、轨道电路和列车无线调度通信系统的运用状态，每季度检查一次；登乘机车检查信号显示距离、机车信号显示状态等，每月不少于一次。

（4）对各种试验车、检测车，每半年检查一次；对探伤器每月检查一次。

（5）对给水、电力、供电及机车整备设备，每季度至少检查一次。

（6）对污水处理等环境保护措施，每年检查一次。

（7）使用接触网检测车对接触网状态每季度检查一次；对接触网设备每年检查一次。

（8）对机车车辆、建筑物的防火设施及器具、消防组织、防火防爆措施、危险品检查设备等，每季度检查一次。

（9）对红外线轴温探测设备等安全检测设备，每季度检查一次。

（10）对铁路信息系统一类设备，每半年检查一次。

（11）每年汛期前组织有关部门对沿线危树进行检查。

2.铁路运输设备的养护维修

（1）线路、桥梁及隧道设备。线路、桥隧等设备经常维修的基本任务就是防止和整治各种病害，保证线路等设备的状态完好，内容包括计划维修、紧急补修、重点病害整治和巡道工作等。其基本作业包括起道、拨道、改道、调整轨缝、捣固、清筛等。虽然有经常的设备维修，但是经过较长时间后，线路等设备的各个部分还是会发生磨耗和变形，当这种磨耗和变形达到一定程度时，单靠维修就难以彻底整治了，必须进行线路的大修。大修的内容有：矫正并改善线路的平纵断面、全面更换、抽换、修理钢轨，更换或补充轨枕，清筛和更换道床，补充道渣，改善道床断面等。

（2）信号通信设备。铁路通信部门应保证通信设备的质量，负责设备的运行和维护。电务段设置信号设备检修、修配、测试场所，配置相应的机具和工具，铁路信号、通信设备应按技术状态进行维修并按周期进行中修和大修。

（3）铁路信息系统。铁道部、铁路局信息管理机构、技术机构负责铁路信息化建设和信息系统的运行维护管理，配备信息系统的站、段由信息技术部门或专职人员负责运行维护管理。

（4）车辆设备。车辆段是车辆部门的基层生产单位，一般设在有大量货车集散的编组站、国境站或旅客列车到发量大的地区。其基本任务是负责车辆的定期检修和日常保养工作，并逐步扩大实施状态修、换件修和主要零部件的专业化集中修。车辆定期检修分为厂修、段修、辅修，货车还有轴检。

（5）机车设备。机车部门的基本任务是经济合理地运用机车以及质量良好地检修机车，其基层生产单位是机务段。机车实行计划预防修、主要零部件的专业化集中修和定期检测状态修。机车的定期检修分为大修、中修、小修和辅修。

（6）房屋建筑设备。铁路局应组织定期检查管内房屋建筑物的质量和使用安全情况，根据质量状态有计划、按周期地进行维修、大修。

12.4　运输设备的更新与改造

运输企业设备的更新和改造，对满足生产建设发展，提高和增强企业的生存及发展能力，取得较好的经济效益都有重要的意义。

企业生产能力的形成有两个途径：一是对现有设备进行挖潜、革新和改造；二是建设新企业，上新项目，形成新的生产能力。我国经济建设实践说明，第一条途径是扩大再生产、增加生产力、投资少、时间短、收效快的途径。

运输企业也是如此。运输设备需要不断地更新改造，才能满足运输业发展的需要。运输企业设备从购置使用到报废，通常要经历一段较长的时间，当设备因损坏或落后等原因不能或不宜继续使用时，就需要进行设备改造或更新。由于技术进步的速度日益加快，设备更新的速度也相应加快，并且要对设备整个运行期间的技术经济状况进行分析研究。

12.4.1　运输企业设备更新分析

1.设备寿命

在设备改造与更新分析过程中，存在着如何确定设备的合理寿命的问题。设备的寿命有物质寿命、技术寿命、经济寿命和折旧寿命。

物质寿命是指从设备投入使用到报废为止所经历的时间，也叫自然寿命；技术寿命是指从技术角度确定设备最合理的使用年限；经济寿命是指从设备的经济效益角度来确定设备最合理的使用年限；折旧寿命是指使用部门预计提取设备折旧费的时间年限。

上述设备的四种寿命都考虑了经济效益因素。追求技术进步和提高经济效益是研究设备改造与更新决策的根本出发点，因此，确定设备更新最佳周期的总原则是：使设备一次性投资和各年费用的总和达到最小。

2.设备结构的先进化、合理化

设备改造和更新的目标是设备结构的先进化、合理化。要求设备构成比例体现技术水平先进合理，符合生产发展的要求，能提高企业的经济效益，保证企业技术进步。设备的结构包括以下主要内容：

（1）役龄结构。即设备的寿命，设备的使用年限。前面已经介绍，它是设备改造和更新的重要依据。

(2)新度结构。表示设备的新颖程度。计算方法如下：

$$设备的新度系数 = \frac{设备的净值}{设备的原值}$$

设备的新度系数定量反映了设备的折旧费用提取程度，即设备价值的转移情况。

(3)技术水平结构。是不同技术水平的设备之间的比例关系，反映了企业设备的综合技术水平，也是设备改造和更新的依据。

(4)工艺结构。是承担不同工艺的设备之间的比例关系，反映了企业工艺技术水平。

(5)性能结构。是具备不同性能的设备之间的比例关系，反映企业设备的技术性能。

3.设备更新分析比较原则

运输企业的设备更新，就是用新设备代替旧设备完成相同工作。设备更新有两种类型：一是设备原型更新，只考虑有形磨损而不考虑无形磨损，在设备使用期内没有更先进的设备出现，仍以原型设备更新；另一种是新型设备更新，用新型设备更换掉在效率或经济上不宜继续使用的原设备，这种更新能真正解决设备的损坏和技术落后问题。

在对设备更新进行经济分析时，应遵循以下几个原则：只分析费用，即不管是购置新设备，还是改造旧设备，在设备经济分析中一律只分析其费用，这样，设备更新的评价，就是在相同收益的情况下对费用进行评价；分析期一致，即由于不同的设备服务寿命不同，所以为了准确评价，在对设备进行更新分析时，分析期必须一致，实际工作中，通常采用年费用法来进行方案比较；不考虑沉没成本，即通常旧设备更新，往往未到其折旧寿命期末，账面价值和转售价值之间存在差额，但这一损失是过去的决策造成，不计入新设备的费用之中，不予考虑；旧设备与新设备的购置价格相比，即将新旧设备放在同一位置上进行考虑，对旧设备采用最新资料，当作是一个目前可以实现的价格购买，这样，在更新分析中才不至于发生决策失误。

12.4.2 运输企业设备更新时机

运输企业适时更新设备，既能促进企业技术进步，加速经济增长，又能节约资源，但是应不应该更新，什么时候更新，是进行原型更新还是新型更新，这就要视具体条件而定，主要还是以什么时候更新对经济上最有利为依据。

1.设备原型更新的时机

设备的原型更新大多数按经济寿命来确定。当设备使用到经济寿命年限时，再继续使用，经济上已经不合算，因此，设备更新时机应以其经济寿命年限为佳。设备的经济寿命是指设备使用一定时间后，综合有形磨损和无形磨损造成的经济效益低劣，继续使用在经济上不合算，又无大修和改造价值的时间，其报废界限是综合效益低劣又有新设备可更新的时间。设备更新问题是从经济效益出发寻求设备的合理使用年限，即设备的经济寿命，而经济寿命也称之为设备最佳更新期。常用的计算方法有低劣化数值法和面值法。

（1）低劣化数值法

假设设备使用后残值为零，K_0 代表设备原值，T 代表使用的年数，则每一年的设备费用为 K_0/T，随着 T 增加，K_0/T 按反比例减少；但是设备使用时间越长，磨损越大，设备的维护费及其他消耗增加，而设备性能不断下降，这就叫设备低劣化。低劣化每年以 q 数值增加，则第 T 年的低劣化数值为 qT，经过 T 年使用后，平均低劣化数值为 $qT/2$。

因此，每年的设备费用为：

$$y = \frac{q}{2}T + \frac{K_0}{T}$$

对 y 求导，使其等于零，则求出所耗费用最少的经济寿命 $T_{\min}$，即

$$T_{\min} = \sqrt{\frac{2K_0}{q}}$$

例 12.2 某种设备的原始价值为 8000 元，每年低劣化增加值为 320 元，求其经济寿命。

解：

$$T_{\min} = \sqrt{\frac{2K_0}{q}} = \sqrt{\frac{2 \times 8000}{320}} = 7（年）$$

（2）面值法

面值法是一种以同类型设备的统计资料为依据，既不考虑大修也不考虑经济效益，而是通过分析计算年度使用费用来确定经济寿命的一种方法。其计算公式为：

$$P_n = \frac{K_0 - L_n + \sum_{t=1}^{n} y_t}{n}$$

式中：P_n——第 n 年的年度使用费用；

　　　K_0——设备原值；

　　　L_n——第 n 年的实际残值；

　　　y_t——第 t 年的维持费；

　　　n——设备使用年限。

2. 设备新型更新的最佳时机

用经济寿命来确定设备的最佳更新时机，多用于设备在使用期内不发生技术上的过时和陈旧，没有更好的新型设备出现，只是由于磨损而造成运行成本的提高，这时使用原型设备替换要比继续使用旧设备更为经济。但是在技术不断进步的条件下，很可能还未使用到经济寿命年限，就出现了效率更高、消耗更小、经济效益更佳的新设备，这时，是购置新设备还是使用旧设备？若更新，又该在什么时候更新最经济？一般的原则是：当旧设备再继续使用一年的年费用超过新型设备的最小年费用时，就应该立即更新。

例12.3 某货运中转站有旧叉车一台，若要现在出售市场价格为 40000 元，并估计还能使用 4 年。目前市场上出现的新型叉车的价格为 100000 元。两种叉车的年经营费及残值如表 12 - 2 所示，试计算 $i = 10\%$ 时，旧叉车的合理使用年限。

表 12 - 2 旧叉车与新型叉车的年经营费用及残值

使用年限	旧叉车			新型叉车		
	年经营费	残 值	年总费用	年经营费	残 值	年总费用
1	30000	30000	44000	20000	75000	55000
2	35000	20000	45905	22500	56200	52050
3	40000	10000	47744	26000	43000	49862
4	45000	0	49528	29600	33000	48583
5				34000	21000	48697
6				38500	10000	46159
7				50000	1000	46458

从表中计算结果可以看出，旧叉车使用 3 年时年费用超过了新型叉车的最小年费用，即 47744 元 > 46159 元，因此旧叉车的合理使用年限为 2 年，旧叉车再使用 2 年就应该更换为新型叉车。

12.4.3 运输企业设备技术改造

设备的技术改造也叫设备的现代化改装，是指应用现代科学技术和先进经验，改变现有设备的结构，安装或更换新部件、新装置、新附件，以补偿设备的无形磨损和有形磨损。通过技术改造，可以改善原有设备的技术性能，使之达到新设备的技术水平。运输设备技术改造主要有以下几个特点：

1. 针对性强

运输企业的设备改造，一般是由设备使用部门和设备管理单位协同配合，确定技术方案，进行设计改造。对设备的改造密切结合企业生产的实际需要，可大幅度地提高运输企业的运量和经济效益。例如，大秦线几年以来每年都进行的大施工，就是针对运量的提高而进行的配套改造工程，包括工务、电务、行车以及机车车辆各部门设备的技术改造。

2. 经济性好

运输企业的设备技术改造，可以充分利用原设备的基础部件，节省时间和费用。

3. 现实性大

一个国家所拥有的某种设备的总量总是远大于生产这种设备的能力。例如我国铁路拥有的货车保有量为几百万辆，而全国铁路的车辆生产量是每年几十万辆而已，若把每年生产的新车辆全部用来更换原有的旧车辆，那十年也换不完，可见，单靠设备更新难以满足企业生产发展的需要。因此，采用设备技术改造具有很大的现实性。

12.4.4 铁路运输设备的更新与改造

当今各种交通运输方式的竞争日益激烈，而我国的国情和经济发展水平使铁路运输始终占有最重要的地位。铁路运输设备和其他各类运输设备一样，都要在使用中发生损耗或者随着科技和经济的进步而被淘汰，所以需要不断地更新与改造，提高设备的效率，才能满足日益增长的客货运量需求，同时保证运输安全生产的有序进行。近几年，铁路运输发展迅猛，各项设备的科技含量越来越高，一些从国外引进的先进设备也陆续在铁路运输生产中使用，这就对设备的更新和改造提出了更高的要求。铁路运输设备更新改造不仅严格遵循以上的原则和要求，还有本行业的一些原则和特点。

1. 铁路运输设备的使用年限

铁路运输设备和其他类型的设备一样，都存在使用年限和使用寿命的问题，但是由于铁路运输设备的复杂性和多样性，各种设备的使用年限也不同。有的设备按照国家标准制定使用年限，如管道、压力容器、锅炉、汽车等社会通用型设备；有的铁路特有设备则按铁道部的标准制定使用年限，如铁路机车、车辆、钢轨、轨枕等；有的设备按照国家固定资产折旧来确定使用年限，如信息设备、办公设备、房屋建筑设备等；有的设备则带有强制更新的限制，如无线电台、电池片等，目的是为了保证铁路运输生产的正常进行。

2. 铁路运输设备的更新改造原则

根据铁路运输生产的特点，更新改造计划实行"统一计划、分级管理"的原则，由铁道部和铁路局两级管理。更新改造必须制定中长期计划。中长期计划是确定铁路技术改造目标的纲领，是编制年度计划的依据。更新改造计划必须贯彻国家的方针政策，注重技术经济效益，在论证项目方案时，不仅要从技术上进行研究，而且要从工程造价、建设周期、新增能力及运营成本等多方面进行综合比较，选择经济合理方案，最大限度发挥投资效益。

3.铁路运输设备更新改造的项目分级管理

铁路运输设备更新改造分为铁道部和铁路局两级管理。

(1)铁道部管理的项目

主要干线、编组站以扩大运输能力为目的的综合性技术改造，以及牵引动力改革引起的机务段技术改造；跨局的客车扩大编组及开行重载列车有关改造项目；配合地方政府对省会、直辖市所在地客站进行总体改扩建；营业铁路新建、扩建客、货车辆段及机械保温车辆段；涉及全路性的新技术、新设备及通信和电子计算机网络工程；重点战备工程；铁路与公路平交改立交、与地方政府签订协议，并按照协议进行设计和施工；铁道部直属单位的更新改造项目及其他铁道部指定的项目；配合使用外资贷款的路网性项目。

(2)铁路局管理项目

线路、站场、行车设备改造；客货运设备改造；机务、车辆设备改造；工务、电务设备改造；行车安全设备；重点技术措施；住宅、文教、卫生及其他生活设施改造建设；环保、劳保、节能措施；战备项目；设备更新购置；其他更新改造项目；配合使用外资的局管项目。

4.铁路运输设备更新改造的计划管理

铁路运输设备更新改造的计划管理主要分以下五个阶段：

(1)可行性研究报告阶段 首先要逐级提报和审批可行性研究报告。总投资在5000万元及其以上的项目由铁道部报国家经贸委审批；5000万元以下、2000万元及其以上的项目由铁道部审批，报国家经贸委核备；铁路局非生产性项目，除住宅、文教卫生项目外，2000万元以下、1000万元及其以上的项目报铁道部审批；1000万元以下的项目由铁路局审批。可行性研究报告的审查、批复工作由各级计划部门组织有关业务部门办理，必要时事先进行调查、评估。

可行性研究报告的主要内容有：建设理由；建设方案及规模；设计范围、标准及主要技术条件；有关协作配合事项；主要工程数量、设备和投资估算；建设工期及实施进度；新增生产能力及经济效益分析、资金来源、投资回收年限和社会效益初步测算等。

(2)设计及审批阶段 对于规模较大、技术较复杂的项目按两阶段进行设计，其他项目按一阶段进行设计。各级计划部门必须做好设计文件的审批工作。

(3)编制和下达计划阶段 批准的可行性研究报告和设计文件是编制年度计

划的依据，计划项目的总投资须以批准的设计概算为准。

（4）项目实验阶段　各级部门要经常了解在建项目的施工进行情况，对重点工程要深入现场调查。

（5）项目竣工后的验收和后评价阶段　项目竣工后计划部门要及时组织验收并进行固定资产的等级入账。对较大的技术改造工程，在项目竣工投产后，部、局计划部门要组织进行后评价。

12.5　案例

平顶山煤业（集团）铁路运输设备综合管理信息系统

1. 简要技术说明

煤矿铁路是由车、机、工、电、辆等多工种组成的铁路运输系统。与其他行业相比，煤炭铁路运输设备具有数量较多、型号复杂、使用分散及生产作业环境复杂多变等特点，设备动态管理的信息量大。企业的安全生产依赖于设备状况的实时监控。对于铁路行业来说，设备日常的预防性维修，保证所有铁路设备随时处于良好的工作状态，是企业安全生产的中心工作内容之一，直接影响着企业的战略发展的成败。因此，借用现代化的管理手段，实现铁路设备管理的信息化非常必要。

目前，国内开发的设备管理软件基本上都是通用设备管理系统，很难满足个别单位的特殊需要，特别是矿区铁路，跟其他行业设备管理有很大的不同，带有鲜明的矿区铁路专业特点。其设备管理要求严格按照煤炭工业企业《设备管理规程》和铁路设备维护、检修《规程》进行设备计划、采购、验收、运行、维修、报废等动态管理，实现对设备生命周期全程跟踪。需要矿区铁路运输企业根据自身设备管理的特点，量身定制适合自己设备的管理信息系统。为此，立项"铁路运输设备综合管理信息系统"。"铁路运输设备综合管理信息系统"是平煤集团2005年重大科技攻关项目，由平煤集团铁运处与中国矿业大学共同承担。铁路运输设备综合管理系统是铁路运输管理信息系统的一个重要组成部分，是具有矿区铁路特色的设备管理信息系统。其主要内容与特点为：一是针对矿区铁路设备信息量大、状态不断变化的特点，建立了集通用设备管理、机务设备管理、工务设备管理、电务设备管理、车辆设备管理为一体的综合设备管理信息系统。内容丰富，涵盖面广，涉及生产、技术、管理等多方面。具有设计新颖、技术先进、界面友好、实用性强特点。二是系统基于 B/S 与 C/S 两种模式，以主流操作系统和 SQL SERVER 为平台，采用 VB. NET 开发工具，用网络图表、关键路径技术进行管理优化，并以 WEB 方式首次实现了图形导航及设备各类信息的查询功能。三是项目按照《煤炭工业企业设备管理规程》和铁路设备维护、检修规程，建立相关功能模块，具有跟踪、预警功能，实现了设备计划、采购、验收、运行、维修、报废等过程的动态管理。

2. 主要内容、指标

铁路运输设备综合管理信息系统以局域网为载体，包括在统一数据库基础上的网站建设和设备管理信息系统开发两部分。

1）网站建设

建立铁运处设备管理信息系统网站。包括新闻信息、对外联系、通用设备、工务设备、电务设备、车辆、机车设备、报表管理等几大功能模块。通过设备管理信息系统的网站，可以浏览查询基于统一数据库的设备各类信息，实现上传、下载各种技术资料、图片、报表功能；工务的线路设备、电务的电力、通信、信号设备可以实现图形导航功能，使全处设备信息共享。

2）开发研制铁路设备管理信息系统

铁路运输设备管理信息系统主要包括以下几个功能模块：

（1）设备前期管理。包括：①设备需求及采购计划管理：需求计划管理、采购计划管理；②设备选型、可行性论证管理；③设备开箱验收：开箱验收记录、出库单；④设备安装及验收管理：设备安装通知书、安装计划、安装验收单、安装交接记录。

（2）设备基础管理。包括：①设备编码管理；②设备台帐管理：台帐包括企业所有设备的技术参数、数量、状态、安装地点等内容，所有台账可按时间、部门、类别、类型、设备编码等查询；③设备档案管理：为设备各种档案资料登记目录；对设备的随机技术、操作说明等跟箱资料、维护保养细则、润滑细则等资料的录入、储存。

（3）设备运行管理。包括：①运行状态统计：设备运行记录；②设备故障管理；设备故障记录、月故障统计报表。③设备事故管理；设备事故记录、月事故统计报表。④设备能源消耗管理；主要蒸汽机车用煤、内燃机车用油及单车考核。

（4）维修管理。包括：①维修计划管理；年度大修计划、月度维修计划、机车、车辆作业网络计划；②维修实施管理；月度故障修理单、验收记录；③备件消耗管理；设备备件记录及报表管理。

（5）特种设备管理。包括：①特种设备运行状态管理；特种设备运行记录、安全保护装置记录、及特种设备报警管理；②特种设备人员管理：特种设备定员、上岗培训、资格证书等管理。

（6）设备的报废管理。包括：①申报报废设备计划；②各级主管审批后形成正式报废计划；③对批准报废设备自动生成单台设备报废申请书和鉴定表；④报废设备的处理情况监控。

（7）各专业的设备管理。包括：①工务设备管理子系统；②电务设备管理子系统；③车辆设备管理子系统；④机车设备管理子系统。

（8）设备综合评价与综合信息查询功能。包括：①全处设备明细、分布、状况动态查询；②全处设备事故及设备检修情况查询；③设备购置计划、运行、报废情况查询；④设备大修计划、完成情况查询；⑤评价设备综合经济技术指标查询。

3. 该系统的优势

该项目结合铁运处实际需求研制开发，技术手段先进，在全国煤矿铁路系统中处于领先地位。经投入使用证明，该系统软件性能稳定，工作可靠。系统软件界面友好，操作简单、方便，覆盖面广，具有较高的可扩展性和维护性，以及较强的适应性。系统应用可为企业带来如下的好处：

第一，设备管理网的信息发布功能，为全处设备管理信息的共享与传输提供了一个良好的交流平台，信息的大范围快速共享，提高了信息价值，节约了信息制作成本。

第二，设备管理各种报表的网上传输、自动汇总、审批、打印功能，减少了工作人员的工作量，提高了工作效率与质量。

第二，车辆、机车维修计划自动生成功能，为数量较多的车辆及各种型号的机车及时、准确安排各种定期维修提供了一个方便、高效的工作界面，即避免了车辆、机车的漏修，造成安全隐患，又减少了原来因记录混乱带来的盲目重复维修的现象发生，堵塞了管理上的漏洞。机车、车辆检修网络优化技术的应用，不仅节约了费用，而且压缩了检修周期，使机车、车辆可以尽快投入营运，带来可观的运输效益。

第四，设备管理各专业模块的应用，提供了设备购置、验收、档案、运行、维修、报废等各种详细资料信息，提高了领导决策能力，减少了决策成本。

铁路运输设备综合管理系统在企业的投入使用，将全面提升企业管理信息化水平。有效地提高企业设备利用率和使用寿命，强化了铁路运输企业设备的安全保障功能，减少了因铁路运输设备造成的事故。有效提高工作人员的工作效率与质量，减轻劳动强度，降低设备的运行成本、维修成本和管理成本。从某种意义上讲，其产生的间接经济效益、社会效益要远远大于对企业产生的直接经济效益。该项目不仅解决了铁运处设备管理的信息化问题，对整个煤矿铁路运输系统及相关的行业具有示范作用和较好的推广应用前景。

复习思考题

1. 简述运输企业设备的分类。
2. 运输企业设备管理的任务和内容是什么？
3. 简述运输企业设备选择的一般原则和基本要求。
4. 运输设备合理使用的重要性和设备使用的方针是什么？
5. 运输企业设备养护的原则和设备保养的主要内容是什么？
6. 怎样对运输设备进行检查和修理？
7. 铁路运输设备的养护维修包括哪些方面？
8. 运输设备的寿命包括哪几种？
9. 运输企业设备更新有哪两种类型？
10. 对运输设备更新分析应遵循哪些原则？
11. 运输企业设备技术改造有哪些特点？
12. 铁路运输设备更新改造的项目分级管理内容是什么？
13. 铁路运输设备更新改造的计划管理包括哪几个阶段？

第13章 运输企业信息管理

13.1 信息与信息系统

13.1.1 信息

1. 信息概述

信息和数据是生活中经常使用的术语，也是信息系统中最基本的概念。信息系统处理的主要对象是大量的、各式各样的信息和数据。当今社会已进入日新月异的信息时代，信息和数据已经被广泛地应用到社会生活的各个领域。那么，什么是信息？基于不同的领域和专业的研究目的，人们对信息的定义也是五花八门。但至今信息还没有一个公认的定义。以下是各领域对信息不同的定义：

信息是物质、能量、信息及其属性的标示。

信息是确定性的增加。

信息是事物现象及其属性标识的集合。

信息以物质介质为载体，传递和反映世界各种事物存在方式和运动状态的表征。

信息是物质运动规律的总和，信息不是物质，也不是能量。

信息是客观事物状态和运动特征的一种普遍形式，客观世界中大量地存在、产生和传递着以这些方式表示出来的各种各样的信息。

信息论的创始人香农认为："信息是能够用来消除不确定性的东西。"

信息是抽象于物质的映射集合。

"信息"作为一个科学术语，最早由哈特莱于1928年在其《信息传输》一文中开始使用。20世纪40年代后期，伴随着信息论、控制论的产生，"信息"成为一个科学的概念，应用于自然科学和社会科学的许多领域。信息与我们日常所提到的数据和知识有本质的区别。

数据 ≠ 信息 ≠ 知识

数据：数据是信息和知识的符号标识。

信息：数据中的内涵意义。

知识：知识是一套具有前因后果关系的信息，是人类在长期的实践中总结出来的正确的东西。

2.信息的基本特征

信息的基本特征如下：

(1)普遍性。信息是事物运动的一种状态和状态改变的方式，只要物质存在，有事物运动，就会有相应运动的状态和方式，就存在着信息。

(2)真伪性。信息有真信息和伪信息，即真实信息和虚假信息之分。

(3)时效性。由于所有事物都在不断变化。信息总是反应特定时刻、特定地点事物的信息，即信息是动态的。信息是有时效、有寿命的。

(4)相对性。客观上信息是无限的，但相对于认知主体来说，人们实际获得的信息总是有限的。由于不同主体有着不同的感受能力，不同的理解能力和不同的目的性，从同一事物中获得的信息也是因人而异的。

(5)依存性。信息本身是看不见、摸不着的。它必须依附于一定的物质形式，不可能脱离物质单独存在。这些以承载信息为主要任务的物质形成成为信息的载体。

(6)可传递性。信息的可传递性是信息的本质等征。信息可以通过多种渠道，采用多种方式进行传递。一个完整的信息传递过程必须具备信源、信宿、信道和信息4个基本要素。信息传递的过程如图13-1所示。

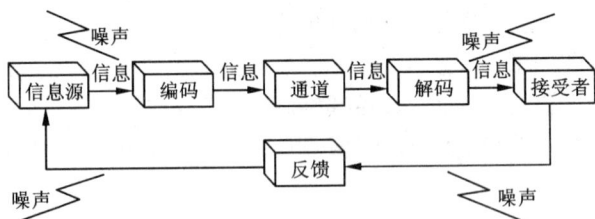

图13-1 信息传递的过程

(7)转化性。信息是可以通过被分析或综合、扩充或浓缩，由一种形态转换成另一种形态。

(8)共享性。信息区别于物质的一个重要特征是它可以被共同占有、共同享用。

信息还具有主观和客观的两重性。信息的客观性表现为信息是客观事物发出的信息，信息以客观为依据；信息的主观性反应在信息是人对客观的感受，是人们感觉器官的反应和在大脑思维中的重组。

13.1.2 信息资源

1.信息资源概述

信息资源与企业的人力、财力、物力和自然资源一样同为企业的重要资源，且为企业发展的战略资源。同时，它又不同于其他资源(如材料、能源资源)，信息资源是可再生的、无限的、可共享的。

一种观点是狭义的理解，认为信息资源是指人类社会经济活动中经过加工处理有序化并大量积累起来的有用信息的集合。

另一种观点是广义的理解，认为人类社会信息活动中积累起来的信息、信息生产者、信息技术等信息活动要素的集合。信息资源包括：①人类社会经济活动中经过加工处理有序化并大量积累起来的信息、信息生产者；②为某种目的而生产信息的信息生产者的集合；③加工、处理和传递信息的信息技术的集合；④其他信息活动要素(如信息设备、设施、信息活动经费等)的集合。

2. 信息资源的特点

信息资源与自然资源、物质资源相比，具有以下几个特点：

(1)能够重复使用，其价值在使用中得到体现；

(2)信息资源的利用具有很强的目标导向，不同的信息在不同的用户中体现不同的价值；

(3)具有整合性.人们对其检索和利用，不受时间、空间、语言、地域和行业的制约；

(4)是社会财富，任何人无权全部或永久买下信息的使用权；是商品，可以被销售、贸易和交换；具有流动性。

3. 信息资源的3要素

信息资源与自然资源不同，是人工生成的资源。没有信息的生产者就没有信息。信息的开发与利用依赖信息技术，信息只是信息资源的一个要素。信息资源的3要素包括：信息生产者、信息、信息技术。

信息生产者，是信息资源的关键，因为信息是人创造的，信息技术是人发明和利用的。

信息，人们只有通过开发利用信息，才能表明信息资源的价值。信息是信息资源的核心。

信息技术，是信息收集、加工、存储和传递技术的集合。信息技术的应用，大大提高了开发和利用信息的效率和效益，能更有效地实现和创造信息的价值。

13.1.3　案例——联邦快递的信息技术

"在联邦快递，我们使用多种信息系统。联邦快递的信息技术部门对从企业资源计划(ERP)和客户关系管理(CRM)，到专业航线管理软件等电脑系统都实施监控，其中一部分系统是我们内部自行开发的。

对于信息技术的开发与应用，我认为很重要的一点是，企业和客户的需求是非常复杂的，所以不可能期待有一种'万能'的产品出现。我们需要将那些可配置的，并且便于维护的众多系统综合到一起，从而满足我们不断变化的业务或客户需要。非常重要的是，我们的信息技术部门员工要时刻了解市场上出现的最新解决方案和最新技术，从而做出评估，然后为我们的客户选择最佳解决方案。这些系统在确保我们以经济实惠的方式向客户提供最佳服务的过程中发挥着关键作用。"

（联邦快递亚太地区 CIO：Linda Brigance）

1. 信息系统

（1）信息系统概述

信息系统（Management Information System），是一个由人、计算机及其他外围设备等组成的能进行信息的收集、传递、存贮、加工、维护和使用的系统。其主要任务是最大限度地利用现代计算机及网络通信技术加强企业的信息管理，通过对企业拥有的人力、物力、财力、设备、技术等资源的调查了解，建立正确的数据加工处理并编制成各种信息资料及时提供给管理人员，以便进行正确的决策，不断提高企业的管理水平和经济效益。目前，企业的计算机网络已成为企业进行技术改造及提高企业管理水平的重要手段。

（2）信息系统的功能

信息系统的 5 个基本功能：输入、存储、处理、输出和控制。

输入功能：决定于系统所要达到的目的及系统的能力和信息环境的许可。

存储功能：是系统存储各种信息资料和数据的能力。

处理功能：基于数据仓库技术的联机分析处理（OLAP）和数据挖掘（DM）技术。

输出功能：信息系统的各种功能都是为了保证最终实现最佳的输出功能。

控制功能：对构成系统的各种信息处理设备进行控制和管理，对整个信息加工、处理、传输、输出等环节通过各种程序进行控制。

（3）信息系统的类型

从信息系统的发展和系统特点来看，可分为数据处理系统（Data Processing System，DPS）、管理信息系统（Management Information System，MIS）、决策支持系统（Decision Sustainment System，DSS）、专家系统（Expert System，ES）和虚拟办公室（Office Automation，OA）5 种类型。

由管理的层次性可将经理信息系统、营销信息系统、制造信息系统、财务信息系统、人力资源信息系统、信息资源信息系统分为两个层次。这是一种逻辑的MIS 而不是物理的 MIS，也叫组织信息系统。

2. 管理信息系统

（1）管理信息系统概述

管理信息系统是一个以人为主导，利用计算机硬件、软件、网络通信设备以及其他办公设备进行信息的收集、传输、加工、储存、更新和维护，以企业战略竞优、提高效益和效率为目的，支持企业的高层决策、中层控制、基层运作的集成化的人机系统。

其主要任务是最大限度的利用现代计算机及网络通讯技术加强企业的信息管理，通过对企业拥有的人力、物力、财力、设备、技术等资源的调查了解，建立数据，加工处理并编制成各种信息资料及时提供给管理人员。

（2）管理信息系统的内容

一个完整的 MIS 应包括：决策支持系统、工业控制系统、办公自动化系统以及数据库、模型库、方法库、知识库和与上级部门及外界交换信息的接口。其中，办公自动化系统、与上级部门及外界交换信息都离不开 Intranet 的应用。可以这样说，现代企业 MIS 不能没有 Intranet，但 Intranet 的建立又必须依赖于 MIS 的体系结构和软硬件环境。

传统的 MIS 核心是 CS（Client/Server——客户端/服务器）架构，而基于 Internet 的 MIS 的核心是 BS（Browser/Server——浏览器/服务器）架构。BS 架构比起 CS 架构有着很大的优越性。传统的 MIS 系统依赖于专门的操作环境，这意味着操作者的活动空间受到极大限制；而 BS 架构则不需要专门的操作环境，在任何地方，只要能上网，就能够操作 MIS。

（3）管理信息系统的特性

完善的 MIS 具有以下 4 个标准：确定的信息需求、信息的可采集与可加工、可以通过程序为管理人员提供信息、可以对信息进行管理。具有统一规划的数据库是 MIS 成熟的重要标志，它象征着 MIS 是软件工程的产物。通过 MIS 实现信息增值，用数学模型统计分析数据，实现辅助决策。

MIS 的开发必须具有一定的科学管理工作基础。只有在合理的管理体制、完善的规章制度、稳定的生产秩序、科学的管理方法和准确的原始数据的基础上，才能进行 MIS 的开发。

13.2　运输企业管理信息系统

13.2.1　运输企业管理信息系统概述

随着经济全球化和物流业的飞速发展，运输企业信息化越来越受到重视，运输企业信息化的宗旨是提高物流效率、降低物流成本、提高客户满意度。物流流程主要是信息沟通的过程，信息流贯穿于整个物流流程。物流的效率依赖于信息沟通的效率。所以，管理信息系统是运输企业信息化的核心，只有实现了信息化，才能有效地实现物流的网络化、系统化和柔性化，运输企业才能有效地提高物流效率,为客户提供优良的物流服务。运输管理信息系统是以某交通运输企业管理信息系统为背景,利用现代信息技术发展成果和相关技术,建立起集成化、网络化的运输企业管理信息系统,主要功能包括:客户关系管理、运输需求信息管理、客户合同信息管理、车辆管理、车辆维修管理、车辆配送及调度、车辆的运输反馈及信息统计和网上物流管理系统等,通过信息化建设促进运输企业现代化物流方向发展。

13.2.2　运输企业管理信息系统的特征

运输企业管理信息系统除了具有信息系统的一般特征以外,还具有以下自身的特征:

(1)主要为物流管理服务。运输企业信息管理系统的目的是协助运输企业进行事务处理,并在一定程度上为管理决策提供信息支持。因此,它必须与运输企业的管理体制、管理方法、管理风格相结合,遵循管理与决策行为的一般规律。

(2)适应性与易用性。根据一般理论,一个系统必须适应环境的变化,尽可能做到当环境变化时,系统不需要经过打得变动就能适应新的环境,这主要是要求系统便于修改。一般认为,最容易修改的系统是积木式的模块结构的系统。因为每个模块相对独立,其中一个模块的变动不会,或者很少影响其他模块。建立在数据库与网络基础上的运输企业管理信息系统,应具有良好的适应性并方便用户使用。适应性强,系统的变化就小,用户使用时就熟能生巧,操作方便。易用性是运输企业管理系新系统便于推广的一个重要因素,要实现这一点,有好的用户操作界面是一个基本条件。

(3)信息与管理互为依存。运输企业信息管理系统与决策必须依赖正确、及时的信息。信息在运输企业管理中是一种很重要的资源,在物流管理控制和战略计划中,必须重视对相关信息的管理。

(4)分布式数据处理特征。运输企业的物流管理活动往往分布在一定的地理范围内,并且再不断移动过程中,这就要求运输企业管理信息系统是分布式的。当今有线、无线网络与通信技术的发展及各种先进的智能化物流工具的应用均可保证分布处理得以实现。运输企业的生产活动在地理上的分散程度和变化速度比制造业企业都要大得多,因而这方面要求更高。

13.2.3　运输企业管理信息系统的功能

运输企业管理信息系统是管理信息系统的一种特例。一个运输企业管理信息系统提供物流服务平台,使得服务提供商和客户之间可以通过该系统进行信息交换。用户可以通过该网络监控货物的流动,服务提供商则可以借助该网络提高和扩大自己的服务能力和范围,政府相关部门也可以通过该网络对物流活动进行宏观监控。可以说，运输企业信息管理系统将实现对物流服务全过程的管理。具体而言，运输企业管理信息系统具备以下一些功能：

（1）集中控制功能。主要是对物流全过程进行监控。其实现的功能控制有业务流程的集中管理，各环节的收费管理、责任管理、结算管理、成本管理、运输环节的管理、需求信息管理、仓储环节的管理、统计报表管理。

（2）运输流程管理功能。主要是针对运输流程的 4 个环节而实施的发运管理、到站管理、签收管理和运输过程的单证管理。

（3）载运工具调度管理功能。解决运输过程中的货物配载、载运工具（车辆、船、飞机）调度与返空管理。通过使用本系统能够更好地利用集装箱的运输空间，更合理地进行载运工具的调度，并解决大型运输集团中各个分公司的车辆（船、飞机等）返空问题。

（4）车辆维修管理功能：用规范的维修规则来帮助和约束车辆维修计划，并及时提供正确的维修方案，以确保车辆的完好状态。各车辆运行状态能够及时反馈到车辆信息库，为运输企业提供更为及时准确的信息及决策。车辆信息是运输企业管理的核心，各个部门都需要共享车辆信息，这就需要运输企业管理信息系统及时、顺畅地为运输企业提供准确的信息。

（5）仓储管理功能：针对货物的入库、出库、在库进行管理。其中，在库管理是指对库中作业的管理，特指货物的包装、拆卸、库中调配、配货等典型的物流服务。通过对入库货物数量的计算，可以得出准确的货物结存量。此外，还可以根据物流订单信息进行库存的预测管理。

（6）统计报表管理功能。运输企业管理信息系统中最重要的信息输出手段，是运输企业决策者和客户了解业务状况的依据。它既可以提供动态的统计报表功能，也可以提供多种特定的统计报表，如货物完整率报表、时间达标率报表、延期签收统计报表、业务量分析报表、财务结算统计报表、运输企业年度经营情况总结报表等。

（7）财务管理功能。管理运输企业物流业务中和费用相关的各种数据，并建立运输企业管理信息系统和专业财务系统的数据借口。

（8）客户查询功能。为客户提供灵活多样的查询条件，使得客户可以共享物流企业的信息资源，如货物的物流分配状况，货物的在途运输状况、实时跟踪、库存、结存、残损与签收情况。

（9）客户管理功能。运输服务是以客户为中心的服务，所以对于任何一个运输企业信息管理系统来说，客户管理系统是必不可少的。它主要由以下 3 部分组成：托运人管理（包括货主、货运代理人、生产商等）、收货人管理（含销售商）和中间承运人管理。中间承运人管理是经营主体对各经营人的管理，包括物流集团企业的下属各分公司、联运中的其他运输团体，例如传播公司、船运代理者、航空代理等。

总之,现代运输企业管理的关键要素之一是信息流。运输企业必须充分利用目前信息网络时代通信的便利,将信息流架构于因特网为代表的信息网络平台上,实现物流、信息流的统一,从而为运输企业创造良好的经济效益。

13.2.4 运输企业管理信息系统的体系结构

运输企业管理信息系统可以被划分为运输企业子系统、运输工具子系统、现场子系统、用户子系统、行业管理子系统等5个子系统。

各个子系统的功能可分述如下:

(1)运输企业子系统

运输企业子系统以运输和仓储为主线,管理取货、集货、包装、仓库、装卸、分货、配货、加工、信息服务、送货等服务的各个环节,控制物流服务的全过程,以提高运输企业的竞争优势、提高物流效益和效率为目的,支持运输企业的高层决策、中层控制和基层运作。

(2)载运工具子系统

载运工具子系统是由安装于载运工具之上的信息接收、发送及采集设备所组成的,通过与运输企业子系统、现场子系统、行业管理子系统的通信,实现对车辆等运输工具及货物的监测、跟踪等功能。

(3)现场子系统

现场子系统是分布于道路、仓库以及场站等设施中的管理系统,用来对场站物流信息进行采集,以及与载运工具子系统、运输企业子系统之间进行信息交流。

(4)用户子系统

用户子系统是为用户提供交易、咨询、查询等功能的子系统,包括为一般远程用户提供运输业务委托、信息查询以及货物跟踪等服务,与大的、稳定的需方客户信息系统的整合,为制造商提供各类、各层次的信息共享服务。

(5)行业管理子系统

行业管理子系统主要是从政府及运输行业自律管理角度来定义的。该系统主要是为各种模式下的运输企业提供信息支撑。例如,为运输活动中参与各方提供货物、运载工具等的管理、跟踪、识别等服务,提供商品、企业(制造业、批发业、零售业)等的信息,提供政府与企业、企业与企业之间的金融结算、信用等服务,以支持电子商务的发展。

13.3　企业资源计划

13.3.1　概述

企业资源计划（Enterprise Resource Planning，ERP），由 Gartner Group 在 1990年提出：指建立在信息技术基础上，以系统化的管理思想，为企业决策层及员工提供决策运行手段的管理平台。ERP 系统集信息技术与先进的管理思想于一身，成为现代企业的运行模式，反映时代对企业合理调配资源，最大化地创造社会财富的要求，成为企业在信息时代生存、发展的基石。

ERP 是针对物资资源管理（物流）、人力资源管理（人流）、财务资源管理（资金流）、信息资源管理（信息流）集成一体化的企业管理软件。它包含客户/服务架构，使用图形用户接口，应用开放系统制作。除了已有的标准功能，它还包括其他特性，如品质、过程运作管理和调整报告。特别是，ERP 采用的基础技术将同时给用户软件和硬件两方面的独立性从而更加容易升级。ERP 的关键在于所有用户能够裁剪其应用，因而具有天然的易用性。

ERP 是在 MPRI（物料需求计划）与 MRP Ⅱ（制造资源计划）的基础上发展起来的一种将企业内外资源充分调配和平衡，使企业在激烈的市场竞争中，获得显著经济效益的现代管理方法。有资料表明，世界 500 强企业中有 80% 应用了 ERP 作为其决策和管理日常工作流程的工具。

根据 Garter Group 公司的定义，ERP 系统是"一套将财务、分销、制造和其他业务功能合理集成的应用软件"。这一概念包括了下面 3 个层次的内容：

（1）ERP 是一整套的管理思想。

（2）ERP 是综合了 C/S 体系、关系树数据库管理系统（RDBM）、面向对象技术（OOT）、图形用户界面（GUI）、SQL 结构性查询语言、第 4 代语言/计算机辅助软件工程、网络通讯等信息产业成果的软件产品。

（3）ERP 是整合企业管理理念、业务流程、基础数据、人力、物力、财力、计算机软硬件于一体的资源管理信息系统。

13.3.2　ERP 的效益与作用

（1）管理规范、信息沟通、高效、低差错；

（2）快速响应、实时决策；

（3）按需生产/采购、降低库存、提高资金周转；

（4）优先级计划、合理利用资源、提高生产力；

（5）供需平衡、计划可行、履约率提高；

(6)降低成本、增加利润;

(7)财务账与实物账同步生成,实时控制经营活动;

(8)合作伙伴之间协同运作。

13.3.3 流程与功能特点

一个比较完善的 ERP 系统,其功能模块主要有销售管理、采购管理、库存管理、制造标准、主生产计划、物料需求计划、能力需求计划、车间管理、JIT 管理、质量管理、财务管理、成本管理、应收账管理、应付账款管理、现金管理、固定资产管理、工资管理、人力资源管理、分销资源管理、设备管理、工作流程管理系统管理。

1. ERP 系统是一个面向供应链管理的管理信息集成

ERP 系统除了传统 MRP Ⅱ 系统的制造、功效、财务功能外,还增加了:支持流通体系的运输管理和仓库管理;在线分析、售后服务及质量反馈;支持生产保障体系的质量管理、实验室管理、设备维修和备品备件管理;支持跨国经营的多国家、多工厂、多语种、多币制功能;支持多种生产类型或混合型制造,汇合了离散性生产、流水作业生产和流程型生产的特点;支持远程通信、Web/Internet/Extranet、电子商务、电子数据交换;支持工作流(业务流程)动态模型变化与信息处理程序的集成。此外,还支持企业资本运行和投资管理、各种法规及标准管理等。事实上,当前的一些 ERP 软件功能已远远超出了制造业的应用范围,成为一种适应性强、具有广泛应用意义的企业管理信息系统。但是,制造业仍然是 ERP 系统的基本应用对象。

2. 系统功能模块化

ERP 系统的第 2 个特点是运用应用程序模块来对供应链上的所有环节实施有效的管理。这些模块可以分成 3 大类:物流、财务与人力资源管理。它们互相协作、共同作用来处理企业中的经营管理任务。"物流"类模块实现对供应、生产、销售整个过程和各个环节的物流管理。"财务"类管理模块提供一套通用的记账系统,保证资产负债表与损益表的即时更新。除此之外,还能进行资产管理,提供有关经营成果的报告,使得企业管理决策建立在客观、及时的信息基础之上,协助完成企业的整体控制。"人力资源"类模块可以提供一个综合的人力资源管理系统,它综合了诸如人事计划、新员工招聘、工资管理和员工个人发展等各项业务活动。

3. 采用计算机和网络通讯技术的最新成就,实现信息的高度共享

网络通信技术的应用和信息的高度共享是 ERP 系统的又一个显著特点。ERP 系统除了已经普遍采用了诸如 SQL 结构化查询语言、关系数据库管理、面向对象技术、第 4 代语言/计算机辅助软件工程、客户机/服务器和分布式数据处理

系统等技术之外，还要实现更为开放的不同平台之间的相互操作，采用适用于网络技术的编程软件，加强了用户自定义的灵活性和可配置性功能，以适应不同行业用户的需要。网络通讯技术的广泛应用，使 ERP 系统得以实现供应链管理的信息高度集成和共享。

4. ERP 系统与企业业务流程重组 BRP 密切相关

信息技术的发展加快了信息传递速度和实现了信息传递的实时性，扩大了业务的覆盖领域和信息的交换量。为了使企业的业务流程能够预见并随时相应环境的变化，企业内部业务流程必须保持信息的快捷通畅。正如局限于企业内部的信息系统不可能实时掌握瞬息万变的全球市场动态一样，多层次臃肿的也必然无法迅速实时地对市场动态变化做出有效的反应。因此，为了提高企业供需链管理的竞争优势，必然要进行企业内部业务流程、信息流程和组织机构的改革。这个改革，已经不限于企业内部，而是把供应链上的供需上方合作伙伴也包罗进来，系统地考虑整个供应链的业务流程。ERP 系统应用程序使用的技术和操作必须能够随着企业业务流程的变化而相应的调整。只有这样，才能把传统 MRP Ⅱ 系统对环境的"应变性"上升为 ERP 系统通过网络信息对内外环境变化的能动性。

13.4 铁路运输企业信息管理

实施管理信息化是铁路货运升级转型的技术支撑。铁路目前建立和开发了大客户信息系统，开发了铁路货运营销综合管理平台的各项功能模块，通过深化细化业务流程，开发"集中受理、优化装车"信息系统，开辟客户网上受理绿色通道，整合运输需求；推进货运组织改革，实施内部生产流程再造，优化运力资源配置。建立货运营销综合管理平台，主要包括：客户管理模块、信息服务模块、货运组织模块、产品设计模块、分析评价模块等，实现货运营销全程管理，实现铁路货运生产、信息服务网络化，实现电子运单、电子货票、电子支付等商务功能。

13.4.1 货运客户服务信息系统

1. 货运客户服务信息系统建设的总体目标

（1）通过网络提报运输需求、简化办理手续，最大限度便民、利民，满足客户需求，巩固客户关系，提高客户对运输服务的满意度和忠诚度，在改善货运服务质量方面实现突破。

（2）通过优化资源配置，实现资源、车源和装车能力的有机结合，大幅提高运力资源配置效率，为强化货运营销和深化集约化经营打下良好基础。

（3）通过"集中受理，优化装车"机制建设，实现铁路货运组织管理更加规范，运力资源配置更加透明和公正、公开，净化运输环境，有效防范路风风险。

2. 货运客户服务信息系统的基本结构

货运客户服务信息系统的基本结构包括以下部分：

(1)需求提纲：包括客户需求提报，日历方案查询，客户请车提报，承认车查询，运单生成打印，完成实际反馈。

(2)信息查询：运费查询，货车追踪，办理限制，车站装车能力，业务流程查询，车站联系方式查询。

(3)运力信息公开：直达列车开行方案，分去向的货运需求兑现情况，分品类的货运需求兑现情况，主要客户月度货物运输统计，重点客户日历装车方案。

(4)统计分析：需求、运货统计，品类去向分析，企业需求兑现，信息关联查询。

(5)货源核实：客户需求审查，客户请车核查，核实工作记录，货主货源调查。

(6)个性设置：发站、到站、发货人、收货人、品名。

(7)客户调查：满意度调查、建议投诉。

(8)即时通知：停限装、新闻发布、通知查询、新闻浏览、站内留言。

(9)增值服务：交流平台、热线支持。

(10)信息下载：文件下载、企业数据下载。

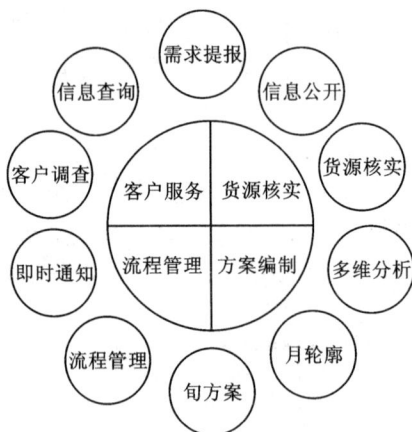

图 13-2　货运客户服务信息系统示意图

3. 旬方案编制系统

旬方案编制系统包括需求分析、月轮廓、旬方案以及日历参数。

需求分析：包括客户品类，站段去向，品类去向，站段过口、客户过口、发到站。

月轮廓、旬方案：包括方案指标、日历安排、货运执行情况，分为人工编制及自动编制两种。

日历参数：包括区域字典以及装卸能力。

4. 系统可扩展功能

(1) 实行电子运单与电子货票服务；

(2) 实行电子支付；

(3) 日历方案的智能化编制。

5. 系统安全保障及系统架构

(1) 系统安全保障

以铁路安全平台为基础，实现内外网的有效隔离。以避免信息外泄，核心敏感信息不向外网传递。有效的轨迹跟踪记载全程信息处理过程，通过权限控制，有效管理用户职责。

(2) 系统架构

系统架构如图 13 - 3 所示：

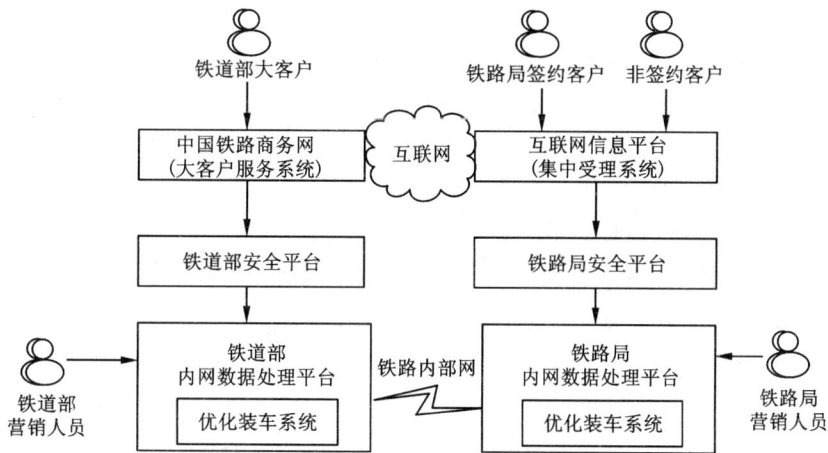

图 13 - 3　系统架构图

13.4.2　铁路智能运输系统

1. 铁路智能运输系统概述

铁路智能运输系统(Railway Intelligent Transportation System，RITS)是为充分利用资源，实现安全、有效、便捷的货物与旅客运输，满足社会需求的前提下提高企业效益为目标的。现代运输业规模庞大、业务复杂、地域广阔、社会需求复杂，资源的优化使用、运输过程的安全、高效和便捷正越来越取决于信息流的畅通和共享程度。因而现代运输系统从实质上讲应是建立在信息流基础上的物流和人流输送系统。。信息的获取、信息流的畅通和信息的共享则是运输业信息化的根本目的。

铁路智能运输统集成了电子技术、计算机技术、通信技术、信息处理技术、控制与系统技术、管理与决策支持技术和智能自动化技术等实现信息采集、传输、处理与共享为基础，通过高效充分地利用与铁路运输相关的所有移动的、固定的、空间的、时间的及人力的资源达到保障安全、提高运输效率、改善经营管理和改进服务质量的目地的新一代铁路运输系统。

2. 铁路智能运输系统的特点与一般构成

作为集成化的系统，各国发展 RITS 的侧重点会因其基础条件和国情不同而有差别。总的来说，结合我国路情所构造的 RITS 系统应具备如下特点，

系统目标的集成：RITS 的总体目标是将运输及其保障设施的监督、控制和管理等经济、技术、社会和效能目标的集成。

系统功能的集成：RITS 必须将确认、定位、检测、控制、监视、通信、信息处理、宏观与微观决策支持等功能集成一体以实现铁路运输社会、经济、技术指标的优化。

开放的系统结构：RITS 必须将面向经济和组织管理部门的铁路运营管理信息系统、面向运营的指挥系统以及面向现场部门运作的基础作业系统进行有机的互联，使固定设施、移动设施和维修设施有效地协调成一个整体，同时具备充分的灵活性和可扩展性。

智能技术的广泛应用：要使新一代铁路运输系统具备以上特点，RITS 系统就其构成而言就必须由智能化的运输管理系统、运输自动化系统、物流控制系统、旅客服务系统、运载工具、固定设施和安全保障系统构成。

3. 国外智能铁路系统概况

RITS 的关键技术是"基于通信的列车控制（CBTC）"。1999 年 9 月，IEEE 制定了第 1 个 CBTC 标准（IEEE Std 1474.1—1999），将 CBTC 定义为：利用（不依赖于轨道电路的）高精度列车定位、双向大容量车——数据通信和车载、地面的安全功能处理器实现的一种连续自动列车控制系统。该技术与传统的基于轨道电路的列车控制系统（TBTC）相比有很多优越性，其中最重要的是列车和地面控制设备之间通过双向无线通信传递信息，构成闭环控制系统，提高列车运行的安全性。CBTC 技术可实现移动闭塞方式，缩短列车追踪间隔，提高列车在区间追踪运行的密度，实现铁路运输效率提升。目前，发达国家对于高速铁路基于通信的列控系统的研究已经形成美、欧、日 3 大体系。

（1）美国的 AATC

美国于 1992 年初提出了基于无线通信的"先进的自动化控制系统（AATC）"。

AATC 属于 CBTC 系统，列车定位使用扩频通信方式，采用军用加强型定位报告系统，沿线安装无线电台，路旁无线电台将测定信号送至控制中心，控制中心根据无线电波传播时间计算出列车所在位置，并根据列车定位计算出列车安全运行速度，车站由此可决定列车定车距离、发送安全行车速度码，以及其加速命令，实现对列车的控制。

在 AATC 之前还存在另一个先进列车控制系统（ATCS），是北美铁道协会共同开发的，其基本设计思想始于 1983 年在加拿大蒙特利尔举行的有加拿大和美国等北美铁路官员参加的会议。将微处理器设置到铁路移动设备上，并通过数据无线电系统与中央控制系统连接起来，从而组成一个安全水平和效率都是以前的运输系统所达不到的新型系统。无线电数据传输系统是 ATCS 系统的支柱，它将在机车或其他移动设备上的车载系统。机车或其他移动设备上的车载系统是 ATCS 的重要特征。车载计算机能够处理各种数据信息，包括列车移动情况、线路特征、列车编组情况、机车工况和其他必需的数据。

（2）欧洲 ETCS

随着欧共体蓬勃兴起，欧洲各国之间的合作加强，为便于管理和长远发展，欧共体于 1994—1998 年建立了统一的铁路运输管理系统，并开发了欧洲列车运行控制系统（ETCS）。ETCS 是一种应用于铁路干线的列车自动防护和机车信号系统，功能多，系统的应用分为几个级别，每个级别有不同的特征和功能。在 CTCS－3 级中，取消了地面信号系统，采用移动闭塞，系统通过 GSM－R 实施移动授权，应答器实现列车定位，车载设备实现列车完整性的检查，事实上，在 ETCS 几个等级中，只有 CTCS－3 属于 CBTC。

（3）日本的 ATACS

为了迎合 CBTC 系统在全世界铁路的发展，日本于 1995 年由日立公司开发研制了一种基于双向无线通信的先进列车管理与通信系统（ATACS）。该系统的列车控制也不再基于轨道电路，而采用了 CBTC 技术。在 ATACS 中，将铁路线路划分成若干个控制区，每个控制区有一个地面控制器和一个无线电基站。地面控制器完成一些控制功能，它与相应的无线电基站相联。地面控制器接收列车坐标信息后，就能进行列车运行的间隔控制。在编组站还有进路控制。在平交道口则对道口信号及栏杆进行控制。无线电基站则通过移动无线电方式将列车位置参数、运行速度等数据传送至车载设备，以此完成车载设备与地面之间的信息交换。

国外的铁路信息化发展比较成熟，而我国铁路信息化建设尚处于初期发展阶段，国外铁路信息化建设有许多可借鉴之处，对于我国未来的铁路信息化建设提供了可行之路。

复习思考题

1. 请简述运输企业管理信息系统的主要体系结构。
2. 请简述 ERP 的主要功能及特点。
3. 请简述国外主要的智能铁路系统。
4. ERP 案例分析：江淮汽车公司

(1)企业基本情况

合肥江淮汽车有限公司(以下简称江淮汽车公司)是安徽江淮汽车集团核心企业，系中国汽车行业重点企业。始建于 1964 年，现有职工 3 000 多人。30 多年来，江淮汽车公司在中国轻型载货汽车和中、轻型客车专用底盘的开发研制方面进行了不懈的努力，为缩小中国中、轻型客车专用底盘与世界先进水平之间的差距做出了突出的贡献。江淮汽车公司的主要产品为 1~3.5 吨载货汽车、6~9 米专用客车底盘及客车产品。主导产品技术水平已达到国内领先水平，其中 6702KAY、6705KALY、6853KAY 客车底盘、1061 系列载货汽车技术水平与国际同类产品同步。

(2)项目实施情况

系统应用已经分布在生产管理、采购、物管、销售、质管、财务、企业管理等部门和基层生产单位、公司各大仓库，约 200 个应用站点。公司实施的 ERP 系统主要包括：系统管理、制造数据、主生产计划、物料需求计划、库存管理、采购管理、销售管理、准时化、质量管理、能力和粗能力计划、车间任务和车间作业、设备管理、人力资源管理、综合查询和成本管理等 17 个子系统。实施 ERP 后具体的数据指标如下：

共完成了约 2 万条产品、零部件、原材料等项目的各种属性的定义，90 万条静态数据，约 400 种产品的物料清单及 600 种 BOM 清单，静态数据总量约 800M，全面支持 ERP 系统有效运行。

公司内 34 个库房、1.9 万个项目已采用库存系统进行管理，并实现了甩账本管理，动态库存平均准确率已达到 98%。所有外购物资，约 500 个供应商的供销合同、往来帐，日常采购计划、到货、往来帐务等相关业务均实现计算机管理。全公司 3900 名员工的基本人事档案信息和日常管理业务已全部进行微机管理。约 3000 套设备已纳入计算机管理。计划全过程(用户订单—主计划—物料需求计划—日分线计划—工位物料计划)实现计算机管理。部分生产线上按精益化思想实现了以总装线为主线的拉式计划，实现了对 C 类件及标准件的看板管理；实现了总装厂每日工位物料计划生成和库存出库业务批处理，提高了生产管理效率和库存处业务效率。运用产品计划、作业指导、入库结算、过程信息采集为一体的产品生产管理模式,实现了计划、指导、交接、过程数据采集的高效统一。

(3)实施效果及经济效益

①计划稳定性大幅度提高;

②随时能查阅资源状况,大幅度提高了生产系统对市场的快速应变能力;

③产销量增加,库存降低,提高了资金周转速率;

④挖掘了生产潜能,主要生产要素配置更趋合理,劳动生产率显著提高;

⑤减少了无效劳动和重复性管理业务,提高了整体工作效率。

(4)实施效果及经济效益,如表13-4所示。

表13-4

序号	经济指标	实施前	实施后
1	汽车销量(台)	17131	34917
2	实现利税	3203	12235
3	总资产贡献率(%)	8.84	13.94
4	产品销售率(%)	98.38	99.74
5	成本费用利用率	4.01	4.94
6	储备资金占用情况(元)	7105	8100
7	生产资金占用情况(元)	1929	1422
8	成品资金占用情况(元)	6031	6760
9	全员劳动生产率(元/年)	20916	59200
10	流动资金平均周转天数(天)	156	102
11	单台产品平均利税(万)	0.18	0.35

请运用本章所学的ERP的相关原理分析江淮汽车公司管理的成功经验。

请结合第11章中MRP、闭环MRP、MRPⅡ的阐述,结合案例分析ERP的优点及应用价值。

结合案例,谈谈信息技术对制造业企业管理、设计、制造、采购、销售模式(选择一个方面)等方面的影响。

第14章　运输企业财务管理

14.1　运输企业财务管理的目标和内容

14.1.1　运输企业财务管理的概念

财务管理具有两层含义，它既是企业理财的一项具体工作，即对企业的财务现象、财务活动、财务行为进行管理的活动；又是研究财务现象，提出对财务活动进行组织、指导、管理的理论和方法的知识体系。财务活动是从资金上体现企业生产、经营活动的一个方面，因此要能更好地搞好企业财务管理，有必要研究企业资金运动及形成的财务关系。

1. 运输企业资金运动形成的财务活动

企业财务首先表现为企业再生产过程中的资金运动。企业资金从货币资金形态开始，顺次通过购买、生产、销售三个阶段，分别表现为固定资金、生产储备资金、未完工产品资金、成品资金等多种不同形态，然后通过销售又回到货币资金形态。企业的资金运动一般要经过资金筹集、资金投放、资金耗费、资金收入和资金分配等五个阶段。运输企业财务活动是以现金流动为主的企业资金流动的总称。它可分为以下四个方面。

1) 企业筹资引起的财务活动

在商品经济条件下，企业要想从事经营，首先必须筹集一定数量的资金，企业通过发行股票、发行债券、吸收直接投资等方式筹集资金，表现为企业资金的流入。企业偿还借款，支付利息、股利以及付出各种筹资费用等，则表现为企业资金的流出。这种因为资金筹集而产生的资金流动，便是由企业筹资而引起的财务活动。

2) 企业投资引起的财务活动

企业筹集资金的目的是为了把资金用于生产经营活动以获取收益，不断增加企业价值。企业把筹集到的资金投资于企业内部用于购置固定资产、无形资产等，便形成企业的对内投资；企业把筹集到的资金投资于购买其他企业的股票、债券或与其他企业联营进行投资，便形成企业的对外投资。无论是企业购买内部所需各种资产，还是购买各种证券，都需要支出资金。而当企业变卖其对内投资的各种资产或收回其对外投资时，则会产生资金的流入。这种因企业投资而产生的资金的流动，便是由投资而引起的财务活动。

3）企业经营引起的财务活动

企业在正常的经营过程中，会发生一系列的资金流动。首先，企业要采购材料或商品，以便从事生产和销售活动，同时，还要支付工资和其他营业费用；其次，当企业把其产品或商品售出后，便可取得收入，收回资金；再次，如果企业现有资金不能满足企业经营的需要，还要采取短期借款方式来筹集所需资金。上述各方面都会产生企业资金的流动，此即属于企业经营引起的财务活动。

4）企业分配引起的财务活动

企业在经营过程中会产生利润，也可能会因对外投资而分得利润，这表明企业有了资金的增值或取得了投资报酬。企业的利润要按规定的程序进行分配。首先，要依法纳税；其次要用来弥补亏损，提取公积金、公益金；最后要向投资者分配利润。这种因利润分配而产生的资金流动便属于由利润分配而引起的财务活动。

上述财务活动的四个方面，不是相互割裂、互不相关的，而是相互联系、相互依存的。正是上述互相联系又有一定区别的四个方面，构成了完整的企业财务活动，这四个方面也就是财务管理的基本内容：企业筹资管理、企业投资管理、营运资金管理、利润及其分配的管理。

2.运输企业资金运动形成的财务关系

财务关系是指企业在资金运动中与许多有关方面发生的经济利益关系。企业资金运动形成的财务关系主要有：企业与政府之间的关系；企业与投资者和受资者之间的关系；企业与债权人、债务人、往来客户之间的财务关系；企业与税务机关之间的关系；企业内部各单位之间的财务关系；企业与职工之间的财务关系。组织好企业资金运动，处理好企业同各方面的财务关系，是企业管理中的一个重要问题，是一项综合性的管理工作。它对于企业其他工作起着重要的促进作用。

综上所述，运输企业财务管理是运用货币表现的价值形式，根据企业资金运动的规律，正确组织企业资金运动，处理企业同各方面财务关系，对运输生产经营活动进行综合性的管理和监督。

14.1.2 运输企业财务管理的内容

财务管理的内容是由企业资金运动的内容决定的。根据财政部制定的《企业财务通则》和行业财务制度的内容，财务管理的内容从管理对象上划分，包括资金管理、成本管理和利润管理三大内容；从管理环节上划分，包括财务预算、财务决算、财务计划、财务核算、财务分析和财务考核等内容。

在实际管理工作过程中，企业财务管理的内容包括：

1. 资金筹集管理

资金筹集简称筹资，是指企业向企业外部有关单位或个人和从企业内部筹措和集中生产经营所需资金的财务活动。它是企业资金运动和财务管理的起点和基本环节。企业财务管理要根据日常生产经营的需要和生产经营发展的需要，预测、计划和确定筹资数量，规划筹资渠道和方式，比较和选择筹资方案，力求降低筹资成本，周密研究投资方向，控制资金投放时间，并在保证生产合理需要和提高资金使用效率的基础上，做好资金筹集工作，提高资金筹集的综合经经济效益。

2. 流动资产管理

流动资产相对固定资产而言，是指企业在生产经营过程中短期置存的资产，是可以在一年中或超过一年的一个营业周期内变现或运用的资产，是企业资产的重要组成部分。流动资产流动性较大，不断改变形态，其价值一次性消耗、转移或者实现。流动资产管理主要包括货币资金（现金和各种存款）、应收款项（应收票据、应收账款和其他应收款）、预付款项、存货、低值易耗品、短期投资的管理。

3. 固定资产和其他长期资产管理

固定资产是指使用期限超过一年，单位价值在规定标准以上，并且在使用过程中保持原有物质形态的资产，包括房屋及建筑物、机器设备、运输设备、工具器具等。固定资产是企业的物质基础，它的数量、质量、技术结构标志着企业的生产能力。固定资产管理主要包括固定资产的完整性、完好程度和利用效果管理；固定资产折旧、清查、盘点管理等。其他长期资产管理主要指无形资产、递延资产、其他资产、长期投资管理。

4. 对外投资管理

对外投资是指企业以现金，实物、无形资产或者购买股票、债券等有价证券方式向其他单位的投资，包括短期投资和长期投资。对外投资牵涉面广、渗透性强。是企业主要经营之外的一项重要财务活动，它关系到企业利用资金取得收益的能力和企业未来发展前途。

5. 成本和费用管理

成本与费用管理是企业财务管理的核心内容，是对企业生产经营过程中生产经营费用的产生和成本的形成所进行预测、计划、控制，分析和考核等管理工作。成本是指"生产经营成本"，是为了实现一定目的而付出的用货币测定的价值，即生产和销售产品（或提供劳务）。生产经营资金的计划需要量使其有效地节约使用资金，尽可能提高资金的使用效果。费用是指"期间费用"，是指企业在一定生产经营期间内为获取收益而发生的各项相关支出。它包括管理费用、销售费用和财务费用。

6.营业收入与利润分配的管理

营业收入是指企业在生产经营活动中，由于销售商品、提供劳务等取得的收入。它是企业已消耗价值的补偿和新创造价值实现的根本源泉，增加企业经营成果，提高经济效益，首先应尽力扩大营业收入的实现度。利润是企业在一定时期内实现盈亏的标志，它集中反映企业生产经营活动各方面的效益，是企业最终的财务成果。利润分配在新财务制度中主要表现为利税分流。加强营业收入和利润分配管理，可以促使企业深入研究和了解市场需求变化，作出正确的经营决策。体现企业经济的正常发展。

7.财务报告与财务评价

财务报告是企业向政府部门，本企业有关组织或投资者提供的，反映企业财务状况和经营成果以及有关影响未来经营发展的总结性书面文件，亦叫财务报表，财务报表主要包括资产负债表、利润表、现金流量表及其他附表等。这些报表集中、系统、概括地反映企业的财务状况和经营成果。通过对这些报表分析，可以了解企业财务状况偿债能力、资产管理水平、盈利能力等。

14.1.3　运输企业财务管理的目标和任务

财务管理从整个企业的管理来说，它只是企业管理这个大系统中的子系统。但从它所处的地位来说，则是整个企业管理的核心。这是由于财务管理具有涉及面广、综合性强、灵敏度高等特点所决定的。财务管理制约着企业其他方面的管理，为其他方面管理的运行提供重要的物质保障。

1.运输企业财务管理的目标

运输企业财务管理的目标是指企业进行财务活动所需要达到的根本目的，它决定着企业管理的基本方面。经济效益最大化是运输企业财务管理的目标，具体有如下几个方面的内容：一是企业产值最大化；二是利润最大化；三是资本利润率最大化或每股利润最大化；四是企业价值最大化或股东财富最大化。

2.运输企业财务管理的任务

运输企业财务管理的基本任务是：依法合理筹集资金；策划资金的使用；监督资金的运行；谋求资金的增值；贯彻财务政策和法规，处理好各方面的财务关系。企业财务管理的各项基本任务，都是围绕着企业的中心任务——提高经济效益去实现的。在这个中心任务的指导下，发挥财务管理的功能，推进企业目标的实现。

14.1.4　运输企业财务管理的原则

在市场经济条件下，运输企业面临着日益广泛的资金运动和复杂的财务关系，这就需要企业财务管理人员正确地、科学地加以组织和处理。财务管理原则就是组织调节资金运动和协调处理财务关系的基本准则。在企业财务管理工作中应遵循以下原则。

(1)资本保全原则。是指企业要确保投资者投入企业资本金的完整，确保所有者的权益。企业经营者可自主使用投资者依法投资的任何财产，有责任充分利用这些财产，实现其保值和增值。

(2)价值最大化原则。在筹资决策阶段，要根据价值最大化原则，对各种筹资渠道进行分析、比较，选择资金成本最低、风险最小的筹资方案。在进行投资决策时，要在长期投资和短期投资之间进行选择。短期投资有利于提高企业的变现能力和偿债能力，能减少风险；长期投资会给企业带来高于短期投资的回报，但风险较大。通过对不同投资项目进行可行性研究，选择一个收益最大的方案。

(3)风险与所得均衡原则。在市场经济条件下，企业的生产经营活动具有不确定性，企业的生产量、销售量都将随着市场需求的变化而变化。因此，企业生产经营的风险是不可避免的，其资金的筹措、运用和分配的风险也是客观存在的，所以财务管理人员应意识到风险，并通过科学的方法预测各种生产经营活动及资金筹集运用和分配方案风险的大小。风险越大，其预期收益越高；风险越小，其预期收益越低。因此，应做到风险与收益的平衡。

(4)资金合理配置原则。资金的合理配置是由于资源的有限性和企业追求价值最大化所决定的。在筹集资金时，要考虑资产负债的比例，做到既能举债经营，提高主权资金利润率，又能防止举债过多，加大企业财务风险；在资金运用时，要考虑资产结构，防止出现某类资产占用过多，而另一类资产却占用不足的情况。企业要把有限的资金用在刀刃上，并经常考核其资金配置结构的合理性和有效性。

(5)成本效益原则。企业在生产经营过程中，为了取得收入，必然会发生相应的成本费用。如筹资会发生资金成本；生产会有直接材料、直接人工、制造费用的支出；从事管理工作会发生管理费用等。在收入一定的情况下，成本费用越多，企业利润越少。因此，降低成本费用是企业提高经济效益、增加利润的有效途径。但是，企业的收入随着成本的增大而增大，随着成本的减少而减少，此时按成本效益原则，在充分考核成本的基础上，如收入的增量大于成本的增量，则可以提高企业的效益；反之，则使企业的效益下降。

14.1.5 运输企业财务管理的方法

财务管理的方法是为了实现财务管理目标，完成财务管理任务，在进行理财活动时所采用的各种技术和手段。财务管理的方法有很多，可按多种标准进行分类：根据财务管理的具体内容，可以分为资金筹集管理方法、投资管理方法、营运资金管理方法、利润及其分配管理方法；根据财务管理的环节，可分为财务预测方法、财务决策方法、财务计划方法、财务控制方法、财务分析方法；根据财务管理方法的特点，可分为定性财务管理方法和定量财务管理方法。现以财务管理环节为标准，对财务管理的方法说明如下。

1. 财务预测方法

财务预测是财务人员根据历史资料，依据现实条件，运用特定的方法对企业未来的财务活动和财务成果所作出的科学预计和测算。财务预测的作用表现在以下几个方面：①财务预测是财务决策的基础；②财务预测是编制财务计划的前提；③财务预测是组织日常财务活动的必要条件。

预测的工作过程一般包括以下几个方面：①明确预测的对象和目的；②搜集和整理有关信息资料；③选用特定的预测方法进行预测。

近年来，由于预测越来越受到重视，预测方法的发展也很快，据国外统计，已达130种。显然，在预测时应根据具体情况有选择地利用这些方法。因此在财务管理中常用的方法有：定性预测法和定量预测法。

定性预测法和定量预测法各有优缺点，在实际工作中可把两者结合起来应用，既进行定性分析，又进行定量分析。

2. 财务决策方法

财务决策是指财务人员在财务目标的总体要求下，从若干个可以选择的财务活动方案中选择最优方案的过程。当然，在财务活动的预期方案只有一个时，决定是否采用这个方案也属于决策问题。在商品经济条件下，财务管理的核心是财务决策，财务预测是为财务决策服务的，财务计划是财务决策的具体化。现代管理理论认为，企业管理的重心在经营，经营的重心在决策，因为决策关系到企业的兴衰成败。

财务决策一般包括以下一些步骤：①根据财务预测的信息提出问题；②确定解决问题的备选方案；③分析、评价、对比各种方案；④拟定择优标准，选择最佳方案。

决策的方法有很多，主要有：优选对比法、数学微分法、线性规划法、概率决策法、损益决策法。

3. 财务计划方法

财务计划是在一定的计划期内以货币形式反映生产经营活动所需要的资金及其来源、财务收入和支出、财务成果及其分配的计划。财务计划是以财务决策确立的方案和财务预测提供的信息为基础来编制的，是财务预测和财务决策的具体化，是控制财务活动的依据。财务计划一般包括以下一些内容：①根据财务决策的要求，分析主、客观条件，全面安排计划指标；②对需要与可能进行协调，实现综合平衡；③调整各种指标，编制出计划表格。财务计划的编制过程，实际上就是确定计划指标，并对其进行平衡的过程。确定财务计划指标的方法通常有以下几种。

(1)平衡法

平衡法是指在编制财务计划时，利用有关指标客观存在的内在平衡关系计算确定计划指标的方法。例如，在确定一定时期现金期末余额时，便可利用如下公式：

现金期末余额＝期初余额＋计划期增加额－计划期减少额

(2)因素法

因素法也称因素推算法，是指在编制财务计划时，根据影响某项指标的各种因素，来推算该指标计划数的方法。因素法计算出的结果一般比较准确，但计算过程较复杂。

(3)比例法

比例法又称比例计算法，是指在编制财务计划时，根据企业历史已经形成而又比较稳定的各项指标之间的比例关系，来计算计划指标的方法。例如，在推算一定时期的资金占用量时，便可根据历史上的资金占用额占销售收入的比例和计划期销售收入来进行计算确定。比例法的优点是计算简便，但所使用的比例必须恰当，否则会出现偏差。

(4)定额法

定额法又称预算包干法，是指在编制财务计划时，以定额作为计划指标的一种方法。在定额管理基础比较好的企业，采用定额法确定的计划指标不仅切合实际，而且有利于定额管理和计划管理相结合。但要经常注意根据实际情况的变化不断修改定额，使定额切实可行。

4.财务控制方法

财务控制是指在财务管理过程中，利用有关信息和特定手段，对企业的财务活动施加影响或调节，以便实现计划所规定的财务目标。在管理活动中，如果不为达到一定目标，根本就不需要管理，如果不能有效地施加影响或调节，也就无法管理。财务控制的方法有很多，以下是最常见的几种：防护性控制、前馈性控制、反馈控制。

5.财务分析方法

财务分析是根据有关信息资料，运用特定方法，对企业财务活动过程及其结果进行分析和评价的一项工作。通过财务分析，可以掌握各项财务计划指标的完成情况，评价财务状况，研究和掌握企业财务活动的规律性，改善财务预测、决策、计划和控制，提高企业经济效益，改善企业管理水平。财务分析的一般程序是：①确立题目，明确目标；②收集资料，掌握情况；③运用方法，揭示问题；④提出措施，改进工作。财务分析的方法有许多，主要有比较分析法、比率分析法和综合分析法。

14.2 运输企业筹资管理

运输企业的财务活动事宜筹集企业必需的资金为前提的，运输企业的生存与发展离不开资金的筹措。

14.2.1 筹资的原则

筹资是运输企业根据其生产经营、对外投资及调整资本结构的需要，通过一定的筹资渠道和适当的筹资方式获得所需资金的一种行为。运输企业在筹资过程中，必须对影响筹资活动的各种因素进行分析，并遵循一定的筹资原则才能提高筹资效率，降低筹资风险与筹资成本。

企业筹资适应把握的原则主要体现在：规模适度、结构合理、成本节约、时机得当、依法筹措。

14.2.2 企业筹资的渠道与方式

企业筹资需要通过一定的筹资渠道，运用一定的筹资方式来进行。不同的筹资渠道和筹资方式各有特点和适用性，为此需要加以分析研究。筹资渠道与筹资方式既有联系，又有区别。同一筹资渠道的资本往往可以采用不同的筹资方式取得而同一筹资方式又往往可以筹集不同筹资渠道的资本，这也需要分析研究两者之间的有效配合。

1. 企业筹资渠道

筹资渠道是指筹集资金来源的方向与通道，体现资金来源与供应量。我国企业目前筹资渠道主要有如下几个。

(1)国家财政资金。国家对企业的直接投资是国有企业最主要的资金来源渠道，特别是，国有独资企业，其资本全部由国家投资形成，从产权关系上看，产权归国家所有。

(2)银行信贷资金。银行对企业的各种贷款是我国各类企业最为主要的资金来源。我国提供贷款的银行主要有两个：商业银行和政策性银行。商业银行以盈利为目的，为企业提供各种商业贷款，政策性银行为特定企业提供政策性贷款。

(3)非银行金融机构资金。非银行金融机构主要指信托投资公司、保险公司、租赁公司、证券公司以及企业集团所属的财务公司。他们所提供的金融服务，既包括信贷资金的投放，也包括物资的融通，还包括为企业承销证券。

(4)其他企业资金。其他企业资金是指企业生产经营过程中产生的部分闲置的资金，可以互相投资，也可以通过购销业务形成信用关系形成其他企业资金，这也是企业资金的重要来源。

（5）居民个人资金。居民个人资金指"游离"于银行及非银行金融机构之外的个人资金，可用于对企业进行投资，形成民间资金来源。

（6）企业自留资金。是企业通过计提折旧、提取公积金和未分配利润等形式形成的资金，这些资金的重要特征之一是：一企业无须通过一定的方式去筹集，它们是企业内部自动生成或转移的资金。

2. 企业筹资的方式

企业筹资方式是指企业筹集资本所采取的具体形式和工具，体现着资本的属性和期限。这里，资本属性是指资本的股权或债权性质。筹资方式取决于企业资本的组织形式和金融工具的开发利用程度。目前，我国企业资本的组织形式多种多样，金融工具得到比较广泛的开发和利用，为企业筹资提供了良好的条件。认识企业筹资方式的种类及其特点和适用性，有利于企业准确地开发和利用各种筹资方式，实现各种筹资方式的合理组合，有效地筹集资本。

一般而言，企业筹资方式有以下 7 种：

（1）投入资本筹资。投入资本筹资是企业以协议形式筹集政府、法人、自然人等直接投入的资本，形成企业投入资本的一种筹资方式。投入资本筹资方式不以股票为媒介，适用于非股份制企业，是非股份制企业取得股权资本的基本方式。

（2）发行股票筹资。发行股票筹资是股份公司按照公司章程依法发售股票直接筹资，形成公司股本的一种筹资方式。发行股票筹资要以股票为媒介，仅适用于股份公司，是股份公司取得股权资本的基本方式。

（3）发行债券筹资。发行债券筹资是企业按照债券发行协议通过发售债券直接筹资，形成企业债权资本的一种筹资方式。在我国，股份有限公司、国有独资公司等可以采用发行债券筹资方式，依法发行公司债券，获得大额的长期债权资本。

（4）发行商业本票筹资。发行商业本票筹资是大型工商企业或金融企业获得短期债权资本的一种筹资方式。它是一种新兴的短期筹资方式，目前在我国还不普遍。

（5）银行借款筹资。银行借款筹资是各类企业按照借款合同从银行等金融机构借入各种款项的筹资方式。它广泛适用于各类企业，是企业获得长期和短期债权资本的主要筹资方式。

（6）商业信用筹资。商业信用筹资是企业通过赊购商品、预收货款等商品交易行为筹集短期债权资本的一种筹资方式。这种筹资方式比较灵活，为各类企业所采用。

（7）租赁筹资。租赁筹资是企业按照租赁合同租入资产从而筹集资本的特殊筹资方式。各类企业都可以采用租赁筹资方式，租入所需资产，并形成企业的债权资本。

在上列各种筹资方式中，投入资本和发行股票筹资方式可为企业取得永久性股权资本；发行债券和租赁筹资方式主要为企业获得长期债权资本；发行商业本票和商业信用筹资方式通常是为企业筹集短期债权资本；银行借款筹资方式既可以用于筹集长期债权资本，也可以用于筹集短期债权资本。

14.2.3　企业资金需要量预测

企业在筹资之前，应当采用一定的方法预测资金需要数量，只有这样，才能使筹集来的资金既能保证满足生产经营的需要，又不会有太多的闲置。现介绍预测资金需要量常用的方法。

1. 定性预测法

定性预测法是指利用直观的资料，依靠个人的经验和主观分析、判断能力，预测未来资金需求量的方法。这种方法通常是在企业缺乏完备、准确的历史资料情况下采用的。其预测过程是：首先由熟悉财务情况和生产经营情况的专家，根据过去所积累的经验，进行分析判断，提出预测的初步意见；然后，通过召开座谈会或发出各种表格等形式，对上述预测的初步意见进行修正补充。这样经过一次或几次以后，得出预测的最终结果。

定性预测法是十分有用的，但它不能揭示资金需要量与有关因素之间的数量关系。例如，预测资金需要量应和企业生产经营规模相联系。生产规模扩大，销售数量增加，会引起资金需求增加；反之，则会使资金需求量减少。

2. 比率预测法

比率预测法是指以一定财务比率为基础，预测未来资金需要量的方法。能用于预测的比率可能会很多，如存货周转率、应收账款周转率等，但最常用的是资金与销售额之间的比率。以资金与销售额的比率为基础，预测未来资金需要量的方法，就是销售百分率法。

销售百分比法是根据销售与资产负债表和利润表有关项目间的比例关系，预测各项目短期资金需要量的方法。该种方法有两个基本假定：一是假定企业的盈利模式、经营状况及管理水平不变，从而建立起各资产、负债项目与销售收入间的比例关系；二是假定未来销售是可预测的。

销售百分比法，一般借助于预计利润表和预计资产负债表来确定其资金需要量，即通过预计利润表预测企业留用利润这种内部资金来源的增加额；通过预计资产负债表来测定企业筹资总规模与外部筹资规模的增加额。

（1）预计利润表

第一，取得基年实际利润表资料，计算确定利润表各项目与销售额间的百分比；

第二，取得预测年度销售额的预计数，并以此与基年利润表各项目与实际销售额间的比率相乘，计算预计年度利润表各项目的预计数，编制预计利润表；

第三，利润用预计年度税后利润预计数与预定的留存比率，确定并计算内部留存利润的数额。

(2)预计资产负债表

第一，确定资产或负债方中与销售额间有固定不变比率关系的项目，既随着销售的变动而同步变动的项目，也就是敏感性项目，包括敏感性资产项目(如：现金、应收账款、存货、固定资产净值等)和敏感性负债项目(如：应付账款、应付费用等)两部分，非敏感性项目有对外投资、短期借款、长期负债和实收资本等，它们在短期内都不会随销售规模的扩大而相应改变。

第二，取得基年实际资产负债表资料，并计算得资产负债表各敏感性项目与销售额的百分比；

第三，按照预计的销售额求得预计的资产负债表中需要追加外部筹资额。

(3)需要追加的外部筹资额也可用以下简便的公式来计算：

$$需要追加的外部筹资额 = \Delta S \times (\sum \alpha - \sum I) - \Delta E$$

式中：ΔS——预计年度销售增加额；

$\sum \alpha$——基年总敏感资产的销售百分比；

$\sum I$——基年总敏感负债的销售百分比；

ΔE——预计年度留存利润增加额。

14.2.4 企业筹资决策方法

企业应用筹资决策的具体方法，必须有两个条件：一是假定企业是有效经营的，二是有比较完善的资金市场，即资金市场反应比较灵敏，调节有效。这样，企业应用筹资决策方法才具有普遍意义。

1. 比较筹资代价法

企业要获取一定量资金使用权，就必须付出一定的代价。比较筹资代价法包括比较筹资成本代价、比较筹资条件代价、比较筹资时间代价等三方面内容。其中，资金成本代价是比较筹资代价的核心。

1)筹资结构的优选

所谓筹资结构优选，一般是指其资金来源的结构组合最优，总资金成本率为最低。假设已知各项资金成本率，有几种资金来源可供选择，如何选择其最优组合结构，使总资金成本率实现最低呢？

例14.1 某公司经过分析测算，决定从申请贷款、发行债券和股票三个方面筹集资金，其资金成本率已经分别测算出来，有几种不同的组合结构，有关资料如表14-1所示：

表14-1　筹集资金来源结构及资金成本率

资金来源	待定资金来源结构(%)				测定的资金成本率(%)
	I	II	III	IV	
贷款	30	20	25	30	6
债券	20	40	30	40	8
股票	50	40	45	30	9

根据上表资料,各种组合情况的总资本成本率分别计算 I 、II 、III 、IV ,依次为7.9% 、8% 、7.95% 、7.7% 。其中第IV种组合的总资金成本率为最低,因此应以30%贷款、40%债券,30%股票为最优资金来源结构。计算举例如:

II 组合总资金成本率 = 20% ×6% +40% ×8% +40% ×9% = 8%

假定筹资结构已定,对同一性质资金来源的筹资量还应进行成本代价比较。例如,当股票资金成本分别为9% 、12% 、15%时,可筹到资金额分别为50万元、60万元,86万元,这时应选择股票资金成本为9% 、筹资50万元的方案为最佳。债券的成本代价比较与股票筹资方法类似,企业贷款理所当然地应选择利息率最低的方案。

2)还款方式的优选

对于同样一笔借入资金,采用不同的还款方式会有不同的利息支出。若以本利和为选择还款方式的标准,可有三种还款方式。可分别用下列公式计算本利和。

到规定还款期限本息一次累计偿还,其本利和计算公式为:

$$本利和(元) = 本金 × (1 + 利率)^{期数}$$

在规定期限逐年付息,本金最后一次还清,其本利和计算公式为:

$$本利和(元) = 本金 × (1 + 利率 × 期数)$$

在规定期限内分期偿还,每期偿还金额相等,其本利和计算公式为:

$$本利和(元) = [本金 × 利率 × (1 + 利率)^{期数}] ÷ [(1 + 利率)^{期数} - 1] × 期数$$

例14.2　某企业取得一笔借款 8 万元,年利率为 6% ,还款期限 5 年,上述三种还款方式中选择哪一种支付利息代价最小? 计算如下:

三种还款方式支付本利和分别为:

$S_1 = 80000 × (1 + 5\%)^5 = 102102.53(元)$

$S_2 = 80000 × (1 + 5\% × 5) = 100000(元)$

$S_3 = 80000 × 5\% × (1 + 5\%)^5 ÷ [(1 + 5\%)^5 - 1] × 5 = 92390.44(元)$

显然,采用第三种还款方式企业支付利息最少,所以企业应选择分期偿还的方式。此外,比较筹资代价,还应比较筹资条件代价,即比较各投资者的附加条件和能满足企业提出条件的投资者,还应比较筹资时间代价,即比较所花费的筹资时间和不同资金来源在使用时间上的区别。

2.比较筹资机会

比较筹资机会,主要是选择筹资的实施机会和比较筹资的风险程度。企业筹资是在迅速变化的资金市场中进行的,首先应选择筹资的最佳时机。同时,为了取得较佳的筹资效果,还要对具体筹资如债券、股票的订价,做适时和适当的选择。例如,企业发行股票每股内在价值50元,如果每股按50元出售,对购买者吸引力不大,企业难以完成筹资任务;如果把股票价格定得太低,则企业筹资的成本又太大。

企业筹资面临的风险主要来自两个方面:一是企业自身经营上的风险,再一是资金市场上存在的风险。就企业经营上的风险来说,企业经营有好有坏,并且往往与市场情况有关。如果企业经营状况不好,借入资金筹资越多,风险越大,资金筹措的成本代价也就越大。股票等自有资金筹措,风险是随筹资量的增加而降低的,同时筹资成本和代价也会相应降低。所以在决策前,应对上述两个方面的筹资成本,对不同方案的变动情况进行估计和比较。就资金市场的风险来说,主要是筹资来源上的风险。一般地说,资金市场状况好,资金供应就稳定,筹资的可靠性程度就高;反之,筹资的风险就大。在进行筹资决策时,要对未来筹资的市场变动情况进行预计,以确定筹资的结构和方案。

3.筹资方案的可行性比较

筹资方案的可行性比较,主要是比较筹资项目的收益与筹资的总代价。筹资的总代价是企业进行项目投资的最低报酬率和可接受的条件。如果筹资项目的预计经济效益大于筹资的总代价,说明筹资方案是可行的,否则是不可行的。

例 14.3 某企业筹资100万元投资一个项目,使用年限15年,项目年新增税后净利润加折旧额共20万元,筹资100万元的总代价测算为资金成本率11.7%。则项目投资的年金现值系数为100/20 = 5.000,经查一元年金现值表,第15期与5000相近的系数在18% ~ 20%之间,利用插入法计算其内含收益率为:

$$18\% + [(5092 - 5000) \times (20\% - 18\%) \div (5092 - 4675)] = 18.44\%$$

经计算可知,企业投资项目的预期收益率为18.44%,大于企业筹资总成本率11.7%说明此项筹资方案址可行的。

在预计筹资项目的经济效益时,不仅要计算直接收益,还要考虑潜在的效益,如项目投产后对企业发展后果、技术及管理水平以及优化社会资源配置等方面所产生的影响。同时,还应对不同的筹资方案进行横向比较,从中选择最优方案。

14.3   运输企业投资管理

14.3.1   投资管理的概述

1.企业投资的概念

企业投资是指企业投放财力于一定对象,以期望在未来获取收益的经济行为。正确的投资决策,对提高企业经济效益,增强企业活力,对企业生存和发展具有十分重要的作用。

2.企业投资的分类

企业投资可以从不同的角度进行分类,主要分类有:

(1)按投资时间的长短,企业投资可分为短期投资和长期投资。短期投资一般是指在一年以内能够并且准备回收的投资,如对现金、应收财款、存货、短期有价证券等投资。长期投资是指一年以上才能收回的投资,如对厂房、机器设备、无形资产、长期有价证券等投资。由于长期投资中固定资产投资所占的比重较大,故长期投资有时专指固定资产投资。

(2)按投资企业与生产经营的关系,企业投资可分为直接投资和间接投资。直接投资是将资金直接投放到生产经营性资产上获取直接经营性利润,在非金融类企业中,直接投资占总投资的比重较大。间接投资是指企业把资金投放于证券等金融性资产上,以便取得股息或利息收入的投资。

(3)按投资范围,企业投资可分为对内投资和对外投资。对内投资是指企业把资金投放于企业内部,形成或购置生产经营用资产的投资。对外投资是指企业以现金、实物、无形资产等方式或者以购买股票、债券等有价证券方式向其他企业进行的投资。对内投资都是直接投资,对外投资主要是间接投资,也有直接投资。

(4)按投资内容的不同,企业投资可分为项目投资、证券投资和其他投资。项目投资是指以特定项目为对象,直接与新建项目或更新改造项目有关的长期投资行为。证券投资是指企业购买股票、债券等金融性资产,以期获取收益或其他权益的投资行为。

3.企业投资管理的程序

企业投资管理程序通常包括以下几个步骤。

(1)投资方案的提出

大型的投资步骤一般由生产、市场、财务、基建等方面专家组成的专门小组提出方案。小型投资方案可由主管部门组织人员拟定。

(2)投资方案的评价

投资方案的评价，一般由财务经理会同有关部门进行，主要包括以下内容：①审核投资方案是否符合生产经营的需要。②确认投资项目的经济可行性。③分析评价投资风险及其防范措施。④写出投资评价报告。

（3）投资方案的决策

投资方案评价后，企业领导者要做最后决策。投资额较小的项目，有时中层经理就有决策权；投资额较大的项目一般由总经理决策；投资额特大的项目要由董事会甚至股东大会投票表决。

（4）投资方案的执行

投资方案决策后，要按计划筹措资金，实施投资。在投资项目的执行中要对工程进度、工程质量、施工成本进行严格控制，以确保投资按预算规定按质按时完成。

（5）投资方案的再评价

投资方案在执行的过程中，一旦出现新的情况，应及时根据变化的情况做出新的评价。若遇到不完善的地方，应及时提出修改意见，做出补救措施；已不适用的方案应停止执行，以避免更大的损失。

14.3.2　运输企业的投资效益评价

投资是以收回更多的现金为目的而发生的现金支出。它包括企业对内生产性资产投资和对外金融性资产投资（证券投资）及其他投资。在投资决策中，一要考虑现金流出量，二要考虑现金流入量。二者之间的差异即为投资收益。

1．资金的时间价值

投资收益包括资金的时间价值与风险价值之和。

1）资金的时间价值

资金随着时间的延续，投入周转使用将会产生增值，这种增值能力或数额，就是资金的时间价值。资金的时间价值是企业投资决策应考虑的一个重要因素。

资金的时间价值有两种表现形式：一是绝对数，即利息；二是相对数，即利率。利息的计算方式有两种：单利和复利。资金的时间价值一般按复利方式计算。其计算方法如下：

（1）复利终值，它是一定量资金若干期后按复利法计算时间价值的本利和。

复利终值的计算公式：

$$F = P(1 + i)^n$$

式中：F——复利终值；

P——本金；

i——利率；

n——期数。

（2）复利现值，它是以后时间收到或付出资金按复利法计算贴现的现在价值，或者说是对将来特定本利和(F)所需要的本金(P)。

复利现值的计算公式：

$$P = F(1+i)^{-n}$$

式中$(1+i)^{-n}$称为复利现值系数。

（3）年金终值，它是每期等额款项的收入(A)或支出的复利终值之和。

年金终值的计算公式：

$$F = A \cdot [(1+i)^n - 1] \div i$$

式中$[(1+i)^n - 1] \div i$称为年金终值系数。

（4）年金现值，它是每期等额款项的收入或支出的复利现值之和。即为在每期期末取得相等金额的款项(A)，现在需要投入的金额(P)。

年金现值的计算公式

$$P = A \cdot [1 - (1+i)^{-n}] \div i$$

式中$[1 - (1+i)^{-n}] \div i$称为年金现值系数。

以上各式的系数均可通过查1元的各该现值终值系数表求得。

2）投资的风险价值

企业投资一般要经过较长的时期才能收回，而且在这个期间内又会遇到许多不肯定的因素，这就是企业投资所谓的风险。由于冒风险进行投资而取得的额外利润，就是投资的风险价值，这个额外利润占投资总额的百分比叫做风险报酬率。企业投资的利润率就是资金的时间价值（利息率）和风险报酬率之和。一般说来，风险越大，投资利润率要求越高；反之，风险越少，投资利润率要求越低。

3）生产性资产投资决策

生产性资产投资是指固定资产投资，主要包括：①与维持企业简单再生产或降低成本有关的重置型投资；②与现有产品和市场或新产品市场有关的扩充型投资。

固定资产投资具有投资数额大，投资回收期长、投资的弹性小，投资的风险大等特点。投资决策的正确性与否，不仅关系到投资项目的成效，而且在相当程度上制约着企业未来的发展。因此，必须加强固定资产投资管理，做好投资项目的可行性研究。这是投资决策的一个重要步骤。

（1）投资项目可行性研究

对投资项目进行可行性研究，主要是对投资项目技术上的可行性和经济上的效益性进行研究。投资项目可行性研究的主要内容有：①该投资项目技术上是否可行；②经济上是否合理；③测算总投资需要多少；④有无可靠而稳定的人力、物力和资源供应来源；⑤筹集的资金能否满足需要；⑥市场需求情况；⑦需要多长建设时间。

(2)投资项目的效益性评价方法

一是投资回收期法。它是根据重新收回某项投资所需的时间来判定该方案是否可行。投资回收期的计算公式为：

$$投资回收期 = 原投资总额 \div 每年收回资金额$$

$$= 原投资总额 \div (每年新增利润 + 年折旧额)$$

若投资方案的投资回收期小于或等于期望回收期，则方案可行；反之，方案不可行。一般而言，投资回收期至少要比投资项目所形成的固定资产的经济寿命要短。投资回收期越短，方案越有利。

二是年平均投资报酬率法。它是根据投资方案预期投资报酬率的大小来评价方案的优劣的方法。年投资报酬率的计算式为：

$$年平均投资报酬率 = 年平均净利 \div 原投资金额 \times 100\%$$

以上两种方法的优点是简单、易算、易懂；主要缺点是没有考虑货币的时间价值，不能确切地反映各投资方案的真实效益。

三是净现值法。它是根据投资目的净现值来评判投资项目是否可行的方法。净现值是投资的未来报酬的总现值超过原投资额的现值的金额。即：

$$净现值 = 未来报酬的总现值 - 投资额的总现值$$

在评价投资方案可行时，净现值越大越好。净现值大于零，方案可行；小于或等于零，则不可行；几个方案比较时，则净现值大者为优。

四是现值指数法。它是根据各个投资方案的现值数的大小来判定该方案是否可行的方法。"现值指数"是投资方案的未来报酬的总收益与投资额的现值之比。计算公式为：

$$现值指数 = 未来报酬的总现值 \div 投资额的现值$$

现值指数越大越好。现值指数大于1，意味着收回投资还可获利，方案可行，反之，不可行；几个方案进行比较，现值指数大者为优。

五是内含报酬率法。它是根据各个方案的内含报酬率，视其是否高于该企业的资金成本，来确定方案是否可行的方法。"内含报酬率"是指一项投资方案在其寿命周期内按现值计算的实际报酬率，根据这个报酬率计算出投资方案的未来报酬的总现值正好等于该方案原投资额的现值。

内含报酬率的计算，通常需要"逐步测试法"。首先估计一个贴现率，用它来计算方案的净现值；如果净现值为正数，说明方案本身的报酬率超过估计的贴现率，应提高贴现率后进一步测试；如果净现值为负数，说明方案本身的报酬率低于估计的贴现率，应降低贴现率后进一步测试。经过多次测试，寻找出使净现值接近于零的贴现率，即为方案本身的内含报酬率。在内含报酬率法中，任何一项投资方案的内含报酬率应以不低于资金成本为度；若低于资金成本，此方案予以否决。

4）固定资产更新决策

固定资产更新是对技术上或经济上不宜继续使用的旧资产，用新的资产更换或用先进的技术对原有设备进行改造。运输企业固定资产更新，主要是运输车辆的更新，其原因有不宜大修、不适用和陈旧等而引起的更新。车辆更新决策就是继续使用旧车与购置新车的选择。其分析方法是分别计算继续使用和更新车辆的年平均成本，并予以比较，以其较低的作为好方案。计算式为：

年平均成本 = （车辆变现价值 + 年运行成本 × 使用年限 − 残值）÷ 使用年限

此时没有考虑货币的时间价值。

2. 现金流量

长期投资决策中所说的现金流量是指与长期投资决策有关的现金流入和流出的数量。它是评价投资方案是否可行时必须事先计算的一个基础性指标。

1）现金流量的构成

长期投资决策中的现金流量，一般由以下三个部分构成：

（1）初始现金流量。初始现金流量是指开始投资时发生的现金流量，一般包括如下的几个部分：①固定资产上的投资。包括固定资产的购入或建造成本、运输成本和安装成本等。②流动资产上的投资。包括对材料、在产品、产成品和现金等流动资产的投资。③其他投资费用。指与长期投资有关的职工培训费、谈判费、注册费用等。④原有固定资产的变价收入。这主要是指固定资产更新时原有固定资产的变卖所得的现金收入。

（2）营业现金流量。营业现金流量是指投资项目投入使用后，在其寿命周期内由于生产经营所带来的现金流入和流出的数量。这种现金流量一般按年度进行计算。这里现金流入一般是指营业现金收入，现金流出是指营业现金支出和缴纳的税金。如果一个投资项目的每年销售收入等于营业现金收入，付现成本（指不包括折旧的成本）等于营业现金支出，那么，年营业净现金流量可用下列公式计算：

$$每年净现金流量（NCF） = 每年营业收入 − 付现成本 − 所得税$$

或 $$每年净现金流量（NCF） = 净利 + 折旧$$

（3）终结现金流量。终结现金流量是指投资项目完结时所发生的现金流量，主要包括：①固定资产的残值收入或变价收入；②原来垫支在各种流动资产上的资金的收回；③停止使用的土地的变价收入等。

14.4 运输企业流动资产管理

14.4.1 流动资产管理概述

1.流动资产的概念

流动资产的定义流动资产是企业资产的重要组成部分。根据我国《企业财务通则》的界定，流动资产是指可以在一年内或超过一年的一个营业周期内变现或者耗用的资产，包括货币资金、短期投资、应收及预付款项以及存货等。流动资产是企业进行市场经营活动的必备条件，其数额大小及其构成情况，在一定程度上制约着企业的财务状况，反映了企业的支付能力与短期偿债能力。

2.企业流动资产的构成

运输企业的流动资产包括现金、短期投资、应收及预付款项、存货等。

1）现金

广义上的现金又叫做货币资金，包括库存现金、银行存款和其他货币资金。狭义上的现金只是指库存现金。我国《企业会计准则——现金流量表》中使用现金及现金等价物的概念。其中现金是指企业的库存现金以及可以随时用于支付的存款，现金等价物是指企业持有的期限短、流动性强、易于转换为已知金额现金、价值变动风险很小的投资。

2）短期投资

我国《企业财务通则》中规定，短期投资是指能够随时变现、持有时间不超过一年的有价证券以及不超过一年的其他投资。由于在现实社会中一般不存在可以在一年内收回的其他投资，所以短期投资一般表现为企业购买的期限在一年以内的各类债券以及可以在一年内收回的股票。

3）应收及预付款项

应收及预付款项包括应收账款、预付账款、其他应收款等，其中的主要组成部分是应收账款。与一般工业企业相比，道路运输企业的应收账款在流动资产中所占比重较大。长期以来，公路货运企业拖欠运费的问题没有得到很好的解决，不良债权、坏账、呆账等问题困扰着道路运输企业的正常经营活动，这使得道路运输企业有必要把应收账款管理作为流动资产管理的重点管理对象之一。

4）存货

由运输企业生产的特点所决定，企业存货中没有构成产品实体的主要材料，也一般不存在在产品和产成品。运输企业的存货一般包括：

（1）材料包括企业营运车辆保养与维修所需的各种消耗性材料、修理用备件以及企业经营管理部门所需的各种材料等。

（2）燃料指企业库存和车存的各种燃料，包括各种用途的固体燃料、液体燃料和气体燃料。

（3）轮胎是指企业在库和在用的轮胎外胎、内胎和垫带。

（4）低值易耗品道路运输企业的低值易耗品主要有以下几类：①一般工具：主要是指辅助营运部门或车间使用的工具、卡具、模具和装备工具；②修理用具：指为汽车进行保养、修理用的专用工具和简易设备；③随车附属物品：指车辆随车携带的物品，如篷布、防滑链条、千斤顶、绳索及其他工具等；④管理用具：指管理用的家具、器具、自行车、打字机等；⑤劳动保护用品：指工作服、工作鞋和各种防护用品等；⑥其他：指不属于以上各类的低值易耗品。

（5）委托加工材料指委托外单位加工成另一种材料或工具、配件等的材料。

14.4.2 运输企业现金管理

1.企业持有现金的原因

企业现金的基本特征是具有普遍的可接受性和最强的流动性。现金作为企业一种特殊的财务资源，它不能或很少能提供收益。但任何一个企业都不会拒绝持有现金，因为企业的经营活动和财务活动对现金的需求是一种客观存在，而且这种存在也使现金持有变得非常必要。企业持有现金的原因主要有以下三个方面。

1）交易性需求

交易性需求亦称支付性需求，是指企业必须持有一定的现金以满足生产经营过程中的支付需要，企业生产经营活动是连续不断的，在这一过程中，诸如偿还债务、购买材料、发放工资、支付各种费用等各种各样的支付需要不断发生、虽然企业也在不断地通过销售、收账等行为而产生一些现金收入，但是这种收入与需要的现金并不能保持同步，于是，储备一定量的现金以便满足不断发生的支付需要是十分必要的。否则，必要的交易无法完成，生产经营活动也难以维续。交易性需求保持货币资金量的大小与企业的生产经营规模特别是营销规模是相适应的，此外，企业生产经营的性质（如制造业或者零售业）、特点（如季节性）等也会影响到交易性需求量的大小。

2）预防性需求

预防性需求是指企业持有一定的现金以应付意外事件所产生的现金需求。现代企业的经济环境和经济活动日趋复杂，因而企业未来的交易性现金需求并不总是确定的；再加上有可能出现的各种自然灾害，都有可能使未来的现金需求发生超常变动。因此，为了满足未来的意外事件的支付需求，为了保证企业未来的生产经营活动得以进行下去，企业应该考虑保持一定的现金储备。也就是说，企业应该持有一个较之正常交易所需要的现金量更大一些的现金余额。预防性需求量的大小取决于企业生产经营的稳定性和企业对未来的现金需求预测的准确性。一一般而言，企业的生产经营比较稳定、现金预测相对比较准确，预防性需求量可以相对较少；反之，则应保持较大的货币量。此外，企业临时性融通短期资金的能力、管理当局愿意承担的风险程度、未来自然灾害及其他某种变故发生的可能性都会对预防性现金余额的大小产生一定的影响。

3）投机性需求

投机性需求是指企业持有一定现金以备满足某种投机行为的资金需求。这里所说的投资行为是指在市场经济变化中可能出现良好的投资机会，如利率或有价证券价格走势有利时，企业可以及时利用所留存的现金资产及时投资以获取较高的投资收益。此外，商品市场上发生某种巨大的波动致使企业购置某种材料商品以赚取巨大收益也属于投机行为。对于大多数企业来说，将现金备留一部分作为投机的现象并不多见，这是因为人们很难预料这些意外的获利机会；相应的，投机性现金需求量也就很难预计。一般企业都不会专门为投机性需求而安排现金余额，上述三项现金持有的原因在理论上是可以划分的，但在实际测定企业具体现金存量标准时，却是很难分别确定的、这是因为企业持有现金主要是有效保证企业有供随时动用的现金资产，至于它到底用于交易，还是用于偿债或是用于投资，这就要视企业的具体情况而定。在企业的现金存量中，根本不可能划分哪部分是用于交易的，而哪部分是用于预防的等等。所以，企业在门常活动中并不一定是按上述各种原因来测定各期现金的存量，而是根据企业各期财务状况来编制出现金的预算；当然，企业在编制各期现金预算时应充分考虑到交易、预防和投资的因素，使现金的预算能尽可能地完善。

2. 持有现金的成本

企业持有现金需要付出代价，即是持有现金的成本。一般持有现金的成本有机会成本、短缺成本和管理成本三种。

1）机会成本

现金资产通常被认为是非盈利资产，银行存款即便有利息收入，也是非常低的，只能看作是起一种保值作用。但若是企业将这部分现金资产进行投资，则可能像企业其他资金一样获得大致相同的利润率。但企业放弃这些投资行为而置存现金，表明企业为了维持一定的现金存量，而放弃了一些获利机会。可见现金作为企业一种特殊的资产形式是有代价的，这种代价便是其放弃投资的机会成本，一般可用企业投资收益率来表示。通常认为，金融市场的利率越高，企业的投资报酬率越高，那么持有现金资产的成本也就越大。所以，这就要求企业财务人员在既保持企业一定现金存量和不丧失投资获利的可能性之间进行合理的抉择，选择最合理的现金置存量。

2）短缺成本

短缺成本是指企业由于缺乏必要的现金资产，而不能应付必要的业务开支而使企业蒙受的损失。现金的短缺成本一般有三种：(1)丧失购买能力的成本。这主要是指企业由于缺乏现金而不能即使购买材料等生产必需物资，致使企业不能正常生产的代价。这种代价虽然不能十分明确地测定，但一旦发生，则会对企业造成很大的损失。(2)使用损失和得到折扣好处成本。这首先是指企业由于现金短缺而不能按时付款而失信于供货单位，从而造成供货方以后拒绝供货或不接受延期付款的代价，这种损失对企业来讲，可能是长久和潜在的，造成企业信誉和形象的下降。其次是指如企业缺乏现金，不能在供货方提供的现金折扣期内付款，便会丧失享受现金折扣优惠的好处，而相应提高购货成本的代价，这两种缺现成本的损失也不能十分精确地加以测定，但其对企业造成长远的损害也是不可轻视的。(3)丧失偿债能力的成本。这是指企业由于现金严重短缺而根本无力在近期内偿付各种负债而给企业带来重大损失的成本。由于现金短缺而造成企业财务危机，甚至导致破产清算的先例举不胜举，在所有现金短缺成本中，此项成本可能对企业来说是致命的。因此，充分注重现金短缺成本可能对企业造成的重大伤害，认识现金管理的重要性，则是非常必要的。

3）管理成本

现金管理成本是指对企业置存的现金资产进行管理而致富的代价，如要建立完整的企业现金管理内部控制制度，制定各种现金收支规定和现金预算执行的具体办法等等。它还包括支付给具体现金管理人员的工资费用和各种保护现金安全而建立安全防范措施及购入的相应设备装置等等。这种现金的管理成本的高低一般与企业现金置存量并没有明显的关系，故在大多情况下被视为一种相对固定成本。

3. 最佳现金持有量的确定方法

最佳现金持有量，也称为最佳现金余额，是指既能保证企业经营需要，又能使与现金持有相关的成本达到最低的现金持有数量。

确定最佳现金持有量的模式主要有成本分析模式和存货模式，这里仅介绍成本分析模式。

成本分析模式是根据现金有关成本，分析预测其总成本最低时现金持有量的一种方法。运用成本分析模式确定最佳现金持有量时，只考虑因持有一定量的现金而产生的机会成本及短缺成本，而不予考虑管理成本。

运用成本分析模式确定最佳现金持有量的步骤是：①根据不同现金持有量测算并确定有关成本数值；②按照不同现金持有量及其有关成本资料编制最佳现金持有量测算表；③在测算表中找出总成本最低时的现金持有量，即最佳现金持有量。在这种模式下，最佳现金持有量，就是持有现金而产生的机会成本与短缺成本之和最小时的现金持有量。

例14.4 某企业现有 ABCD 四种现金持有方案，有关成本资料相关总成本最低，因此，企业选择持有 300000 元现金，即如表 14 - 2。

表 14 - 2　现金持有量备选方案表

项目	A	B	C	D
现金持有量	100000	200000	300000	400000
机会成本率	10%	10%	10%	10%
短缺成本	48000	25000	10000	5000

根据上表采用成本分析模式编制该企业最佳现金持有量测算表数据如表14 - 3。

表 14 - 3　最佳现金持有量测算表

方案及现金持有量	机会成本	短缺成本	相关总成本
A(100000)	10000	48000	58000
B(200000)	20000	25000	45000
C(300000)	30000	10000	40000
D(400000)	40000	5000	45000

通过比较分析上表中各方案的总成本，由于 C 方案的相关总成本最低，因此，企业选择持有 300000 元现金，即最佳现金持有量为 300000 元。

3. 现金的日常管理

现金的日常管理通常有如下工作。

(1)编制现金预算(即财务收支计划)，做好企业的资金平衡和调度工作。编制现金预算最常用的方法有"收支法"。其编制程序是：①全面核算企业现金的流入量和流出量；②确定不足或多余部分的处理办法。

(2)现金收支应严格遵守国家有关规定，并建立健全现金及各种存款的内部控制制度。

(3)根据业务需要正确核定库存现金限额，超限额部分必须在当天或次日上午解交银行，以保证现金的安全。

(4)加快收款的速度，提高现金的使用效率。如采取现金折扣的办法，以加速现金回收；同时应采取各种方法，做到：①减少顾客付款的邮寄时间；②减少收到支票的兑现时间；③加速资金存入本企业的往来账户。

(5)按现金预算，在合理合法的前提下控制现金支出，尽可能延缓现金支出的时间,如采用承兑汇票等付款方式。

14.4.3 应收账款管理

应收账款是指企业因赊销产品或提供劳务应收而未收回的款项。应收账款的功能主要有:促进销售,减少存货。然而,过多的应收账款会增加成本,扩大风险,必须加强管理,作好企业的应收账款决策。

1. 信用政策的确定

信用政策是企业财务政策的一个重要组成部分。企业信用政策主要包括信用标准、信用条件和收款政策三部分内容。

1)信用标准

指企业对客户信用要求的最低标准。信用标准作为是否向客户提供信用的依据。信用标准过高,应收账款的机会成本较低,但销售量受到限制;相反,信用标准过低,企业虽然销售量扩大,但因客户信用品质低而加大财务风险。因此,必须同时考虑收入和风险两种因素,制定合理的信用标准。信用标准通常以预计的坏账损失率来表示。对预计坏账损失率低的客户,给予较宽松的标准;对预计坏账损失率高的客户,给予较严格的标准。在此基础上对客户进行信用评估,给予恰当的信誉额度。

2)信用条件

信用条件是指企业向客户提供商业信用时所提出的付款要求和条件,主要包括信用期限、折扣期限和现金折扣三部分。信用条件的基本表现形式一般在赊销时信用订单上加以注明,如"2/10,N/30",表示若客户在 10 天内付款,可以享受 2% 的现金折扣;即使客户不享受现金折扣,也必须在 30 日内付款。企业向客户提供优惠的信用条件往往能增加销售量,但同时也会增加相关的信用成本。在进行信用条件决策时,应综合考虑上述因素,选择有利于增加企业利润的信用条件。

3)收款政策

收款政策是指客户违反信用条件,拖欠甚至拒付账款时企业所采取的收账策略与措施。通常的收款步骤是:①重新审视现在的信用标准及信用审批制度是否有漏洞;②对违约客户的资信等级进行重新调查、评价;③将信用品质差的客户从信用名单中删除,并对其欠款先通过信函、电信或派员上门催收,态度渐加强硬,直到提出警告;④当上述措施均无效时,可考虑通过法院裁决;可联合其他债权人向法院起诉,以提高诉讼效果。企业无论采取何种形式催收账款,都要付出一定的收账费用,如邮电通信费、上门催收的旅差费、不得已时的法律诉讼费等。企业制定收款政策时,应充分权衡利弊,在增加的收账费用与减少的坏账损失及其相关成本之间权衡,制定宽严适中的收款政策。

2. 应收账款的日常管理

(1)加强对客户的资信调查,主要包括资产状况、经营状况、信用状况。在此基础上决定是否给予赊销及赊销额度的大小。

(2)加强对应收账款的追踪调查。建立账龄分析表,对欠款期限长,欠款金额大的客户重点催收。并密切注意这些客户偿债能力的变化,以便采取有效的对策保证货款回收。

(3)加强应收账款的责任管理。将收款责任具体落实到相关的业务人员身上,并与业绩考核及薪酬、奖励挂钩。

14.4.4 存货管理

存货是指企业在生产经营中为生产或销售而储备的物资。主要包括原材料、在产品、产成品。存货管理的目的是在保证生产经营正常运作的前提下使存货水平降至最低。因此,存货控制主要抓好以下几方面:

(1)建立健全控制制度主要包括材料的入库和领用制度、生产过程的控制制度、产成品的入库和出库制度,以保证存货在各环节中占用最少、周转最快。

(2)材料的控制材料的控制主要应做好以下几项工作:

①正确确定材料的耗用量。根据年生产任务及消耗定额确定材料年消耗量。

②合理确定材料采购量。在确定采购量之前应了解库存情况,超储的应压缩,不足的应及时补充,积压物资应及时处理。

③科学确定采购批量。在材料供应充足的条件下,企业可以选择经济批量订购法。经济批量是指一定时期储存成本和订货成本总和最低的采购批量,也叫经济订货量。其计算公式为

$$Q = \sqrt{\frac{2AB}{C}}$$

式中:Q——经济订购批量;

A——材料年度计划采购量;

B——平均每次进货费用;

C——单位存货的年度储存成本。

例 14.5 某企业年度计划采购甲材料 100000 kg,预计平均每次进货费用为 20 元,单位储存成本为 4 元,则经济订购批量为

$$Q = \sqrt{\frac{2AB}{C}} = \sqrt{\frac{2 \times 20 \times 100000}{4}} = 1000(\text{kg})$$

(3)在产品的控制

在产品是正在生产尚未完工的产品。在产品应由生产部门归口管理,并分解落实到各生产车间、半成品库和班组进行管理。主要抓好以下几方面的工作:①

组织均衡生产。可以通过合理安排作业计划，组织成套生产，做好生产调度工作，使生产有序、协调地进行。②降低生产消耗及制造成本。③加强半成品的管理，进行库存控制。

（4）产成品的控制产成品控制的工作主要有：①加强入库、出库的管理，避免产品积压。②加强仓库管理，确保产品在库存期间的质量及数量，并定期清查仓库，及时处理积压产品，加速资金周转。③及时办理销售结算工作，收回货款。

14.5 运输企业财务分析

运输企业的生产经营活动，最终要反映在企业的财务活动上。通过对一系列具体的财务指标进行评价和分析，不仅可以了解企业的生产经营状况，而且可以发现企业生产经营中存在的问题。对于管理者来说，可以通过控制财务指标来控制企业的生产经营活动；对于投资者来说，可以通过监督财务指标来监督企业的生产经营状况；对于生产者来说，通过财务指标可以了解企业的状况。总之，财务指标对于企业而言，是相当重要的。

14.5.1 运输企业利润总额及计算

1. 运输企业利润的涵义

利润是企业在一定时期生产经营活动所取得的主要财务成果。从整个社会来看，利润是社会再生产的重要资金来源；从企业来看，取得利润是企业生存与发展的必要条件，也是评价一个企业生产经营状况的重要指标。

运输企业利润是运输企业在一定时期内实现的财务成果，是在保证运输企业资本金完整的基础上实现的净收益。利润总额是运输企业各项收入扣除相关的成本、费用、税金和损失以及其他支出后的净额，它集中反映运输企业生产经营活动中取得的最终财务成果。它实质上是运输企业职工为社会创造的剩余产品价值的一部分。在我国，劳动者新创造的价值，也并不能全部由自己消费，仍然要分为必要产品和剩余产品两个部分，必要产品用于满足劳动者及其家属的需要，剩余产品用于满足整个社会的需要。由此可见，运输企业为社会创造的剩余价值越多，为社会作出的贡献就越大。运输企业应千方百计地增加业务收入，降低各种营业成本，努力增加利润。

2. 利润的构成

利润总额是指运输企业经营和对外投资活动所获得各项利润的总和；是企业运用全部资产所获得的利润。运输企业的利润总额主要由营业利润、投资净收益和营业外收支净额以及补贴收入四部分组成。其计算公式为：

利润总额 = 营业利润 + 投资净收益 + 营业外收支净额 + 补贴收入

1）营业利润

营业利润，是运输企业从事各种运输经营活动（包括货运、客运及其相关服务）所取得的利润。

营业利润＝营业收入－营业成本－营业税金及附加－管理费用－财务费用

营业收入是运输企业从事运输劳务取得的收入净额；营业税金及附加主要包括营业税、城市维护建设税和教育费附加等；营业成本是在运输劳务过程中发生的运输劳务人员工资和福利费支出、固定资产折旧、固定资产修理费、办公费、保险费、包装费、运输费、保险费、类似工资性质的费用、业务费等。

2）投资净收益

投资净收益是指运输企业对外投资所取得的投资收益扣除对外投资损失后的余额。运输企业的对外投资包括股权投资、债权投资和其他投资等。投资收益大于投资损失，增加运输企业利润。投资收益小于投资损失，减少运输企业利润。

3）营业外收支净额

营业外收支净额是指企业营业外收入扣除营业外支出后的差额。

营业外收入是指与运输企业正常经营活动无直接关系的各种收入，主要包括固定资产盘盈和出售的净收益、罚没收入、因债务人的原因确实无法支付的应付账款等。

营业外支出是指与运输经营活动无直接关系的各种支出，主要包括固定资产盘亏、报废、毁损和出售的净损失、固定资产减值准备、非常损失、公益性捐赠、赔偿金、违约金等。

当运输企业的营业外收入大于营业外支出时，增加利润总额。当营业外收入小于营业外支出时，减少利润总额。

4）补贴收入

补贴收入是指运输企业按照国家规定对低于劳务成本的运价收取服务费而获得的财政补贴收入，主要属于经营政策性亏损的劳务补贴。

以上计算的是运输企业的利润总额，如果计算运输企业的净利润，还应减去所得税。其计算公式为：

$$净利润 = 利润总额 - 所得税$$

14.5.2 运输企业财务评价指标体系

1. 企业偿债能力分析

偿债能力是指企业偿还各种到期债务的能力。偿债能力分析是企业财务分析的一个重要方面，通过这种分析可以揭示企业的财务风险。企业财务管理人员、企业债权人及投资者都十分重视企业的偿债能力分析。偿债能力分析主要分为短期偿债能力分析和长期偿债能力分析。

1）短期偿债能力分析

短期偿债能力是指企业偿付流动负债的能力。流动负债是将在1年内或超过1年的一个营业周期内需要偿付的债务，这部分负债对企业的财务风险影响较大，如果不能及时偿还，就可能使企业面临倒闭的危险。在资产负债表中，流动负债与流动资产形成一种对应关系。一般来说，流动负债需以流动资产来偿付，特别是，通常它需要以现金来直接偿还。因此，可以通过分析企业流动负债与流动资产之间的关系来判断企业短期偿债能力。通常，评价企业短期偿债能力的财务比率主要有流动比率、速动比率、现金比率、现金流量比率和到期债务本息偿付比率等。

（1）流动比率

流动比率是企业流动资产与流动负债的比率。其计算公式为：

$$流动比率 = 流动资产 \div 流动负债$$

流动比率是衡量企业短期偿债能力的一个重要财务指标，这个比率越高，说明企业偿还流动负债的能力越强，流动负债得到偿还的保障越大，但是，过高的流动比率也并非好现象，因为流动比率过高，可能是企业滞留在流动资产上的资金过多，未能有效地加以利用，可能会影响企业的获利能力。

根据西方的经验，一般流动比率在2:1左右比较合适。实际上，对流动比率的分析应该结合不同的行业特点、企业流动资产结构及各项流动资产的实际变现能力等因素。有的行业流动比率较高，有的行业较低，不可一概而论。但是，单凭这种经验判断也并非可靠，有时流动比率较高，但其短期偿债能力也未必很强，因为可能是存货积压或滞销的结果，而且，企业也很容易伪造这个比率，以掩饰其偿债能力。

（2）速动比率

从前面的分析可知，流动比率在评价企业短期偿债能力时，存在一定局限性。如果流动比率较高，但流动资产的流动性较差，则企业的短期偿债能力仍然不强。在流动资产中，短期有价证券、应收票据、应收账款的变现力均比存货强，存货需经过销售才能转变为现金，如果存货滞销，则其变现就成问题，所以存货是流动资产中流动性相对较差的。一般来说，流动资产扣除存货后的资产称为速动资产，主要包括现金（即货币资金）、短期投资、应收票据、应收账款等。速动资产与流动负债的比率称为速动比率，也称酸性试验。其计算公式为：

$$速动比率 = 速动资产 \div 流动负债 = （流动资产 - 存货） \div 流动负债$$

通过速动比率来判断企业短期偿债能力比用流动比率进了一步，因为它撇开了变现力较差的存货。速动比率越高，说明企业的短期偿债能力越强。

根据西方经验，一般认为速动比率为1:1时比较合适。但在实际分析时，应该根据企业性质和其他因素来综合判断，不可一概而论。通常影响速动比率可信度的重要因素是应收账款的变现能力,如果企业的应收账款中,有较大部分不易收回,可能会成为坏账,那么速动比率就不能真实地反映企业的偿债能力。

需要说明的是,速动资产应该包括哪几项流动资产,目前尚有不同观点。有人认为不仅要扣除存货,还应扣除待摊费用、预付货款等其他变现能力较差的项目。

（3）现金比率

现金比率是企业的现金类资产与流动负债的比率。现金类资产包括企业的库存现金、随时可以用于支付的存款和现金等价物,即现金流量表中所反映的现金。其计算公式为:

$$现金比率 = （现金 + 现金等价物）÷ 流动负债$$

现金比率可以反映企业的直接支付能力,因为现金是企业偿还债务的最终手段,如果企业现金缺乏,就可能会发生支付困难,将面临财务危机,因而现金比率高,说明企业有较好的支付能力,对偿付债务是有保障的。但是,如果这个比率过高,可能意味着企业拥有过多的获利能力较低的现金类资产,企业的资产未能得到有效的运用。

（4）现金流量比率

现金流量比率是企业经营活动现金净流量与流动负债的比率。其计算公式为:

$$现金流量比率 = 经营活动现金净流量 ÷ 流动负债$$

这一比率反映本期经营活动所产生的现金净流量足以抵付流动负债的倍数。需要说明的是,经营活动所产生的现金流量是过去一个会计年度的经营结果,而流动负债则是未来一个会计年度需要偿还的债务,二者的会计期间不同。因此,这个指标是建立在以过去一年的现金流量来估计未来一年现金流量的假设基础之上的。使用这一财务比率时,需要考虑未来一个会计年度影响经营活动的现金流量变动的因素。

（5）到期债务本息偿付比率

到期债务本息偿付比率是经营活动产生的现金净流量与本期到期债务本息的比率。其计算公式为:

$$到期债务本息偿付比率 = 经营活动净现金流量 ÷ （本期到期债务本金 + 现金利息支出）$$

到期债务本息偿付比率反映经营活动产生的现金净流量是本期到期债务本息的倍数,它主要是衡量本年度内到期的债务本金及相关的现金利息支出可由经营活动所产生的现金来偿付的程度。该项财务比率越高,说明企业经营活动所产生的现金对偿付本期到期的债务本息的保障程度越高,企业的偿债能力也越强。如果该指标小于1,表明企业经营活动产生的现金不足以偿付本期到期的债务本息。

公式中的数据均可从现金流量表中得到,分母中的债务本金及现金利息支出来自现金流量表中筹资活动现金流量。

2)长期偿债能力分析

长期偿债能力是指企业偿还长期负债的能力,企业的长期负债主要有长期借款、应付长期债券、长期应付款等。对于企业的长期债权人和所有者来说,不仅关心企业短期偿债能力,更关心企业长期偿债能力。因此,在对企业进行短期偿债能力分析的同时,还需分析企业的长期偿债能力,以便债权人和投资者全面了解企业的偿债能力及财务风险。反映企业长期偿债能力的财务比率主要有资产负债率、股东权益比率等。

(1)资产负债率

资产负债率是企业负债总额与资产总额的比率,也称为负债比率或举债经营比率,它反映企业的资产总额中有多少是通过举债而得到的。其计算公式为:

资产负债率 = 负债总额 ÷ 资产总额 × 100%

资产负债率反映企业偿还债务的综合能力,这个比率越高,企业偿还债务的能力越差;反之,偿还债务的能力越强。

资产负债率为多少才是合理的,并没有一个确定的标准。不同的行业、不同类型的企业都是有较大差异的。一般而言,处于高速成长时期的企业,其负债比率可能会高一些,这样所有者会得到更多的杠杆利益。但是,作为财务管理者在确定企业的负债比率时,一定要审时度势,充分考虑企业内部各种因素和企业外部的市场环境,在收益与风险之间权衡利弊得失,然后才能作出正确的财务决策。

(2)股东权益比率

股东权益比率是股东权益与资产总额的比率,该比率反映企业资产中有多少是所有者投入的。其计算公式为:

股东权益比率 = 股东权益总额 ÷ 资产总额 × 100%

从上述公式可知,股东权益比率与负债比率之和等于1。因此,这两个比率是从不同的侧面来反映企业长期财务状况的,股东权益比率越大,负债比率就越小,企业的财务风险也越小,偿还长期债务的能力就越强。

股东权益比率的倒数,称为权益乘数,即资产总额是股东权益的多少倍。该乘数越大,说明股东投入的资本在资产中所占比重越小。其计算公式为:

权益乘数 = 资产总额 ÷ 股东权益总额

2. 企业营运能力分析

企业的营运能力反映了企业资金周转状况,对此进行分析,可以了解企业的营业状况及经营管理水平。资金周转状况好,说明企业的经营管理水平高,资金利用效率高。企业的资金周转状况与供、产、销各个经营环节密切相关,任何一个环节出现问题，都会影响到企业的资金正常周转。资金只有顺利地通过各个经营环节，才能完成一次循环。在供、产、销各环节中，销售有着特殊的意义。评价企业营运能力常用的财务比率有存货周转率、应收账款周转率、流动资产周转率、固定资产周转率、总资产周转率等。

1）存货周转率

存货周转率，也称存货利用率，是企业一定时期的销售成本与平均存货的比率。其计算公式为：

$$存货周转率 = 销售成本 \div 平均存货$$

$$平均存货 = （期初存货余额 + 期末存货余额）\div 2$$

公式中的销售成本可以从利润表中得知，平均存货是期初存货余额与期末存货余额的平均数，可以根据资产负债表计算得出。如果企业生产经营活动具有很强的季节性，则年度内各季度的销售成本与存货都会有较大幅度的波动，因此，平均存货应该按季度或月份余额来计算，先计算出各月份或各季度的平均存货，然后再计算全年的平均存货。

存货周转率说明了一定时期内企业存货周转的次数，可以用来测定企业存货的变现速度，衡量企业的销售能力及存货是否过量。存货周转率反映了企业的销售效率和存货使用效率。在正常情况下，如果企业经营顺利，存货周转率越高，说明存货周转得越快，企业的销售能力越强，营运资金占用在存货上的金额也会越少。但是，存货周转率过高，也可能说明企业管理方面存在一些问题，如存货水平太低，甚至经常缺货，或者采购次数过于频繁，批量太小等。存货周转率过低，常常是库存管理不力，销售状况不好，造成存货积压，说明企业在产品销售方面存在一定的问题，应当采取积极的销售策略，但也可能是企业调整了经营方针，因某种原因增大库存的结果，因此，对存货周转率的分析，要深入调查企业库存的构成，结合实际情况作出判断。

存货周转状况也可以用存货周转天数来表示。其计算公式为：

$$存货周转天数 = 360 \div 存货周转率 = 平均存货 \times 360 \div 销售成本$$

存货周转天数表示存货周转一次所需要的时间，天数越短说明存货周转得越快。

2）应收账款周转率

应收账款周转率是企业一定时期赊销收入净额与应收账款平均余额的比率。它反映了企业应收账款的周转速度。其计算公式为：

$$应收账款周转率 = 赊销收入净额 \div 应收账款平均余额$$

$$应收账款平均余额 = （期初应收账款 + 期末应收账款）\div 2$$

公式中赊销收入净额是指销售收入扣除了销货退回、销货折扣及折让后的赊销净额。

在市场经济条件下，商业信用被广泛应用，应收账款成为一项重要的流动资产。应收账款周转率是评价应收账款流动性大小的一个重要财务比率，它反映了企业在一个会计年度内应收账款的周转次数，可以用来分析企业应收账款的变现速度和管理效率。这一比率越高，说明企业催收账款的速度越快，可以减少坏账损失，而且资产的流动性强，企业的短期偿债能力也会增强，在一定程度上可以弥补流动比率低的不利影响。但是，如果应收账款周转率过高，可能是企业奉行了比较严格的信用政策、信用标准和付款条件过于苛刻的结果。这样会限制企业销售量的扩大，从而会影响企业的盈利水平。这种情况往往表现为存货周转率同时偏低。如果企业的应收账款周转率过低，则说明企业催收账款的效率太低，或者信用政策十分宽松，这样会影响企业资金利用率和资金的正常周转。

用应收账款周转次数来反映应收账款的周转情况是比较常见的，但是，也可以用应收账款平均收账期来反映应收账款的周转情况。其计算公式为：

应收账款平均收款期 = 360 ÷ 应收账款周转率 = 应收账款平均余额 × 360 ÷ 销售收入净额

应收账款平均收账期表示应收账款周转一次所需天数。平均收账期越短，说明企业的应收账款周转速度越快。应收账款平均收账期与应收账款周转率成反比例变化，对该指标的分析是制定企业信用政策的一个重要依据。

3）流动资产周转率

流动资产周转率是销售收入与流动资产平均余额的比率，它反映的是全部流动资产的利用效率。其计算公式为：

流动资产周转率 = 销售收入 ÷ 流动资产平均余额

流动资产周转率是分析流动资产周转情况的一个综合指标，流动资产周转得快，可以节约流动资金，提高资金的利用效率。但是，究竟流动资产周转率为多少才算好，并没有一个确定的标准。通常分析流动资产周转率应比较企业历年的数据并结合行业特点。

4）固定资产周转率

固定资产周转率，也称固定资产利用率，是企业销售收入与固定资产平均净值的比率。其计算公式为：

固定资产周转率 = 销售收入 ÷ 固定资产平均净值

固定资产平均净值 = （期初固定资产净值 + 期末固定资产净值）÷ 2

这项比率主要用于分析对厂房、设备等固定资产的利用效率，该比率越高，说明固定资产的利用率越高，管理水平越好。如果固定资产周转率与同行业平均水平相比偏低，说明企业的生产效率较低，可能会影响企业的获利能力。

5）总资产周转率

总资产周转率，也称总资产利用率，是企业销售收入与资产平均总额的比率。

其计算公式为：

$$总资产周转率 = 销售收入 ÷ 资产平均总额$$

$$资产平均总额 = (期初资产总额 + 期末资产总额) ÷ 2$$

公式中的销售收入一般用销售收入净额，即扣除销售退回、销售折扣和折让后的净额。总资产周转率可用来分析企业全部资产的使用效率。如果这个比率较低，说明企业利用其资产进行经营的效率较差，会影响企业的获利能力，企业应该采取措施提高销售收入或处置资产，以提高总资产利用率。

3. 企业获利能力分析

获利能力是指企业赚取利润的能力。盈利是企业的重要经营目标，是企业生存和发展的物质基础，它不仅关系到企业所有者的利益，也是企业偿还债务的一个重要来源。因此，企业的债权人、所有者以及管理者都十分关心企业的获利能力。获利能力分析是企业财务分析的重要组成部分，也是评价企业经营管理水平的重要依据。评价企业获利能力的财务比率主要有资产报酬率、股东权益报酬率、销售毛利率、销售净利率、成本费用净利率等，对于股份有限公司，还应分析每股利润、每股现金流量、每股股利、股利发放率等。

1）资产报酬率

资产报酬率，也称资产收益率、资产利润率或投资报酬率，是企业在一定时期内的利润与资产平均总额的比率。其计算公式为：

$$资产报酬率 = (利润总额 + 利息支出) ÷ 资产平均总额 × 100\%$$

资产报酬率主要用来衡量企业利用资产获取利润的能力，它反映了企业总资产的利用效率。这一比率越高，说明企业的获利能力越强。

在用资产报酬率分析企业的获利能力和资产利用效率的同时，也可以用资产现金流量回报率来进一步评价企业的资产的利用效率。其计算公式为：

$$资产现金流量回报率 = 经营活动现金净流量 ÷ 资产平均总额 × 100\%$$

该指标客观地反映了企业在利用资产进行经营活动过程中获得现金的能力，因而更进一步反映了资产的利用效率。该比率越高，说明企业的经营活动越有效率。

2）股东权益报酬率

股东权益报酬率，也称净资产收益率、净值报酬率或所有者权益报酬率，是一定时期企业的净利润与股东权益平均总额的比率。其计算公式为：

$$股东权益报酬率 = 净利润 ÷ 股东权益平均总额 × 100\%$$

$$股东权益平均总额 = (期初股东权益 + 期末股东权益) ÷ 2$$

股东权益报酬率是评价企业获利能力的一个重要财务比率，它反映了企业股东获取投资报酬的高低。该比率越高，说明企业的获利能力越强。股东权益报酬率也可以用以下公式表示：

$$股东权益报酬率 = 资产报酬率 \times 平均权益乘数$$

由此可见，股东权益报酬率取决于企业的资产报酬率和权益乘数两个因素。因此，提高股东权益报酬率可以有两种途径：一是在权益乘数，即企业资金结构一定的情况下，通过增收节支，提高资产利用效率，来提高资产报酬率；二是在资产报酬率大于负债利息率的情况下，可以通过增大权益乘数，即提高资产负债率，来提高股东权益报酬率。但是，第一种途径不会增加企业的财务风险，而第二种途径会导致企业的财务风险的增大。

3）销售毛利率与销售净利率

（1）销售毛利率

销售毛利率，也称毛利率，是企业的销售毛利与销售收入净额的比率。其计算公式为：

$$销售毛利率 = 销售毛利 \div 销售收入净额 \times 100\%$$
$$= （销售收入净额 - 销售成本）\div 销售收入净额 \times 100\%$$

公式中，销售毛利是企业销售收入净额与销售成本的差额，销售收入净额是指产品销售收入扣除销售退回、销售折扣与折让后的净额。销售毛利率反映了企业的销售成本与销售收入净额的比例关系，毛利率越大，说明在销售收入净额中销售成本所占比重越小，企业通过销售获取利润的能力越强。

（2）销售净利率

销售净利率是企业净利润与销售收入净额的比率。其计算公式为：

$$销售净利率 = 净利润 \div 销售收入净额 \times 100\%$$

销售净利率说明了企业净利润占销售收入的比例，它可以评价企业通过销售赚取利润的能力。销售净利率表明企业每 1 元销售净收入可实现的净利润是多少。该比率越高，企业通过扩大销售获取收益的能力越强。

4）成本费用净利率

成本费用净利率是企业净利润与成本费用总额的比率。它反映企业生产经验过程中发生的耗费与获得的收益之间的关系。其计算公式为：

$$成本费用净利率 = 净利润 \div 成本费用总额 \times 100\%$$

公式中，成本费用是企业为了取得利润而付出的代价，主要包括销售成本、销售费用、销售税金、管理费用、财务费用和所得税等。这一比率越高，说明企业为获取收益而付出的代价越小，企业的获利能力越强。因此，通过这个比率不仅可以评价企业获利能力的高低，也可以评价企业对成本费用的控制能力和经营管理水平。

5）每股利润与每股现金流量

（1）每股利润

每股利润，也称每股收益或每股盈余，是股份公司税后利润分析的一个重要指标，主要是针对普通股而言的。每股利润是税后净利润扣除优先股股利后的余额，除以发行在外的普通股平均股数。其计算公式为：

每股利润＝（净利润－优先股股利）÷发行在外的普通股平均股数

每股利润是股份公司发行在外的普通股每股所取得的利润，它可以反映股份公司的获利能力的大小。每股利润越高，说明股份公司的获利能力越强。虽然每股利润可以很直观地反映股份公司的获利能力以及股东的报酬，但是，它是一个绝对指标，在分析每股利润时，还应结合流通在外的股数。如果某一股份公司采用股本扩张的政策，大量配股或以股票股利的形式分配股利，这样必然摊薄每股利润，使每股利润减小。同时，分析者还应注意到每股股价的高低，如果甲乙两个公司的每股利润都是 0.84 元，但是乙公司股价为 25 元，而甲公司的股价为 16 元，则投资于甲乙两公司的风险和报酬很显然是不同的。因此，投资者不能只片面地分析每股利润，最好结合股东权益报酬率来分析公司的获利能力。

（2）每股现金流量

注重股利分配的投资者应当注意，每股利润的高低虽然与股利分配有密切的关系，但是它不是决定股利分配的唯一因素。如果某一公司的每股利润很高，但是因为缺乏现金，那么也无法分配现金股利。因此，还有必要分析公司的每股现金流量。每股现金流量越高，说明公司越有能力支付现金股利。每股现金流量是经营活动现金净流量扣除优先股股利后的余额，除以发行在外的普通股平均股数。计算公式为：

每股现金流量＝（经营活动现金净流量－优先股股利）÷发行在外的普通股平均股数

6）每股股利与股利发放率

（1）每股股利

每股股利是普通股分配的现金股利总额除以发行在办的普通股股数，它反映了普通股获得的现金股利的多少。其计算公式为：

每股股利＝（现金股利总额－优先股股利）÷发行在外的普通股平均股数

每股股利的高低，不仅取决于公司获利能力的强弱，还取决于公司的股利政策和现金是否充裕。倾向于分配现金股利的投资者，应当比较分析公司历年的每股股利，从而了解公司的股利政策。

（2）股利发放率

股利发放率，也称股利支付率，是普通股每股股利与每股利润的比率。它表明股份公司的净收益中有多少用于股利的分派。其计算公式为：

股利发放率＝每股股利÷每股利润×100%

复习思考题

1. 运输企业财务管理的概念及目标是什么？
2. 运输企业筹金的基本要求及原则是什么？
3. 简述运输企业财务评价指标体系。
4. 运输企业考核利润的指标有哪些？

第15章 运输企业管理创新

15.1 管理创新的概念和含义

15.1.1 创新

创新(Innovation)是以新思维、新发明和新描述为特征的一种概念化过程,起源于拉丁语。它有三层含义:第一,更新;第二,创造新的东西;第三,改变。

经济学家约瑟夫·熊彼特(Joseph Schumpeter)认为,资本主义经济的本质特征就是创新。资本主义不断突破自身的各种局限性和经常发生的经济危机,其最主要原因就是资本主义经济的自发创新的机制。创造是指以独特的方式综合各种思想或在各种思想之间建立起独特的联系的一种能力,能激发创造力的组织,可以不断地开发出做事的新方式以及解决问题的新办法。

创新是人类特有的认识能力和实践能力,是人类主观能动性的高级表现形式,是推动民族进步和社会发展的不竭动力。一个民族要想走在时代前列,就一刻也不能没有理论思维,一刻也不能停止理论创新。创新在经济、商业、技术、社会学以及建筑学这些领域的研究中有着举足轻重的分量。口语上,经常用"创新"来表示改革的结果。既然改革被视为经济发展的主要推动力,那么促进创新的因素就至关重要。

15.1.2 管理创新

管理创新(Management Innovation)是指创造一种新的更加有效的资源整合。这种整合既可以是新的有效整合资源以达到企业目标和责任的全过程管理,也可以是新的具体资源整合及目标制定等方面的细节管理。按照保罗·罗默(Paul Romer)的思想,管理创新是在创造和掌握新知识的基础上,主动适应外部环境,提高组织整体效能,推动生产要素在质和量上发生新的变化和新的组合的过程。因此,管理创新至少包括下列5种情况:

(1)提出一种新的经营思路并加以有效实施

如果是可行的,这便是管理方面的一种创新。但这种新经营思路并非只针对一个企业而言是新的,而应对所有的企业来说都是新的。

(2)创设一个新的组织机构并使之有效运转

组织机构是企业管理活动及其他活动有序化的支撑体系。一个新的组织机构的诞生是一种创新，但如果不能有效运转则成为空想，不是实实在在的创新。

（3）提出一个新的管理方式方法

一个新的管理方式方法能提高生产效率，或使人际关系更加协调，或能更好地激励员工等等，这些都将有助于企业资源的有效整合以达到企业既定目标和任务。

（4）设计一种新的管理模式

所谓管理模式是指企业综合性的管理范式，是指企业总体资源有效配置实施的范式。那么，如果一个范式对所有企业的综合管理而言是新的，则自然是一种创新。

（5）进行一项制度的创新

管理制度是企业资源整合行为的规范，既是企业行为的规范，也是员工行为的规范。制度的变革会给企业行为带来变化，进而有助于资源的有效整合，使企业更上一层楼。因此，制度创新也是管理创新之一。只有弄清了管理创新的涵义，才能破除管理创新的神秘化和高不可攀的观念，推进管理创新向广度和深度发展。

富有创造力的组织能够不断地将创造性思想转变为某种有用的结果。当管理者说到要将组织变革成更富有创造性的时候，他们通常指的就是要激发创新。

对于企业而言，管理创新是指企业把新的管理要素（如新的管理方法、新的管理手段、新的管理模式等）或要素组合引入企业管理系统以更有效地实现组织目标的创新活动。

以美国为代表的西方发达国家正是依靠其卓有成效的"管理创新"和浓厚的创新文化氛围，确保了企业创新的持续性，造就了企业强大的市场竞争力，也造就了一大批世界知名的跨国公司。

15.2　管理创新的理论依据和内容

15.2.1　管理创新的必要性

1.知识经济和现代科学技术的要求

当前，世界经济正加速向全球化和知识化方向发展，发达国家正经历着从工业经济向知识经济的战略转移，发展中国家也在加倍努力迎头赶上。走技术创新之路，是现代经济发展和知识社会进步的一条捷径。

现代经济的发展，不管是农业经济和工业经济的发展，还是知识经济的发展，都需要强有力的科技来支撑、促进和提高，必须依赖于加大技术创新力度。

因为技术创新就其行动内容看是由一系列的技术活动组成，但就其价值取向看则有明确的商业赢利目标。一种产品、一个企业、一个行业乃至一个国家、一个经济形态，都需要通过源源不断开展技术创新活动，去追求最大的经济效益。

2. 市场经济和激烈的市场竞争的要求

"以产定销"的计划经济时代已经成为过去，信息化为经济市场化、国际化提供了生产力基础。企业的生存必将是全球范围内的生存。全球电子数据交换系统EDI，使企业在产品生产和供应方面的地理概念与时间概念大大淡化，资金流通与商品流通日趋市场化、全球化。这些变化既给企业带来了机遇和挑战，又给企业带来了更高的要求与残酷的竞争。

3. 企业现状和深化企业改革的要求

管理要合理组织生产力，同时又要不断调整生产关系。当今我国企业正处于生产力大发展、生产关系大变革的环境之中，市场经济运行正在不断深化和发展。要提高企业经济效益，经济增长方式必须从粗放经营转到集约经营上来，即由"总量增长型"向"质量效率型"转变。

15.2.2 管理创新的理论依据

企业的运作管理有其特性和规律，要对企业进行有效的管理创新，必须遵循企业创新的特点和基本规律，企业管理创新的开展也应当遵循以下基本的理论。

1. 企业本性论

企业追求利润最大化。企业是现代社会的经济主体，是社会政治、经济和文化生活的基本单元。现代社会是以企业为主宰的团体社会。企业没有利润，无法体现自己的生命意义以及追求自己的价值，这是企业进行管理创新首要的和基本的理论依据。

2. 管理本性论

企业本性论指明了企业生存的目标，而实现这一目标则必须靠科学的管理。通过加强基础管理和专业管理，保证产品质量的提高、产量的增加、成本的下降和利润的增长。这是企业管理创新的又一依据。

3. 员工本性论

企业本性论明确了创造利润这一企业的本性，认识到实现企业本性要靠科学的管理，根据市场和社会变化，有效地整合企业内部资源，创造更高的生产率，不断满足市场需求，是管理创新的常新内容。但这还不够，还必须明确管理的主体。在构成企业的诸多要素中，人是最积极、最活跃的主体性要素。企业的一切营运活动必须靠人来实现。人是生产力的基本要素，又是管理的主体。人是企业活力的源泉所在，也是管理能否成功的关键。

4.国企特性论

国有企业是国有资产的运营载体，当前在国民经济中占有主导地位，是一种"特殊"的企业。政府要依靠和发挥国有经济的作用，通过国有企业实现宏观调控，与外资企业抗衡，稳定市场秩序，维护公开、公平的市场竞争，保证经济社会发展目标的实现。改革只会改变国企承担社会目标的形式和某些内容，但决不会改变其承担社会目标的职能，也不会改变经营者所面对的较之私人企业更多的管理难题。

15.2.3 管理创新的内容

管理创新的内容大致可以分为 3 个方面，即管理思想理论上的创新、管理制度上的创新、管理具体技术方法上的创新。而从不同的角度则可以将管理创新分为不同的类别：

按功能将管理创新划分为目标、计划、实行、检查、控制、调整、领导、组织、人力九项管理职能的创新。

按业务组织的系统将管理创新划分为战略创新、模式创新、流程创新、标准创新、观念创新、风气创新、结构创新和制度创新。

按企业职能部门的管理将管理创新分为研发管理创新、生产管理创新、市场营销和销售管理创新、采购和供应链管理创新、人力资源管理创新、财务管理创新和信息管理创新。

15.3 管理创新的过程和途径

15.3.1 管理创新的过程和阶段

一般来说，管理创新过程包含四个阶段。

1.对现状的不满

在几乎所有的案例中，管理创新的动机都源于对公司现状的不满：或是公司遇到危机，或是商业环境变化以及新竞争者出现而形成战略型威胁，或是某些人对操作性问题产生抱怨。

例如，Litton 互联产品公司是一家为计算机组装主板系统的工厂，位于苏格兰的 Glenrothes。1991 年，George Black 受命负责这家工厂的战略转型。他说："我们曾是一家前途黯淡的公司，与竞争对手相比，我们的组装工作毫无特色。唯一的解决办法就是采取新的工作方式，为客户提供新的服务。这是一种刻意的颠覆，也许有些冒险，但我们别无选择。"很快，Black 推行了新的业务单元架构方案。每个业务单元中的员工都致力于满足某一个客户的所有需要。他们学习制造、销售、服务等一系列技能。这次创新使得客户反响获得极大改善，员工流动率也大大降低。

当然，不论出于哪一种原因，管理创新都在挑战组织的某种形式，它更容易产生于紧要关头。

2. 从其他来源寻找灵感

管理创新者的灵感可能来自其他社会体系的成功经验，也可能来自那些未经证实却非常有吸引力的新观念。

有些灵感源自管理思想家和管理宗师。1987 年，Murray Wallace 出任了惠灵顿保险公司的 CEO。在公司危机四伏的关键时候，Wallace 读到了汤姆·彼得斯的新作《混沌中的繁荣》(Thriving on Chaos)。他将书中的高度分权原则转化为一个可操作的模式，这就是人们熟知的"惠灵顿革命"。Wallace 的新模式令公司的利润率大幅增长。

还有些灵感来自无关的组织和社会体系。20 世纪 90 年代初，总部位于丹麦哥本哈根的助听器公司奥迪康推行了一种激进的组织模型：没有正式的层级和汇报关系；资源分配是围绕项目小组展开的；组织是完全开放的。几年后，奥迪康取得了巨大的利润增长。而这个灵感却来源于公司 CEO—Lars Kolind 曾经参与过的美国童子军运动。Kolind 说："童子军有一种很强的志愿性。当他们集合起来，就能有效合作而不存在任何等级关系。这里也没有钩心斗角、尔虞我诈，大家目标一致。这段经历让我重视为员工设定一个明确的'意义'，这种意义远远超越了养家糊口。同时，建立一个鼓励志愿行为和自我激励的体系。"

此外，有些灵感来自背景非凡的管理创新者，他们通常拥有丰富的工作经验。美国模拟器件公司(ADI)的经理 Art Schneiderman(平衡计分卡的原型就是出自他的手笔)在斯隆管理学院攻读 MBA 课程时，深受 Jay Forrester 系统动态观念的影响。加入 ADI 前，他在贝恩咨询公司做了 6 年的战略咨询顾问，负责贝恩在日本的质量管理项目。Schneiderman 深刻地了解日本企业，并用系统的视角看待组织的各项职能。因此当 ADI 的 CEO Ray Stata 请他为公司开发一种生产质量改进流程的时候，他很快就设计出了一整套的矩阵，涵盖了各种财务和非财务指标。

这 3 个例子说明了一个简单的道理：管理创新的灵感很难从一个公司的内部产生。很多公司盲目对标或观察竞争者的行为，导致整个产业的竞争高度趋同。只有通过从其他来源获得灵感，公司的管理创新者们才能够开创出真正全新的东西。

3. 创新

管理创新人员将各种不满的要素、灵感以及解决方案组合在一起，组合方式通常并非一蹴而就，而是重复、渐进的，但多数管理创新者都能找到一个清楚的推动事件。

4．争取内部和外部的认可

与其他创新一样，管理创新也有风险巨大、回报不确定的问题。很多人无法理解创新的潜在收益，或者担心创新失败会对公司产生负面影响，因而会竭力抵制创新。而且，在实施之前，我们很难准确判断创新的收益是否高于成本。因此对于管理创新人员来说，一个关键阶段就是争取他人对新创意的认可。

在管理创新的最初阶段，获得组织内部的接受比获得外部人士的支持更为关键。这个过程需要明确的拥护者。如果有一个威望高的高管参与创新的发起，就会大有裨益。另外，只有尽快取得成果才能证明创新的有效性，然而，许多管理创新往往在数年后才有结果。因此，创建一个支持同盟并将创新推广到组织中非常重要。管理创新的另一个特征是需要获得"外部认可"，以说明这项创新获得了独立观察者的印证。在尚且无法通过数据证明管理创新的有效性时，高层管理人员通常会寻求外部认可来促使内部变革。

外部认可包括4 种来源：

第一，商学院的学者。他们密切关注各类管理创新，并整理总结企业碰到的实践问题，以应用于研究或教学。

第二，咨询公司。他们通常对这些创新进行总结和存档，以便用于其他的情况和组织。

第三，媒体机构。他们热衷于向更多的人宣传创新的成功故事。

第四，行业协会。

外部认可具有双重性：一方面，它增加了其他公司复制创新成果的可能性；另一方面，它也增加了公司坚持创新的可能性。

15.3.2　管理创新的基础条件

为使管理创新能有效地进行，必须具备一些基础条件：

1．创新主体应具有良好的心智模式

创新主体(企业家，管理者和企业员工)具有良好的心智模式是实现管理创新的关键。心智模式是指由于过去的经历、习惯、知识素养、价值观等形成的基本固定的思维认识方式和行为习惯。创新主体具有的心智模式：一是远见卓识；二是具有较好的文化素质和价值观。

2．创新主体应具有较强的能力结构

管理创新主体必须具备一定的能力才可能完成管理创新，创新管理主体应具有：核心能力、必要能力和增效能力。核心能力突出地表现为创新能力；必要能力包括将创新转化为实际操作方案的能力，从事日常管理工作的各项能力；增效能力则是控制协调加快进展的各项能力。

3. 企业应具备较好的基础管理条件

现代企业中的基础管理主要指一般的最基本的管理工作，如基础数据、技术档案、统计记录、信息收集归档、工作规则、岗位职责标准等。管理创新往往是在基础管理较好的基础上才有可能产生。因为基础管理好可提供许多必要的准确的信息、资料、规则，这本身有助于管理创新的顺利进行。

4. 企业应营造一个良好的管理创新氛围

创新主体能有创新意识，能有效发挥其创新能力，与拥有一个良好的创新氛围有关。在良好的工作氛围下，人们思想活跃，新点子产生得多而快，而不好的氛围则可能导致人们思想僵化，思路堵塞，头脑空白。

5. 管理创新应结合本企业的特点

现代企业之所以要进行管理上的创新，是为了更有效地整合本企业的资源以完成本企业的目标和任务。因此，这样的创新就不可能脱离本企业和本国的特点。在当前的国际市场中，短期内中国大部分企业的实力比西方企业弱，如果以刚对刚则会失败，若以太极拳的方式以柔克刚，则可能是中国企业走向世界的最佳方略。中国企业应充分发挥以"情，理，法"为一体的中国式管理制度的优势和特长。

6. 管理创新应有创新目标

管理创新目标比一般目标更难确定，因为创新活动及创新目标具有更大的不确定性。尽管确定创新目标是一件困难的事情，但是如果没有一个恰当的目标则会浪费企业的资源，这本身又与管理的宗旨不符。

15.3.3 提高企业管理创新能力的途径

管理创新是一项具有创造性、开拓性的工作，是一项系统工程，必然触及过去的或现行的管理思想、管理体制、管理方法和管理手段。没有领导的重视，没有严密的组织与规范的管理，创新是难以持续实施的。持续的管理创新可以使企业自身成为有生命、能适应环境变化的学习型组织。为确保创新工作有序且高效地开展，就要建立健全创新管理制度，形成一套科学的完整的创新管理体系。

1. 有意识地进行管理创新

很多公司建立了研发实验室，或是为某些个人指定了明确的创新职责。但很少有公司建立了专门的组织架构来培育管理创新。要成为一个管理创新者，第一步须向整个组织推销其观念。

2. 创造一个怀疑的、解决问题的文化

当面临挑战时，公司员工会的反应如何？他们会开始怀疑吗？他们是会借助竞争者采用的标准解决方案，还是会更深入地了解问题，努力发现新的解决之道？只有最后一条路才能将公司引向成功的管理创新，管理者应当鼓励员工寻解决问题而非选择逃避。

3. 寻求不同环境中的类比和例证

公司应该向一些高度弹性的社会体系学习，如议会民主制度、城市等。如果公司希望提高员工的动力，就应该去观察、学习各种志愿者组织，鼓励员工去不同的国家工作也非常有价值，这可以开阔员工的视野并激发思维。

4. 培养低风险试验的能力

有一家公司的管理人员不断鼓励员工及团队提出管理创新办法。但他们很快意识到，要想使能动性转化为有效性，就不能放任所有的新主意在整个组织内蔓延。他们规定，每种创新只能在有限的人员范围和有限的时间内进行。这既保证了新创意有机会实施，同时也不会危害整个组织。

5. 利用外部的变革来源来探究新想法

当公司有能力自己推进管理创新时，有选择地利用外部的学者、咨询顾问、媒体机构以及管理大师们，会很有用。他们有 3 个基本作用：新观念的来源；作为一种宣传媒介让这项管理创新更有意义；使公司已经完成的工作得到更多的认可。

6. 持续地进行管理创新

真正的成功者绝非仅进行一两次的管理创新。相反，他们是持续的管理创新者。通用电器就是一个例子。它不仅成名于其"群策群力"原则和无边界组织，还拥有很多更为古老的创新，例如战略计划、管理人员发展计划、研发的商业化等。

此外，还应当定期对管理创新工作进行综合评价，对评价结果进行排序和分级，处于最差级别的项目将根据评价结果的相对好坏给予不同层次的处罚。对管理成效显著、管理运行机制与效果提升较快的单位及人员适当奖励和表彰。对于不按照项目方案实施，导致项目不能按期完成或项目效果差的单位和个人，视其情节，给予行政及经济处罚。

15.4 创新思维

管理创新的基本前提是要具有创新思维，管理创新离不开创新思维，只有有了创新思维的萌生才会有管理创新的行为和结果。

创新思维是人类思维的高级形式，既具有一般思维的特点，又有不同于一般思维的特性。创新思维不是生来俱有的，它主要来源于不断发展的新实践之中，产生于实践主体的不懈追求之中，形成于理论与实践的有机结合之中。现代社会特别强调人的创新精神和创造能力，而人的创造精神和创造能力，无不根源于人的创新思维。创新思维不是某种特定的思维方式，而是一个思维群，泛指具有超越常规的各种思维方式或思维方法。其主要包括以下几种：理性思维与非理性思维、求同思维与求异思维、收敛思维与发散思维。创新思维的实质是辩证思维，它是自觉运用思维辩证法进行的思维，是以马克思主义认识论和唯物辩证法为理论依据的，它有着有以下几个特点：

一是开拓性。他要求人们在进行思维活动时，无论在思维的角度上，还是在思路的选择上，或者是在思考的技艺上，都要具有不同于习惯性思维的独到之处，因而能想人所未想，见别人所未见；要注重质疑，敢于对既定的结论进行重新认识和重新思考，以求有新的发现和新的突破；要不屈从于他人，也不迷信书本，敢于对权威提出挑战；要勇于自我超越，善于打破自己和别人所设置的框框。创新与模仿完全是两个不同的概念，我们要加以区分。

二是灵活性。它要求人们在认识事物的时候，要善于运用发散思维，从多个角度来看待问题，提出多种设想和答案；善于进行思维的转向和换位思考，不僵化，能在某个方向的思维受到限制时，主动自觉地转向其他的方向，重新调整思维的角度和视域，另辟蹊径；要善于进行思维的跃迁，从一种思维方法转到另一种思维方法。这个特点充分体现了创新思维的发散性方向，正如"他山之石，可以攻玉"一样。

三是超前性。他要求人们在进行思维活动时，要着眼于事物的前进、发展和变化，通过总结过去、分析现实，更好地开辟未来。要注重用新的眼光去看待事物、解决问题，在分析问题、认识事物时，以先进事物、先进水平为参照系，并注重在与他们的比较中找出自己的差距，进而努力使自己的认识和行动与历史发展趋势相吻合，尽快赶上和超过先进事物或先进水平。

四是综合性。创新思维要求人们在进行思维活动时，要善于广泛地吸收和借鉴历史与现实中人们所创造的文明成果，通过分析研究，进而对它们进行新的建构和巧妙组合，以此产生别具一格的新成果；善于对各个领域的思维成果进行概括、总结和归纳。通过提炼和升华，不仅使其科学化系统化，而且从中得到新的发现和启发；善于从事物的联系和关系中思考问题，通过全方位多角度的思考，从偶然中求出必然，从特异中求出一般，使认识产生突破。

五是风险性。创新思维贵在求新、求异。它所探讨的问题往往是前人所没有解决的，不可能保证每次都取得成功，因而必然带有一定的风险性。没有不畏风险的精神，是不可能有创新思维的。

15.5 交通运输企业管理创新

15.5.1 对交通运输企业管理创新的认知

交通运输是人类社会活动中一个不可缺少的重要环节。随着社会的发展，人们对交通运输的需求迅速增长，推动了交通运输业的现代化发展。通常所说的现代交通运输业包括铁路、水运、公路、航空和管道五种基本的运输方式。交通运输业是国民经济中的一个重要的物质生产部门，是国民经济的动脉血管。运输就是人或货物在空间随着时间的变化而有所移动。运输生产是生产过程在流通过程的继续，是社会再生产过程中的重要环节。

运输业是社会生产的必要条件，而且它不是消极地、静止地为社会生产服务的。运输网的展开，方便的运输条件，将有助于开发新的资源，发展落后地区的经济、扩大原料供应范围和产品销售市场，从而促进社会生产的发展。从这个意义上讲，交通运输业是国民经济基础设施和支柱产业，具有先行官的作用。

运输业的发展影响着社会生产、流通、分配和消耗的多个环节，对人民生活、政治和国防建设都有重要作用。一个国家，如果没有高度发达的交通运输业，就不可能有经济的繁荣和国防的巩固。交通运输业的发达程度已经成为一个国家综合国力和经济发展水平的一个重要标志。

运输业是一个特殊的产业部门。作为生产单位外部的运输，从在社会再生产中的地位，生产进程和产品的属性等方面，和其他产业部门有很大区别。因此，交通运输企业的管理与其他工业企业的管理有其特殊性和复杂性。

15.5.2 现代交通运输业的发展方向

当代交通运输业的发展出现了两大趋势：一是随着世界新技术革命的发展，交通运输广泛采用新技术，实现运输工具和设备的现代化；二是随着运输方式的多样化，运输过程的统一化，各种运输方式朝着分工协作、协调配合，建立综合运输体系的方向发展。

所谓综合运输体系，或者叫综合的交通运输体系，是对单一的运输体系而言的，就是各种运输方式在社会化的运输范围内和统一的运输过程中，按其技术经济特点组成分工协作、有机结合、连接贯通、布局合理的交通运输综合体系。

现代化生产的一个重要特征就是协作。交通运输是一个大系统，各种运输方式、各条运输线路，各个运输环节，如果出现不协调，就不能发挥有效的运输生产力。按照各种运输方式的技术经济特点，建立合理的运输结构，发展综合运输体系，就能使各种运输方式扬长避短，既可扩大运输能力，又能提高经济效益。

发展综合运输体系是我国运输业发展的新模式。我国工业和交通运输管理基本上以条条为主，各种运输方式在横向联系上很不够，造成资源浪费，运输业的建设应由单一的、孤立的发展模式向综合的协调的模式转变。

逐步建设和完善铁路、公路、水运、航空和管道几种运输方式协调发展，优势互补的综合运输体系，是我国现代交通运输业发展的方向。综合运输体系是一个庞大的系统工程，我们必须从实际出发，结合国情，逐步建立和完善有中国特色的社会主义的综合运输体系，其发展方向的要点是：

（1）要搞好各种运输方式的综合发展和协作，在全国范围内建设综合运输网，因地制宜地发展相应的运输方式，发挥城市交通在综合交通运输网中的枢纽作用，大力发展各种运输方式的联合运输。

（2）在可预见的将来，铁路仍将是中、长距离客、货运输的主力，要加强铁路的技术改造和建设。

（3）充分发挥公路运输机动灵活、送达快、门到门运输的优势，发挥公路运输在短途客、货运输中的主力作用。

（4）沿海和内河运输是大宗和散装货物运输的主要方式之一，要加强内河航道建设，以及沿海和内河港口的改造和建设，发展沿海和长江等主要内河运输，实现干支道直达运输和江海联运。

（5）航空运输建设周期短、效益高，速度快，大中城市间长距离客运，应优先发展航空运输，对发展边远地区、高档外贸和急需物质的运输，航空运输也有其特别的优势。

（6）除发展原油和天然气管道运输外，在成品油集中的流向上，要建设成品油管道，积极慎重地发展输煤管道运输。

15.5.3 我国各种类型交通运输企业管理创新的措施

1. 铁路运输企业

（1）我国铁路长期以来实行计划管理、体制上政企合一、组织上集中统一领导、运输上集中统一指挥、经济上统支统分。因此，铁道部一直以政企合一形式对国家铁路运输实施控制、指挥、调度，直接干预企业生产经营，造成铁路不能按市场机制自主经营，产权关系模糊，责任不清，效率低下，"一统江山"式的企业规模过大，得不到预期的规模效益。铁路政企分开，是铁路改革的关键一步，是改革的必然趋势，应正确界定政府职能与企业职能，确立各铁路局（公司）的法人主体地位。引入竞争机制，自主经营，自负盈亏，共同参与不受区域限制的全国范围内的竞争。

（2）开展相关联事业，实行多元化经营铁路运输企业可以利用自身的行业特点和优势搞多元化经营。可以从事仓储业务，提供运输，仓储一条龙服务，甚至可以从事邮包速递等服务。随着人民生活水平的提高，旅游观光市场前景广阔，可以从事旅馆和餐饮业。通过多元化经营，使铁路交通运输的服务体系、服务功能更加完善，不仅为精干铁路企业主体提供良好的条件，而且方便了广大客户，提高了企业的竞争能力。

（3）改革铁路投资体制，增强社会融资吸引力，强化资本投入产出责任制。铁路项目投资大，建设周期长，靠传统的单一的投资主体是很难解决资金不足的问题，必须进一步开展发行股票在内的多种形式的融资方式。

2. 公路运输企业

公路运输业经过几十年的发展，已经形成了多样化的经营主体，其中绝大部分国有大中型运输企业已经进行了公司制改造，因此其管理重点是：加强公路场站和信息系统、智能运输系统的建设，提高公路运输综合配套能力。充分利用高等级公路条件，加快公路运输技术条件改善，发展集装箱厢式货车、冷藏等新的运输形式和运输组织形式，促进公路运输优势的发挥，同时，按现代企业制度要求建立规模化、集约化经营的运输企业。

3. 水运企业

水运企业随着运输全球一体化的发展，应改变航运经营观念，以适应航运市场激烈的竞争形势，航运公司经营观念应从单纯追求利润转变为追求低运输成本和高服务质量，提高企业在国际航运中的竞争力。沿海沿江重要是以调整结构、深化改革重点加强国际集装箱运输系统建设。改革港口管理体制，实行政企分开和"港口民营化"，建立现代企业制度，港口组合经营，港航联合经营，港方和货方合作经营已成为港口的一种新的经营机制。实行"强强联合，优势互补"已成为航运业的一种趋势。

4. 航空运输企业

航空运输是一种科技含量高而密集的运输方式。高水平航空科技成果和大型、高速运输飞机的发展；先进通信、导航设备和技术的应用，新一代空中交通管理技术的实施；机场及其设施的现代化、自动化以及运输管理系统的信息化都是航空运输发展新水平的体现，也是21世纪航空运输进步的方向和目标。

总之，无论是改制了的还是未进行改制的交通运输企业，管理仍是主要矛盾。我们必须经过不断创新来解决这个矛盾。我国已有许多企业在管理创新方面作了大量工作并取得了成功。例如，邯钢就是转换机制后苦练内功，实行"模拟市场，成本否决"管理方法，在全国钢铁企业普遍不紧气的情况下取得了惊人的业绩。海尔创造了"旧清日高"的管理方法，它是把以人为本的管理方法和系统的、综合集成管理方法密切结合起来的方法，是一种具有更高境界和更理想的管理方法等值得交通运输企业借鉴。铁路企业应进一步放下"铁老大"的架子，改革"大一统"的管理。海南航空股份有限公司是中国第一家率先建立了以现代企业制度为基础的管理机制公司，实施资本运战略，开展相关产业的多样化经营，使之在航空企业普遍亏损的情况下，脱颖而出。无数事实证明，管理创新是企业的灵魂，21世纪是知识经济时代和信息经济时代，交通运输企业只有通过管理创新，才能适应企业内外环境的变化和国内外竞争的压力，管理创新是国有交通运输企业的振业之本。

15.6 案　例

"十一五"期间，中国铁路技术创新实现重大跨越

"十一五"期间，"青藏铁路工程"荣获国家科技进步特等奖，"大秦铁路重载运输成套技术及应用"、"时速 250 km 动车组高速转向架及应用"、"遂渝线无砟轨道关键技术研究与应用"、"6 轴 7 200 千瓦大功率交流传动机车研发及应用"荣获国家科技进步一等奖。

"十一五"是我国铁路技术创新、迈入"高铁时代"的 5 年。我国铁路坚持原始创新、集成创新和引进消化吸收再创新相结合，走出了一条中国铁路自主创新的成功之路。

高速铁路技术达到世界一流水平。通过京津、武广、郑西、沪宁、沪杭、京沪等高铁的建设和运营，在工程建造、高速列车、列车控制、客站建设、系统集成、运营管理等领域全面掌握核心技术，形成了具有自主知识产权的成套高铁技术体系。我国已成为世界上高铁系统技术最全、集成能力最强、运营里程最长、运行速度最高、在建规模最大的国家。

机车车辆技术达到世界一流水平。在掌握时速 200～250 km 动车组核心技术的基础上，成功搭建了时速 350 km 的动车组技术平台，研制成功时速 380 km 新一代高速列车。系统掌握了大功率电力、内燃机车核心技术，成功研制出 6 轴 7200 kW 和 9600 kW 大功率电力机车，形成了具有自主知识产权的大功率机车产品系列。自主研制了载重 70 t 通用货车、80 t 煤炭专用货车、100 t 矿石和钢铁专用货车、450 t 大型专用货车，研发了高速综合检测列车，全面掌握了现代化大型养路机械核心技术并实现国产化。五年来，全路共投用 480 列动车组、3 676 台大功率机车，均表现出良好的运行品质。

高原铁路技术达到世界一流水平。青藏铁路建设和运营，在解决多年冻土、高寒缺氧、生态脆弱三大世界性工程难题方面取得重要成果，创造了一流的运营业绩。青藏铁路通车运营以来，累计完成客运量 1426 万人、货运量 12288 万 t，有力地促进了青藏两省区经济社会发展。

既有线提速技术达到世界一流水平。通过 2007 年实施的第六次大面积提速，全面掌握了既有线时速 200～250 km 线路的设计、施工、养护和牵引供电、通信信号、运营管理等成套技术，在提速干线大量开行时速 200～250 km 动车组列车，我国铁路既有线提速技术跻身世界先进行列。

重载运输技术达到世界一流水平。大秦铁路作为我国重载铁路技术创新的成功典范，在世界上首次将机车无线同步操纵技术与 GSM－R 技术结合，开行 1 万

t 和 2 万 t 重载组合列车，运量逐年大幅度增长，2010 年超过 4 亿 t，创造了世界铁路重载运输的奇迹。在既有繁忙干线普遍开行 5000～6000 t 货物重载列车，大幅度提高了铁路货运能力。

运输调度技术达到世界一流水平。全面掌握了时速 200～250 km 列车运行控制技术（CTCS－2），构建了 GSM－R 移动通信平台，研发了具有世界领先水平的时速 350 km 及以上列车运行控制系统（CTCS－3）和分散自律调度集中系统。列车调度指挥系统、供电综合远动系统、铁路运输管理信息系统，客票发售与预订、货运大客户管理、建设项目管理等信息系统广泛应用并提升，铁路信息化水平明显提高。

复习思考题

1. 管理创新的内涵包括哪些？
2. 简述管理创新的理论依据和内容。
3. 管理创新的途径有哪些？
4. 创新思维有什么特点？
5. 交通运输企业应该当如何进行管理创新？

参考文献

[1]陈亭南.现代企业文化.北京：企业管理出版社，2003

[2]陈平.浅谈班组资源管理.空中交通管理[J].2010(1)

[3] Christos Voudouris, Gilbert Owusu, Raphaël Dorne and David Lesaint. Service Chain Management. Springer-Verlag Berlin Heidelberg2008

[4]崔斌.生产运作管理[M].北京：中国人民大学，2011

[5]"创新的策略"课题组.创新的策略：创新能力训练和测验[M].北京：红旗出版社.1999

[6]邓汝春.运输管理实战手册[M].广州：广东经济出版社，2007

[7]丁波.交通运输企业管理[M].机械工业出版社.2007，12.

[8][法]H·法约尔著，曹永先译.北京：团结出版社，1999.

[9][美]F·泰勒著，蔡上国译.上海：上海科技出版社，1982.

[10]樊育志.市场调查.上海：上海人民出版社，1995.

[11]范永昌.经济全球化对企业管理的新要求，人民日报，2005.2.8(第8版).

[12]方晓平.铁路货运营销客户关系管理系统的研究与应用.铁道运输与经济2003(9).

[13]福里斯特.W.布雷弗格三世，詹姆斯.M.卡佩罗和贝基.梅多斯著，陈运涛译.六西格玛实施指南——战略视角与管理方法[M].北京：中国人民大学出版社，2003

[14]贾利民，聂阿新，王富章.铁路智能运输系统现状、挑战与发展[J].交通运输系统工程与信息.2001，1(3)：207－211

[15]黄音.医药供应链库存控制策略研究[D].中南大学.2010.

[16]金勇进，蒋妍和李序颖.抽样技术[M].北京：中国人民大学出版社，2002

[17]蒋惠园.运输市场营销学[M].北京：人民交通出版社，2004

[18]姜春华.物流企业管理[M].重庆大学出版社.2009，8.

[19][美]H·孔茨，H·韦里克著，张晓君，陶新权，马继华 等译.管理学.北京：经济科学出版社，1998.

[20][美]F·科特勒著，梅汝和，梅清豪，张桁 译.营销管理(第8版).上海：上海人民出版社，1997.

[21]Lalonde, B. J. and Zinszer, P. H.. Customer Service：Meaning and Measurement. National Council of Physical Distribution Management, Chicago, 1976

[22]郎志正.质量控制方法与管理.北京：国防工业出版社，1984.

[23]廖镇.铁路客运市场调查理论及应用研究[D].北京：北京交通大学，2006.12

[24]林贤福.仓储与配送管理[M].北京理工大学出版社.2009，2

[25]刘海成.强化班组安全管理.现代班组[J].2010(11)

[26]刘丽文.生产与作业管理[M].清华大学出版社，2011

［27］M. 罗杰斯. 创新的扩散［M］. 北京：中央编译出版社. 2002

［28］马健平，郝渊晓. 交通运输市场营销学［M］. 北京：中国商业出版社，1997

［29］Martin Christopher. Logistics and supply Chain Management：Strategies for Reducing Cost Improving Service（2e）［M］. Beijing：Publishing House of Electronics Industry，2008

［30］马士华，林勇，陈志祥. 供应链管理［M］. 机械工业出版社. 2000.

［31］缪晨. 300 个创新小故事［M］. 上海：学林出版社. 2007

［32］钱吉奎. 铁路运输企业管理［M］. 北京：中国铁道出版社. 2010

［33］斯蒂芬. P. 罗宾斯著. 管理学（第七版）. 北京：中国人民大学出版社，2001.

［34］［美］汤姆森. 战略管理. 北京：北京大学出版社，科文（香港）出版公司，2000.

［35］王麟书. 铁路信息化事业面临的机遇与挑战［J］. 交通运输系统工程与信息. 2001，1（4）：288－293.

［36］Sunil Chopra, Peter Meindl. Supply Chain Management：Strategy，planning，and operation［M］. Prentice-Hall Inc. 2002

［37］魏巧云. 物流运输管理和技术［M］. 北京：中国发展出版社，2009

［38］［德］A·魏斯曼著，史世伟，和贞 译，史世伟校. 战略管理——成功五要素. 北京：华夏出版社，2001

［39］武汛. 铁路班组长管理基本知识［M］. 北京：中国铁道出版社. 2006

［40］H. Xu, H. Wang. An economic ordering policy model for deteriorating items with time proportional demand［J］. European Journal of Operational Research. 1991，24：21～27.

［41］徐小平，叶晓峰 管理学原理. 北京：中国轻工业出版社，1997.

［42］谢勋丞，汪乾庆，李春声. 现代管理学概论. 北京中国铁道出版社，1987.

［43］严余松. 发展中国智能铁路系统的若干思考［J］. 交通运输工程学报. 2001，1（4）：15－22.

［44］岳玮. 美特斯邦威的管理创新分析［J］. 山西经济管理干部学院学报. 2009

［45］张毓览. 质量管理原理与方法. 北京：国防工业出版社，1989.

［46］张曾乾. 王义宏. 现代企业班组管理［M］. 上海：上海交通大学出版社. 2006

［47］朱艳茹. 交通运输企业管理［M］. 南京：东南大学出版社，2008